François Meienberg

GRATWEGS INS ENTLEBUCH

19 Wanderungen im ersten
Biosphärenreservat der Schweiz

Mit Fotos von Marion Nitsch

Ein Wanderführer im Rotpunktverlag

François Meienberg

GRATWEGS INS ENTLEBUCH

19 Wanderungen im ersten Biosphärenreservat der Schweiz

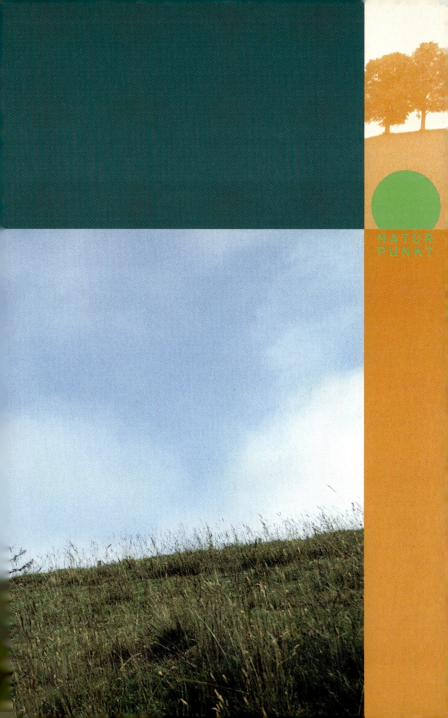

Naturpunkt-Fachbeirat
Daniel Anker, Thomas Bachmann, Ursula Bauer, Fredi Bieri,
Markus Lüthi, Dominik Siegrist, Marco Volken

Die Herausgabe dieses Buches wurde unterstützt durch
BIOSPHÄRENRESERVAT ENTLEBUCH
ENTLEBUCH TOURISMUS
KANTON LUZERN
CKW Conex AG

Allen Personen, die durch ihre Mitarbeit, Hinweise, Anregungen
und Kritik mitgeholfen haben, dieses Wanderbuch entstehen zu
lassen, möchte ich herzlich danken. Es waren dies unter anderen:
Markus Baggenstos, Ursula Bauer, Stefan Baumann, Guido Bucher,
Fredi Bieri, Titus Bieri, Stefan Brand, Druckerei Schüpfheim, Martina
Egli, Anna Engeler, Ekkehard Gebers, Ueli Frey, Jürg Frischknecht,
Nino Fröhlicher, Adrian Fux, Andi Gähwiler, Nadine Hagen, Thomas
Heilmann, Patrick Hofstetter, Max Huwyler, Anton Kaufmann, Anna
Kessler, Walter Küng, Kurt Marti, Vincenzo Mascioli, Dominique
Meienberg, Karin Ockert, Sandra Odermatt, Andreas Schmidiger,
Theo Schnider, Peter Seiz, Dominik Siegrist, Andreas Simmen,
Christine Weilenmann, Beatrice Zanella

Die Deutsche Bibliothek – CIP-Einheitsaufnahme

Meienberg, François:
Gratwegs ins Entlebuch : 19 Wanderungen im ersten
Biosphärenreservat der Schweiz / François Meienberg.
Ill.: Marion Nitsch. – Zürich : Rotpunktverl., 2002
 (Naturpunkt)
 ISBN 3-85869-237-9

© 2002 Rotpunktverlag, Zürich · www.rotpunktverlag.ch
Druck und Bindung: fgb · freiburger graphische betriebe · www.fgb.de
Routenskizzen: Thomas Vogelmann · www.kartengrafik.de
Titelbild: Blick ins Entlebuch Richtung Schimbrig und Fürstein beim
Abstieg von der Stäfeliflue (Wanderung 1).
Bild Seiten 3/4: Auf den letzten Metern zum Napf (Wanderung 8).
2., aktualisierte Auflage 2003
ISBN 3-85869-237-9

VORWORT

Das Entlebuch wurde im September 2001 als erste Region der Schweiz zu einem Biosphärenreservat der UNESCO erklärt. Damit hat sich die Region in der Schweiz zur Vorreiterin einer nachhaltigen Entwicklung gemausert. Die Aktivitäten im Rahmen des Biosphärenreservates beschränken sich nicht auf den Schutz erhaltenswerter Landschaften, deren es im Entlebuch etliche gibt, sondern beziehen den Siedlungsraum und die Wirtschaft mit ein. Der Ansatz ist somit ganzheitlich und zukunftsweisend und hat nichts mit einem »Reservat« im ausschließlich bewahrenden Sinn zu tun.

Das vorliegende Buch möchte Lust machen, diese Region im Voralpengebiet zwischen Bern und Luzern wandernd kennen zu lernen. Fernab der Siedlungszentren des Mittellandes gibt es eine abwechslungsreiche und urtümliche Landschaft zu entdecken. Mit den Wanderungen 1 bis 8 gelangen wir von umliegenden Gebieten gratwegs ins Entlebuch. Die Wanderungen 9 bis 19 führen uns zu den landschaftlichen Höhepunkten des Biosphärenreservates.

Allen, die zum Gelingen dieses Buches beigetragen haben, möchte ich hiermit herzlich danken. Ein besonderes Dankeschön gebührt Walter Küng, Theo Schnider, Dominik Siegrist und Fredi Bieri, welche das Manuskript durchgelesen haben und mir wertvolle Anregungen gaben. Danken möchte ich auch dem ganzen Team des Rotpunktverlages, dem ich einiges an Geduld abverlangte, und meiner Freundin Marion Nitsch, die mit ihren Fotos das Buch zum Sehvergnügen macht. Erwähnen möchte ich an dieser Stelle auch meine wichtigsten Quellen: der *Entlebucher Anzeiger*, die *Blätter für Heimatkunde* aus dem Entlebuch, der *Entlebucher Brattig* sowie die reich bebilderten Bücher von Otto Wicki. Sie haben mir die Türe zum (geschichtlichen) Verständnis der Region geöffnet.

Das vorliegende Wanderbuch enthält eine Fülle von aktuellen Angaben (Stand: Februar 2003). Doch Telefonnummern, Öffnungszeiten oder Fahrpläne wechseln schneller, als Wanderbuchautoren lieb ist. Auf www.wanderweb.ch werden die wichtigen Informationen immer wieder auf den neuesten Stand gebracht. Die Leser und Leserinnen möchte ich dazu einladen, ihre Kritik und Anregungen zu äußern. Auch dafür findet sich auf www.wanderweb.ch eine Rubrik.

François Meienberg, im März 2003

INHALT

Von einer Randregion zur Modellregion	8
Kleine Einführung ins Entlebuch	12
Nützliche Hinweise	16
Mehrtagestouren	20

❶ GRATWEGS INS ENTLEBUCH
PILATUS–WIDDERFELD–MITTAGGÜPFI–RISETENSTOCK–GFELLEN 22
Kahle Hänge – hohes Wasser 32

❷ GRENZGRAT OHNE GRENZE
SÖRENBERG–SATTELPASS–
MIESENSTOCK–LANGIS–JÄNZI–SARNEN 36
Vom Wesen der Entlebucher 48

❸ ÄLPLERMAGRONEN UND NORDSEE-GAS
HALTESTELLE ABZWEIGUNG BROSMATT–GISWILERSTOCK
(P.1825)–SCHAFNASE–GLAUBENBIELEN–SÖRENBERG 52
Nordsee–Sörenberg–Rom 60

❹ AUF SCHMALEM GRAT DER GRENZE ENTLANG
OBERRIED–ÄLLGÄU LÜCKE–BRIENZER ROTHORN–
ARNIHAGGEN–SCHÖNENBODEN (SÖRENBERG) 64
Armes Entlebuch 74

❺ FREIE SICHT INS EMMENTAL
HABKERN–HOHGANT–KEMMERIBODEN BAD–
ARNIBERGEGG–SÖRENBERG 78
»In Sörenberg lebten wir sehr gut« 86

❻ HINTER DEN SIEBEN HENGSTEN
NIEDERHORN–SICHLE–ERIZ–ROTMOOS–MARBACHEGG 90
Wimmer so redt 100

❼ ZWISCHEN KATHOLIKEN UND PROTESTANTEN
TRUBSCHACHEN–RÄMISGUMMENHOGER–
WACHTHUBEL–MARBACH 104
Zucker aus Marbacher Milch 112

❽ ÜBER DEN NAPF ZU DEN GOLDADERN
TRUB–STAUFFENCHNUBEL–LUSHÜTTE–
NAPF–OBER LÄNGGRAT–ROMOOS 114
Napfgold 126

❾ VON KETZERN UND GLÄUBIGEN
SCHACHEN–RENGG–BLEIKIMOOS–WERTHENSTEIN 128
Sulzigjoggeli, der letzte Ketzer 138

10 GEGEN DEN STROM DER KLEINEN EMME NACH EMMENUFERWEG:
WOLHUSEN–ENTLEBUCH–SCHÜPFHEIM–FLÜHLI 142
Der letzte Krieg der Eidgenossen 154

11 DURCHS CENTOVALLI DES NORDENS
DOPPLESCHWAND–OBER HETZLIG–BRAMBODEN–ESCHOLZMATT 160
Die letzten Köhler der Schweiz 170

12 EIN LIKÖR AUF DIE AUSSICHT
SCHÜPFHEIM–BEICHLEN–ESCHOLZMATT 174
Hochprozentiges aus Escholzmatt 182

INHALT

13 SCHRATTENKALK
HIRSEGG–SCHIBENGÜTSCH–HENGST–STRICK–FLÜHLI 184
Der Teufel wars 196

14 OH SCHAURIG IST'S ÜBERS MOOR ZU GEHEN
SÖRENBERG–HAGLEREN GIPFEL–BLEIKENCHOPF–BLEIKENBODEN–SÖRENBERG 198
Das Moor 206

15 ÜBER DIE STEILE FLUE ZUM BADE
FLÜHLI–WASSERFALLENEGG–SCHIMBRIG (BAD)–GFELLEN 212
Das Schimbergbad – abgebrannt und vergessen 220

16 EIN LANGER ABSTIEG ZUM TOTENTANZ
GFELLEN–GRUND–SCHIMBRIG–SCHWARZENBERGCHRÜZ–HASLE 224
Rebellion im Entlebuch 234

17 WALLFAHRT MIT AUSSICHT
SCHÜPFHEIM–HEILIGKREUZ–FIRST–FARNEREN–SCHÜPFHEIM 240
Heiligkreuz – das Landesheiligtum der Entlebucher 250

18 AUF EINSAMEN PFADEN ZUM FÜRSTEIN
GFELLEN–GÜRMSCH–FÜRSTEIN–STÄLDILI–FLÜHLI 254
Die Glaser von Flühli 264

19 ENTLEBUCHER ENERGIEN
ENTLEBUCH–METTILIMOOS–WISSENEGG–FINSTERWALD–ENTLEBUCH 268
Erdölrausch im Entlebuch 278

Ortsregister 282
Foto- und Bildnachweis 283

VON EINER RANDREGION ZUR MODELLREGION:
Das Biosphärenreservat Entlebuch

Am 6. Dezember 1987 hat das Schweizer Stimmvolk die Initiative zum Schutz der Hochmoore, die so genannte Rothenthurm-Initiative, unerwartet angenommen. Ursprünglich zur Verhinderung eines Waffenplatzes im Kanton Schwyz konzipiert, prägte das Ergebnis auch die spätere Entwicklung der Region Entlebuch und der Gemeinde Flühli. Die Anfänge des Biosphärenreservates Entlebuch gehen auf diese Abstimmung zurück.

Die 1991 aufgrund des Verfassungsartikels ausgewiesenen Moorlandschaften bedecken 2,2 Prozent der schweizerischen Landesfläche. Vom Entlebuch waren 26 Prozent, von der Gemeinde Flühli gar 61,6 Prozent der Fläche unter Schutz gestellt. Zur Umsetzung des Verfassungsartikels auf regionaler Ebene wurde von 1995 bis 1999 ein regionaler Richtplan Moorlandschaften erarbeitet.

Schon bald wurde klar, dass die neuen Schutzbestimmungen auch eine Chance waren. Die naturnahe Landschaft sollte der Grundstein für eine nachhaltige Entwicklung der ganzen Region werden – dazu ein wichtiges Marketingargument für die Tourismusdestination Sörenberg/Entlebuch und für lokale Produkte. Diverse Projekte wurden gestartet, um dieses Ziel zu verfolgen:

1996 wurde eine Konzeptskizze für ein Erlebniszentrum Moorlandschaften erarbeitet.

Im selben Jahr wurde ein gemeinsames Marketing für landwirtschaftliche Produkte aus der Region Luzerner Hinterland, Entlebuch, Rottal initiiert. Die Produkte werden seitdem unter dem Label »Regiopur« vermarktet.

1997 wurde das Projekt »Lebensraum Entlebuch« gestartet, das eine landschaftsverträgliche, nachhaltige, die Besonderheiten und Werte der Region berücksichtigende Entwicklung zum Ziel hat.

1998 trat die Gemeinde Flühli in das Gemeindenetzwerk »Allianz in den Alpen« ein, welches die Gemeinden bei der Aufgleisung von Projekten für eine nachhaltige Entwicklung fördert. Im Jahr 2000 folgte die Region Entlebuch als Kollektivmitglied. Die in der Alpenallianz vereinigten Gemeinden haben damit begonnen, die Alpenkonvention auf kommunaler Ebene umzusetzen.

Diverse Gemeinden lancierten Projekte

zur Umsetzung der lokalen Agenda 21, welche die Grundsätze der nachhaltigen Entwicklung auf Gemeindeebene zum Tragen bringen sollen.

Das Regionalmanagement erhielt 1998 den Auftrag, das Biosphärenreservat Entlebuch im Rahmen eines Regio-Plus-Projektes umzusetzen. (Regio-Plus ist das regionale Förderungsprogramm des Staatssekretariats für Wirtschaft, seco.)

Aus dem Projekt »Lebensraum Entlebuch« entstand 1998 das Projekt »Biosphärenreservat Entlebuch«, welches sich unter anderem die Anerkennung des Entlebuchs als UNESCO-Biosphärenreservat zum Ziel setzte. Biosphärenreservate sind großflächige, repräsentative Ausschnitte von Natur- und Kulturlandschaften. Sie gliedern sich in eine Kernzone (ohne menschliche Beeinflussung), eine Pflegezone (nachhaltige traditionelle Landnutzung) und eine Entwicklungszone (für die ökologisch, ökonomisch und sozial nachhaltige Raumentwicklung). Zur Zeit sind von der UNESCO 411 Gebiete in 94 Ländern als Biosphärenreservate anerkannt. Es war schnell klar, dass das Entlebuch, insbesondere auch wegen der großen Fläche der durch den Moorschutzartikel geschützten Gebiete, die Bedingungen für die UNESCO-Anerkennung erfüllte.

**BIOSPHÄREN-
RESERVAT**

Das Entlebuch versucht die Grundsätze der Nachhaltigkeit auf folgende Weise umzusetzen:

– Die Bevölkerung soll eng in die dauerhafte ökologische, wirtschaftliche und soziale Entwicklung im Entlebuch einbezogen werden.
– Eine nachhaltige Holznutzung wird angestrebt. Zu diesem Zweck soll Holz als

Baustoff und Energieträger besser vermarktet werden.
- Die Region möchte im Rahmen des Projekts »Energie Schweiz« mit dem Label »Energiestadt« ausgezeichnet werden. Ziel dieses Labels ist es, Energie rationell zu verwenden und erneuerbare Energien zu fördern.
- Die Landwirtschaft soll die vielfältige Kulturlandschaft pflegen und standortgerecht nutzen.
- Regionalprodukte sollen gefördert und mit der Qualitäts- und Herkunftsmarke »echt entlebuch biosphärenreservat« ausgezeichnet werden. Damit wird eine Erhöhung der Wertschöpfung in der Region angestrebt.
- Die Ferienregion Biosphärenreservat Entlebuch hat sich mit ihrem Exkursionsangebot im Bereich Naturerlebnis einen Namen gemacht.

Alle diese Ziele können nur realisiert werden, wenn sie von der Bevölkerung mitgetragen werden. Das Projektmanagement hat deshalb in den letzten Jahren eine breite Informationskampagne geführt und immer wieder die Diskussion mit der Bevölkerung gesucht. Ein Problem bei der Information war insbesondere der Begriff »Reservat«. Laut einem Artikel in den Blättern für Heimatkunde suggeriert er, »die Entlebucher wären in einem zoologischen Garten gegen Eintrittsgebühr zu besichtigen oder sie würden als frohe Alpenbewohner mit urwüchsigen Spielen, gefälligen Tänzen und echoreichen Naturjodeln in Scharen angereiste Touristen beglücken«.

Doch es gelang den Initianten, diesen Argumenten den Wind aus den Segeln zu nehmen, und schon bald konnten die ersten Früchte geerntet werden. Als es im September 2000 in den Projektgemeinden (alle Entlebucher Gemeinden außer Werthenstein) zu Abstimmungen über einen jährlichen Gemeindebeitrag von 4 Franken pro Einwohner über 10 Jahren kam, wurde das Biosphärenprojekt mit durchschnittlich 94 Prozent der Stimmen gutgeheißen. Nur Vertreter der SVP versuchten in einzelnen Gemeinden erfolglos gegen die zehnjährige Betriebsphase des Biosphärenreservates anzukämpfen. Die Gemeinden Romoos, Doppleschwand und Marbach haben gar ohne Gegenstimme zugestimmt.

Ende September 2000 wurde der UNESCO-Antrag an die Luzerner Regierung weitergeleitet, die noch im November zustimmte. Der Bundesrat gab sein Ja im Februar 2001 und reichte die Bewerbung bei der UNESCO ein. Im September 2001 war es so weit: Die UNESCO erklärte das Entlebuch zum ersten Biosphärenreservat der Schweiz. Das offizielle UNESCO-Zertifikat wurde im Mai 2002 im Beisein von Bundesrat Kaspar Villiger dem Regionalmanagement feierlich überreicht.

Ein wichtiger Schritt war getan. Doch ist allen bewusst, dass mit dem Ja der UNESCO erst die Ausgangslage geschaffen wurde. Mit zukunftsweisenden Projekten müssen nun die hoch gesteckten Ziele umgesetzt werden. Dass es dabei immer wieder neue Probleme zu lösen gilt und Konflikte ausgetragen werden müssen, liegt auf der Hand. Dies zeigte auch die erste Wahl des Regionalplanungsverbandes Biosphärenreservat Entlebuch. Es wurde von verschiedenen Seiten kritisiert, dass im neunköpfigen Vorstand nur Männer vertreten seien, sieben davon Gemeinderäte und sechs über fünfzig Jahre alt.

Weitere Informationen:

Das Biosphärenzentrum hat die Broschüre »Erhalten – Entwickeln« zum Biosphärenreservat herausgegeben, in welcher die Grundideen erläutert und konkrete Projekte vorgestellt werden. Die Broschüre ist erhältlich beim Biosphärenzentrum in Schüpfheim (Tel. 041 485 88 50) oder im Naturinfozentrum in Sörenberg (Tel. 041 488 11 85).
Website Biosphärenreservat Entlebuch: www.biosphaere.ch
Website UNESCO: www.unesco.org/mab/

▼ Das Biosphärenreservat ist in drei Zonen eingeteilt:
Die Kernzone (rot, 8% der Gesamtfläche) mit den Naturschutzgebieten der Schrattenfluh und den Hoch- und Flachmoorbiotopen.
Die Pflegezone (gelb, 42% der Gesamtfläche) mit den geschützten Moorlandschaften, dem Napfgebiet, Alpweiden und Waldreservaten.
Die Entwicklungszone (weiß, 50% der Gesamtfläche) mit dem Siedlungsgebiet, Wald- und Landwirtschaftszonen.

BIOSPHÄREN-RESERVAT

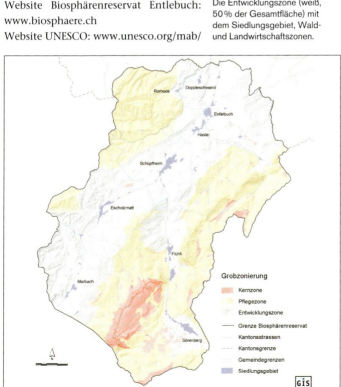

KLEINE EINFÜHRUNG INS ENTLEBUCH

Geografie

Das Amt Entlebuch liegt im Kanton Luzern in der Zentralschweiz. Es bedeckt eine Fläche von 410 Quadratkilometern, was einem Viertel der Fläche des Kantons Luzern oder einem Hundertstel der Schweiz entspricht. Das Entlebuch liegt zwischen den Nagelfluhbergen des Napf im Norden und dem Brienzergrat (Brienzer Rothorn, mit 2350 m höchster Punkt des Kantons Luzern) im Süden. Die typische Voralpenlandschaft wird von diversen Kreidekalkketten (Schrattenfluh, Schwändelifluh, Schafmatt, Schimbrig) durchzogen und von der Kleinen Emme (am Oberlauf noch Waldemme genannt) entwässert. Der westliche Teil, hinter der Wasserscheide von Escholzmatt, liegt im Einzugsgebiet der Ilfis, welcher in die Grosse Emme, ins Emmental fließt. Zwischen den Kalkbergen liegt eine für das Wasser nahezu undurchlässige Flyschzone, welche auf der Schiefer- und Sandsteinunterlage die Bildung von Mooren begünstigt hat. Die Niederschlagsmenge und die Gewitterhäufigkeit liegen im Entlebuch deutlich über dem nationalen Durchschnitt.

Bevölkerung

Das Entlebuch umfasst neun Gemeinden. Hauptort ist Schüpfheim, welches die wichtigsten Schulen und das Amtsstatthalteramt beherbergt. Im Entlebuch leben heute mit 18 700 Personen beinahe gleich viele wie bei der Volkszählung 1850 (18 732 Personen). In diesen 150 Jahren pendelte die Bevölkerungszahl stets zwischen 16 000 und 19 000. (Im selben Zeitraum stieg die Bevölkerung des Kantons Luzern von 132 000 auf 346 000 Einwohnerinnen und Einwohner.) Die größten Gemeinden sind Schüpfheim, Entlebuch und Escholzmatt mit je rund 3500 Einwohnerinnen und Einwohnern. Im Vergleich zur Schweiz (5 %) arbeitet immer noch ein großer Teil der Beschäftigten in der Land- und Forstwirtschaft (39 %). Die Entlebucher Bauern treiben in erster Linie Viehwirtschaft (Milchproduktion, Kälbermast, Schaf- und Rindersömmerung). Ackerbau wird bloß auf 0,8 Prozent der landwirtschaftlichen Nutzfläche betrieben. Im zweiten Sektor (Baugewerbe, verarbeitende Produktion) arbeiten 24 Prozent und im dritten Sektor (Dienstleistungen) 37 Prozent. Der größte

Arbeitgeber der Region ist das Versandhaus Ackermann im Dorf Entlebuch. Das Vereinsleben ist mit über 300 Vereinen außerordentlich ausgeprägt. In den neun Gemeinden gibt es 16 Jodlerclubs, 13 Turnvereine, 21 Guggenmusiken und 20 Musikgesellschaften.

Geschichte

Durch seine Lage abseits von Hauptverkehrsströmen und aufgrund seines rauen Klimas wurde das Entlebuch relativ spät besiedelt. Erst im 8. Jahrhundert drangen Alemannen via Wolhusen ins Entlebuch vor und besiedelten wohl zuerst die sonnigen Hänge im Haupttal. Gleichzeitig dürften sich Bauern aus dem Emmental in der Nähe von Escholzmatt niedergelassen haben. Aufgrund der kirchlichen Aufteilung lässt sich verfolgen, wie die Besiedlung weiter voran ging. Im 12. Jahrhundert wurden die Pfarreien in Romoos und Doppleschwand im Napfgebiet gegründet, im 13. Jahrhundert Schüpfheim, 1524 Marbach, 1782 Flühli, welches sich 1836 auch als Gemeinde von Schüpfheim und Escholzmatt abspaltete. Ab der Jahrtausendwende waren die Freiherren von Wolhusen Herren über das Entlebuch. Um 1300 veräußerten sie ihren Entlebucher Besitz an die Habsburger. Im 14. Jahrhundert wurde das Entlebuch zur Geldbeschaffung an Peter von Torberg verpfändet, mit dem sich die Entlebucher jedoch schlecht vertrugen. 1405 erfolgte der Anschluss an die Stadt und Republik Luzern. Das Verhältnis zur Obrigkeit in Luzern war immer wieder durch Konflikte geprägt, zum Beispiel während des großen Bauernkrieges 1653 (s. Seite 234).

EINFÜHRUNG

▼ Im Bild die älteste Amtsfahne des Entlebuchs aus dem 15. Jahrhundert. Noch im selben Jahrhundert erhielt das Entlebuch von Papst Pius IV. das Privileg, in seinem Wappen auch das Kreuz mit den drei Nägeln, der Dornenkrone und der Inschrift INRI zu führen.

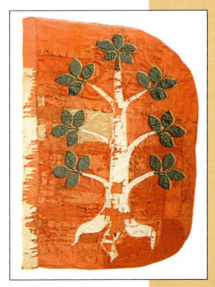

Der Getreideanbau, der in der Frühzeit vorgeherrscht haben dürfte, wurde bereits um 1300 von der Milch- und Viehwirtschaft abgelöst. Im 18. und 19. Jahrhundert erlebte im Entlebuch die Glaserei eine gewisse Bedeutung (s. Seite 264). Ab dem 19. Jahrhundert stieg die Bedeutung des Tourismus (s. Seite 86 und Seite 220). Bis in die zweite Hälfte des 18. Jahrhunderts konnten die Güter, vielleicht mit Ausnahme einzelner Abschnitte auf dem Talboden, nur auf Saumpfaden transportiert werden. Erst in den dreißiger Jahren des 19. Jahrhunderts wurde die befahrbare Kantonsstraße durch das Haupttal angelegt.

Architektur

Das Entlebuch besitzt keinen charakteristischen Baustil wie andere Regionen der Schweiz. Bis im 17. Jahrhundert wurden in erster Linie einfachste Behausungen, die in der ganzen Innerschweiz verbreiteten Tätschhäuser, mit einer Kammer, einer Küche und einem rückwärtigen Stall gebaut. Repräsentativer waren die Junkerhäuser, die von Luzerner Patriziern erbaut wurden und die sich durch die so genannten Klebdächer an der Hauptfassade charakterisieren.

Die meisten Dorfkirchen des Entlebuchs, die durch ihre großen Ausmaße überraschen, wurden um die Mitte des 18. Jahrhunderts mit einer spätbarocken Innenausstattung erbaut. Als architektonisches Juwel gilt die Wallfahrtskirche in Werthenstein aus den ersten Jahren des 17. Jahrhunderts.

Brauchtum

Ein für die Region wichtiger Anlass ist das bloß alle drei Jahre stattfindende Amts- und Wyberschiesset. Den Namen erhielt das Schützenfest, dessen Durchführung bis ins 15. Jahrhundert zurückreicht, da es die »Wyber« waren, welche den Gabentempel bereitstellten. So ist es auch heute noch, doch dürfen die Frauen seit den vierziger Jahren wenigstens auch mitschießen.

Für lange Zeit war der Agathatag in Schüpfheim ein lokaler Feiertag (s. Seite 244).

Ein alter Brauch ist der Auftritt des Hirsmändig-Boten am Fasnachtsmontag. Er soll auf das Jahr 1375 zurückgehen. Vor zehn Jahren wurde der Brauch in Flühli wieder eingeführt.

Zum Weiterlesen

Entlebuch allgemein

Entlebucher Brattig. Jährlich erscheinendes Periodikum des Kunstvereins Amt Entlebuch. Themen zu Politik, Geschichte, Gesellschaft, Wirtschaft und Kultur. Verlag Druckerei Schüpfheim AG

Lebenszeiten im Entlebuch. Bildband von Ernst Scagnet. Verlag Druckerei Schüpfheim AG, 1999

Sagenhaftes Entlebuch. Sagen und Legenden aus dem Amt Entlebuch. Comenius Verlag, Hitzkirch 1996 (2. Auflage)

Ferienregion – Biosphärenreservat Entlebuch. Sonderdruck der Revue Schweiz, 2001 (zu bestellen u. a. unter www.biosphaere.ch).

EINFÜHRUNG

Geschichte

Blätter für Heimatkunde aus dem Entlebuch. Jährlich erscheinendes Periodikum mit Beiträgen zur Geschichte des Amtes. Verlag Druckerei Schüpfheim AG.

Heinz Horat, *Kunstführer Amt Entlebuch,* Verlag Rotary Club Entlebuch, 1983

Walter Unternährer, *Geschichte des Entlebuchs,* Verlag Druckerei Schüpfheim AG, 1995

Otto Wicky, *Postboten alter Zeiten – die Bergpoststellen im Entlebuch.* Verlag Druckerei Schüpfheim AG, 1998

Otto Wicky, *Menschen wie Du und ich – Vom Handel und Wandel aus alter Zeit.* Verlag Druckerei Schüpfheim AG, 2000

Lyrik, Comic, Prosa

Edi Kloter, *Glost und gluegt, Äntlibuecher Gidankche-Schtriich* (Gedichte). Verlag Druckerei Schüpfheim, 1993

Melk Thalmann, *Einer schlief nicht* (Comic – frei nach einer Entlebucher Sage). Verlag Druckerei Schüpfheim AG, 1994

Melk Thalmann und Markus Kirchhofer, *Der dritte Tell* (Comic zum Bauernkrieg). Edition Moderne, Zürich 2001

Alle Bücher des Verlages Druckerei Schüpfheim können über die Website www.druckerei-schuepfheim.ch/verlag/verlag.htm bestellt werden.

▼ Eine architektonische Eigenart des Entlebuchs sind die Bauernhäuser, bei denen Haus und Stall unter einem Dach stecken, wobei die Heubühnen – seitlich und oberhalb des Wohntraktes – aus der Fassade herausspringen (im Bild ein Hof bei Escholzmatt).

NÜTZLICHE HINWEISE

Dieses Wanderbuch beschreibt neunzehn ein- oder zweitägige Wanderungen im Entlebuch und in angrenzenden Gebieten. Damit man den Schwierigkeitsgrad der Wanderungen einschätzen kann, werden sie zu Beginn der einzelnen Kapitel mit wenigen Worten charakterisiert; zudem werden die Höhenunterschiede und Wanderzeiten angegeben. Die Wanderzeiten wurden, wo vorhanden, von den offiziellen Wegweisern übernommen. Es handelt sich dabei um durchschnittliche Marschzeiten, ohne den Einbezug von Pausen. Die Rubrik »Beste Jahreszeit« gibt an, ab wann mit guten Verhältnissen (kein Schnee) auf der Strecke gerechnet werden kann. Frühes Ausapern im Frühjahr und ein warmer Herbst können die Wandersaison verlängern. Bei Wanderungen über 2000 Metern sind jederzeit rasche Wetterwechsel und auch im Sommer Schneefälle möglich. Es sollten deshalb bei diesen Wanderungen immer auch warme Kleider und für einen allfälligen Abstieg bei Nacht eine Taschenlampe in den Rucksack gepackt werden. Mit Ausnahme der Wanderung am Talboden (Nr. 10, Emmenuferweg) ist für jede Tour gutes Schuhwerk erforderlich. Bei den meisten Wanderungen werden auch mögliche Varianten zu den beschriebenen Routen vorgeschlagen. Falls die Tagesetappen der Zweitageswanderungen auch an einzelnen Tagen gewandert werden können, wird dies unter Varianten beschrieben.

Karten

Der überwiegende Teil der Wanderungen verläuft auf markierten Wanderwegen. Gelb sind einfache Wanderwege, weißrot-weiß anspruchsvollere Routen auf Bergwanderwegen markiert. Die den einzelnen Wanderungen vorangestellten Kartenausschnitte ermöglichen eine erste Orientierung über die jeweilige Route. Für Wanderungen im Gebirge ist es jedoch immer sinnvoll, sich mit zusätzlichem Kartenmaterial auszurüsten. Die Karten, die sich für die jeweilige Route eignen, sind vor dem Wanderbeschrieb aufgelistet. Es sind dies die offiziellen Karten des Bundesamtes für Landestopographie im Maßstab 1:50 000 (dreistellige Nummern, Fr. 13.50 pro Kartenblatt) und 1:25 000 (vierstellige Nummern, Fr. 12.– pro Kartenblatt). Wanderkarten im Format

1:50 000 mit eingezeichneten Wanderwegen sind mit dreistelligen Nummern + T bezeichnet.

Zusätzlich gibt es noch die regionalen Wanderkarten Sörenberg–Entlebuch (1:60 000, Verlag Kümmerly+Frey) und Escholzmatt–Marbach (1:25 000, Hrsg. Verkehrsvereine Escholzmatt und Marbach).

Essen und Schlafen

Restaurants und Übernachtungsmöglichkeiten werden im Service-Teil der einzelnen Kapitel aufgelistet. Die angegebenen Preise für eine Person im Doppelzimmer mit Frühstück sowie die Telefonnummern beruhen auf dem Stand vom Frühjahr 2002. Gibt es in einem Gasthaus verschiedene Preiskategorien, wird der teurere Preis (Bergsicht, Balkon, Hochsaison) angegeben. Preisänderungen sind jederzeit möglich. Zudem werden die Telefonnummern und Websites (wo vorhanden) des lokalen Verkehrsbüros angegeben, wo zusätzliche Informationen zu Übernachtungsmöglichkeiten eingeholt werden können.

Alle diese Angaben werden außerdem auf www.wanderweb.ch periodisch aktualisiert.

NÜTZLICHE HINWEISE

▼ Unterkünfte gibt es in der Region zuhauf, mit ganz unterschiedlichen Standards. Auf der Miesenegg (Wanderung 2) findet sich eine Unterkunft des niederen Preissegmentes, welche mit ihrer Aussicht besticht, jedoch eher für kürzere Aufenthalte zu empfehlen ist.

An- und Abreise

Alle beschriebenen Wanderungen beginnen und enden an Haltestellen des öffentlichen Verkehrs. Da bei den meisten Wanderungen der Start- und der Zielpunkt nicht identisch sind, drängt sich auch für Automobilisten die Benützung öffentlicher Verkehrsmittel auf. In der Schweiz besteht ein gut ausgebautes Eisenbahn- und Busnetz. Informationen

zum Fahrplan erhält man bei www.sbb.ch oder unter Tel. 0900 300 300 Fr. 1.19/Min. Im Ausland informieren die größeren Bahnhöfe, Reisebüros oder Niederlassungen von Schweiz Tourismus über Vergünstigungen mit Spezialabonnementen.

Gruppen ab zehn Personen können ein Kollektivbillett lösen.

◀ Abstieg von der Wasserfallenegg durch das Moorgebiet Lanzigen (Wanderung 15).

NÜTZLICHE HINWEISE

Weitere Informationen für Wanderungen und Ferien im Entlebuch

Informationen zu Hotels, touristischen Angeboten und Exkursionen sind erhältlich bei Entlebuch Tourismus. Die Broschüre »Eine neue Ferienwelt« vermittelt alle notwendigen Informationen.
Tourismus Sörenberg,
CH-6174 Sörenberg, Tel. 041 488 11 85,
Fax 041 488 24 85
SBB, CH-6170 Schüpfheim,
Tel. 041 484 12 32, Fax 041 484 28 55
Tourismusbüro, 6196 Marbach,
Tel. 034 493 38 04, Fax 034 493 70 17
(Vorwahl für die Schweiz aus dem Ausland 0041 und anschließend die Null der regionalen Vorwahl weglassen.)
Websites: www.biosphaere.ch
www.soerenberg.ch
www.schuepfheim.ch
www.marbach-lu.ch
Links zu Gemeinden, Gewerbe und Vereinen im Entlebuch unter www.eol.ch (Entlebucher Online).
Weitere lokale Kontakte sind im Service-Teil der einzelnen Kapitel aufgelistet.

Führungen

Vom Tourismusbüro in Sörenberg wird während der Sommermonate eine Vielzahl von geführten Wanderungen, Exkursionen und Kursen angeboten und in einer kleinen Broschüre publiziert. Mehr Infos bei den oben genannten Kontaktadressen.

MEHRTAGESTOUREN

Die im vorliegenden Führer beschriebenen Wanderungen lassen sich problemlos zu Mehrtagestouren zusammenfügen. Immer weiterziehend, jeden Tag an einem anderen Ort, lernt man das Entlebuch somit von einer anderen Seite kennen.

Eine Mehrtageswanderung durch das Entlebuch hat bereits Joseph Xaver Schnyder 1783 für die Leserinnen und Leser seiner »Besonderen Beschreibungen etlicher Berge des Entlibuches« zusammengestellt. Die Tour kann jedoch für heutige Wanderer kaum empfohlen werden. Pfarrer Schnyder legt ein Tempo vor, dem wir kaum folgen könnten. Am ersten Tag wandert er in 6 Stunden von Luzern über Eigenthal bis zur Brüderenalp (hinter Gfellen) und gibt den Tipp, dass man dabei noch den Pilatus, den Riseten oder den Schimbrig besuchen könnte. Im Laufe der Woche steigert er sich noch und wandert am fünften Tag die Strecke Heiligkreuz–Entlebuch–Bramegg–Doppleschwand–Romoos–Wolhusen–Werthenstein in 7 Stunden.

Im Folgenden werden drei Möglichkeiten vorgestellt, die im Buch beschriebene Routen miteinander verbinden. Unzählige andere Varianten sind denkbar.

Le Tour du Napf (4 Tage)
1. Tag: Von Doppleschwand Tour Nr. 11 bis Bramboden
2. Tag: Tour Nr. 11 bis zum Turner. Von hier steigen wir nicht nach Escholzmatt ab, sondern via Altgfääl nach Trub.
3. und 4. Tag: In Trub beginnt die Zweitagestour (Nr. 8), die uns über den Napf nach Romoos führt.

Höhepunkte des Entlebuchs (6 Tage)
1. Tag: Vom Bahnhof Werthenstein steigen wir zum Kloster auf und folgen der Tour Nr. 9 (in umgekehrter Richtung) bis nach Grossstein. Von hier via Egghof hinunter zur Kleinen Emme, der wir ab Sandmätteli auf dem Emmenuferweg (Nr. 10) bis nach Entlebuch folgen (Übernachtung).
2. Tag: Mit Tour Nr. 19 über das Mettilimoos bis kurz vor Finsterwald, von wo wir auf markiertem Wanderweg Gfellen erreichen.
3. Tag: Die Tour Nr. 15 (in umgekehrter Richtung) bringt uns über die Wasserfallenegg nach Flühli. Für den Abstieg von der Schwändefliue empfiehlt sich, die um einiges weniger steile Variante via Guggenen und Chragen zu wählen.
4. Tag: Von Flühli steigen wir zur Hagleren auf (ab Bleikenboden bis Sörenberg Tour Nr. 15 in umgekehrter Richtung) und von dort nach Sörenberg ab. Ein kurzer Gegenanstieg bringt uns nach Salwideli (Ende der Tour Nr. 5 in umgekehrter Richtung).
5. Tag: Von Salwideli steigen wir via Schneeberg und Wisstannen auf den Schibengütsch. Danach auf dem Grat der Schrattenfluh nach Flühli hinunter (Nr. 13).
6. Tag: Die letzte Etappe führt uns auf

markierten Wanderwegen via Schintmoos und Spittel auf den Beichlengipfel. Von hier auf den Pfaden der Tour Nr. 12 hinunter nach Escholzmatt.

Rund ums Entlebuch (9 Tage)

1. Tag: Vom Pilatus führt uns Tour Nr. 1 alles dem Grat entlang nach Gfellen.
2. Tag: Auf Tour Nr. 18 bis zum Wissguber (1941 m). Von hier auf dem breiten Grat über den Rickhubel zur Seewenegg (Punkt 1741), von der wir nach Langis absteigen.
3. Tag: Von Langis führt uns eine lange Wanderung nach Sörenberg (1. Tag der Tour Nr. 2 in umgekehrter Richtung).
4. Tag: Auf markiertem Weg zur Talstation der Luftseilbahn im Schönenboden. Das Rothorn erreichen wir zu Fuß auf der Tour Nr. 4 (2. Tag in umgekehrter Richtung).
5. Tag: Der Tour Nr. 4 folgen wir weiter bis zum Wannenpass. Von hier steigen wir via Arnibergli und Spierweid zum Kemmeriboden Bad ab.
6. Tag: Über den Hohgant erreichen wir auf Tour Nr. 5 (umgekehrte Richtung) Habkern.
7. Tag Von Habkern via Bäreney aufs Gemmenalphorn und dann mit Tour Nr. 6 nach Inner Eriz.
8. Tag: Der Tour Nr. 6 folgen wir auch am nächsten Tag. Kurz bevor die Emme überquert wird, biegen wir bei der Hinteren Buhütte nach Schangnau ab (Übernachtung Hotel Löwen, Tel. 034 493 32 01).
9. Tag: Von Schangnau erreichen wir auf markiertem Weg den Wachthubel, von dem wir auf Tour Nr. 7 (in umgekehrter Richtung) nach Trubschachen gelangen.

MEHRTAGES-TOUREN

▼ Kemmeriboden Bad: Das Meringue-Mekka an der Entlebucher Grenze (Wanderung 5).

GRATWEGS INS ENTLEBUCH

PILATUS–WIDDERFELD–MITTAGGÜPFI–RISETENSTOCK–GFELLEN

Am Pilatus, seit über hundert Jahren mit der steilsten Zahnradbahn der Welt erschlossen, beginnen wir unsere Wanderung. Dem Grat nach, um dessen Flanken sich viele Legenden und Sagen ranken, kommen wir in einsamere Gefilde. Auf schmalen Pfaden erreichen wir am Schluss des Grates den Risetenstock, von wo wir ins Tal der Entlen absteigen.

1

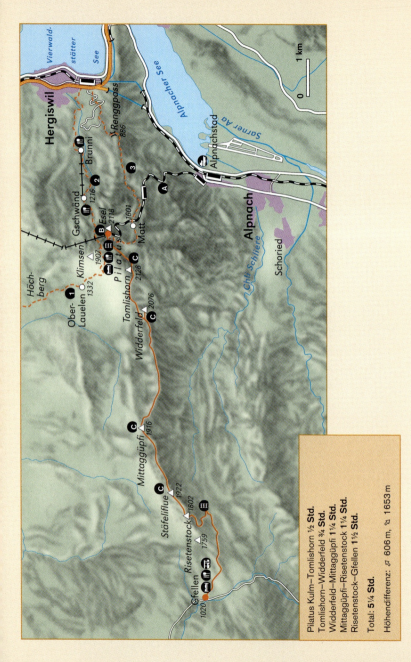

Charakter
Lange, abwechslungsreiche Gratwanderung mit Stellen am Gemsmätteli und am Widderfeld, die etwas Trittsicherheit und Schwindelfreiheit erfordern.

Varianten
Anstatt mit Zahnrad- oder Luftseilbahn kann der Pilatus auch zu Fuß bestiegen und somit die Wanderung auf zwei Tage ausgedehnt werden:

- Von Eigental (Postautohaltestelle) via Chraigütsch und den bewaldeten Höchberg nach Ober Lauelen. Von hier auf dem Heitertannliweg in vielen Kehren und über Stiegentritte zur Klimsenkapelle und via Chriesiloch auf den Pilatus (3¼ Std., 1100 m Aufstieg).
- Von Hergiswil dem Steinibach entlang nach Brunni (Rest., Zimmer). Von hier zu Fuß oder mit der Gondelbahn nach Gschwänd (Rest., Zimmer) und auf dem Nauenweg zum Klimsensattel und weiter zum Pilatus. Der Nauenweg war vor der Eröffnung der Bahnen der meistbegangene Pilatusweg. (ca. 4½ Std., 1650 m Aufstieg – ohne Benützung der Gondelbahn).
- Von Hergiswil via Hüsli auf den Renggpass. Nun auf dem bewaldeten Ostgrat steil zum Chrummhorn. Von hier queren wir nach Unter Steigli und wandern aufwärts zur Mattalp, wo wir das Trassee der Zahnradbahn queren. Via Chilchsteine, von wo ein kurzer Abstecher auf das Matthorn möglich ist (plus 50 Min., mit Drahtseilen gesichert), nach Pilatus Kulm (4 Std., 1650 m Aufstieg).
- Von Gfellen lässt sich die Wanderung ideal bis nach Flühli oder Hasle verlängern (s. Wanderungen Nr. 15, 16 und 18).

PILATUS–GFELLEN

Beste Jahreszeit
Mitte Juni bis Mitte Oktober

Verkehrsmittel
→ Am schönsten: Von Luzern mit dem Schiff nach Alpnachstad. Von hier weiter mit der Zahnradbahn nach Pilatus Kulm. Oder von Luzern mit dem Linienbus nach Kriens und mit der Seilbahn via Fräkmüntegg nach Pilatus Kulm.

← Von Gfellen mit dem Bus zur Bahnstation Entlebuch (an der Bahnstrecke Bern–Luzern). Achtung: Rufbusbetrieb (das heißt, der Bus muss mindestens 60 Minuten vor den auf dem Fahrplan angegebenen Zeiten bestellt werden. Tel. 041 480 23 30).

Sehenswertes
- Zahnradbahn Alpnachstad–Pilatus Kulm
- Sonnenaufgang vom Esel
- Aussicht vom Tomlishorn, dem Widderfeld, dem Mittaggüpfi oder der Stäfeliflue

Übernachten, Gasthäuser
- Auf dem Pilatus: Hotel Bellevue, modernes Rundhotel, Tel. 041 670 12 55 (DZ: Fr. 96.– p.P.), und Hotel Kulm, historisches Hotel, Tel. 041 670 12 55 (DZ: Fr. 62.– p.P.)
- Alpeli-Hütte beim Risetenstock, einfache Selbstversorgerhütte, immer offen; Informationen bei Walter Wittwer, Tel. 041 480 16 65 (Alpeli-Club Entlebuch)
- Hotel Gfellen, www.a-o.ch/6162-Gfellen, Tel. 041 480 15 65 (einfache DZ: Fr. 45.– p.P.), auch Massenlager
- Keine Gaststätte unterwegs

Karten
- 1170 Alpnach und 1169 Schüpfheim (1:25 000)
- 245 (T) Stans und 244 (T) Escholzmatt (1:50 000)
- Wanderkarte Sörenberg–Entlebuch, Kümmerly+Frey (1:60 000)

Literatur
- Der Pilatus, Mons Fractus, hrsg. von der Pro Pilatus (Vereinigung zum Schutz des Pilatusgeistes, Postfach, 6002 Luzern), Luzern 1999

Die Anreise auf Pilatus Kulm ist eine Reise in die Tourismusgeschichte der Schweiz. Am besten nimmt man in Luzern das Dampfschiff nach Alpnachstad, um von dort mit der steilsten Zahnradbahn der Welt auf den Pilatus zu gelangen. Nachdem 1871 die erste Bergbahn Europas auf die Rigi eröffnet worden war und sie gar 15 Prozent Dividende ausschüttete, sollte auch der Pilatus mit einer Bahn erschlossen werden, denn auch die Obwaldner wollten am aufstrebenden Tourismusgeschäft partizipieren. Ein erstes Projekt wurde 1873 von den potenziellen Investoren jedoch abgelehnt. Da das Eisenbahndepartement nicht mehr als 25 Prozent Steigung zuließ, hätte für die Bahn eine 8,7 Kilometer lange Spur gelegt werden sollen, was die Kosten allzusehr in die Höhe trieb. Anfang der achtziger Jahre entwickelte der Ingenieur Eduard Locher ein Monorail, welches fähig gewesen wäre, den Gipfel auf einer weitaus steileren Rampe zu erklimmen. Er erhielt 1885 gar die Bewilligung des Bundesrates. Schließlich kam jedoch nicht das visionäre Projekt zur Ausführung, sondern eine andere Neuentwicklung Lochers: eine Bahn mit einer ungewohnt schmalen Spurbreite von 80 Zentimetern und mit einer Zahnstange in der Mitte, die jedoch nicht, wie gewöhnlich, von oben vom Zahnrad ergriffen wurde, sondern von zwei Zahnrädern an beiden Seiten. Damit konnte eine Steigung von bis zu 48 Prozent gemeistert werden. Nach nur 400 Arbeitstagen im unwegsamen Gebiet – an der Eselswand mussten die Arbeiter gar an Seilen zur Arbeitsstelle heruntergelassen werden – war der Streckenbau (4,3 km) beendet. Am 4. Juni 1889 wurde die Bahn eröffnet. Und obwohl die Fahrt für einen einfachen Arbeiter unerschwinglich war – er hätte dafür etwa einen Wochenlohn hinblättern müssen –, war die Bahn auch ein wirtschaftlicher Erfolg.

Heutzutage ist die Fahrt mit der seit 1937 elektrifizierten Bahn wohl für die meisten bezahlbar (Fr. 29.–). Mit einer Geschwindigkeit von 7 bis 12 Stundenkilometern kriechen wir empor und erreichen eine halbe Stunde später **Pilatus Kulm** (2067 m). Da die vorgeschlagene Tageswanderung gut 5 Stunden beansprucht, empfiehlt es sich, bereits am Vortag anzureisen. Dann kommt man auch in den Genuss des Sonnenaufgangs vom Esel (10 Min. Fußweg vom Hotel). Beim Aufgang der Sonne über dem Vierwaldstättersee zeigt sich ein Bild der Schweiz, wie wir es aus Bilderbüchern und von Postkarten kennen, es grenzt an Kitsch, begeistert aber immer wieder. Übernachten kann man auf Pilatus Kulm seit 1859, und manche Berühmtheit hat von dieser Gelegenheit, bereits vor der Bahneröffnung, Gebrauch gemacht: darunter auch Königin Viktoria von England und Richard Wagner (gleich mehrmals).

Der erste Teil unserer Wanderung folgt dem Weg, der bereits im 19. Jahrhundert in den Fels gehauen wurde, um die zahlreichen Touristen ohne Probleme auf das **Tomlishorn** (2128 m), die höchste Erhebung der Pilatuskette, zu führen. Die weite Aussicht vom Säntis bis zum Schwarzwald und vom Jura bis zu den Hochalpen lässt sich hier von einer Sitzbank aus genießen. Danach wird der Weg bedeutend schwieriger und verlangt ein gewisses Maß an Schwindelfreiheit. Zuerst führt er uns über steile Grasflanken auf die kleine Erhebung des Gemsmättli, danach über Felsstufen (Drahtseile) auf das **Widderfeld** (2076 m). Der höchste Punkt des Widderfelds liegt nicht direkt

▲ ▲ Sonnenaufgang vom Esel mit Blick auf den Vierwaldstättersee, die Rigi und den Bürgenstock. Der Hotelier auf dem Pilatus gibt auf Anfrage gerne die Zeiten des Sonnenauf- und -unterganges bekannt.

◄ Der Weg von Pilatus Kulm zum Tomlishorn wurde bereits vor über hundert Jahren für die Touristen in den Fels geschlagen.

PILATUS-GFELLEN 1

▼ Seit 1859 genießen die Bergdohlen das reichhaltige Frühstücksangebot auf Pilatus Kulm.

am Weg, kann jedoch von der Abzweigung problemlos in 10 Minuten über eine Weide erreicht werden. Ein Abstecher, der sich lohnt, da der Blick auf die Bergwelt von hier in größerer Ruhe genossen werden kann.

Auf der Südseite des Widderfeldes, rund 250 m unter unseren Füßen, liegt das Mondmilchloch, dessen weiße Kalkmasse während Jahrhunderten als Universalheilmittel benützt wurde. Bereits Konrad Gessner erwähnt 1555 die »heilkräftige« Mondmilch, und Moritz Anton Kappeler, der Stadtarzt von Luzern, schilderte 1767 deren Anwendung: »Im Glauben an wachstum- und fruchtbarkeitsspendende Wirkung streicht man sie auf fließende oder unreine Geschwüre. Bei innerer Anwendung lindert die Mondmilch u. a. Magenbrennen und Durchfall. Frauen brauchen sie besonders bei Mangel von Muttermilch. Die Wirkung wird erhöht, wenn man Regenwürmer, Glas, Korallen oder Fenchelsamen daruntermischt.« Es herrschte auch der Aberglaube, dass die Mondmilch besonders gut helfe, wenn man sie eigens in der Höhle abschöpfe und dabei den Namen des oder der Erkrankten ausspreche. Noch im April 1950 ersuchte ein Pfarrer aus den USA einen Freund aus Luzern, ihm 12 Pfund Mondmilch zu schicken, um acht schwerkranke Nonnen zu heilen. Als das Paket in Amerika ankam, war der Pfarrer (und nicht die Nonnen) allerdings bereits verschieden. Genützt hätte es ohnehin nicht viel, denn bei der Mondmilch handelt es sich bloß um Kalk, was da nach Pfyffer (1756) »als schwammige, milchweiße Materie in den drei Tagen des Vollmondes aus den Felsen schwitze und allmählich sich verhärte«.

Vom Widderfeld steigen wir über Wiesen nach **Felli** (1701 m), einem Übergang vom Eigental nach Alpnach. Unmittelbar unterhalb von Felli (auf der Nordseite) lag einst, in der Nähe der Oberalp, der sagenumwobene Pilatussee, der dem Gebirge, das im 15. Jahrhundert noch Frakmont hieß, seinen Namen gab.

Der Sage nach wurde Pontius Pilatus nach seinem Tod in den Tiber geworfen. Darauf erhoben sich aber derart große Wasserfluten, begleitet von Blitz und Donner, dass der Leichnam wieder herausgenommen werden musste. Man versuchte ihn daraufhin bei Lyon in der Rhone und im Genfersee zu versenken, wo sich jedoch das Gleiche wiederholte. Also beschloss man, ihn in einem abgelegenen Alpenpfuhl, dem späteren Pilatussee, zu versenken. Hier gab er nun einigermaßen Ruhe – es sei denn, jemand warf einen Stein in den See, was den Geist von Pontius Pilatus derart erzürnte, dass alsbald schwere Gewitter über den Berg und die umliegenden Orte niedergingen. So weit die Sage. Realität jedoch ist, dass im 15. Jahrhundert der Rat von Luzern durchaus an das unheilbringende Wesen des kleinen Seeleins glaubte und deshalb das Betreten des Berges und der Oberalp verbot. Noch 1564 sind zwei Männer in den Turm geschlossen worden, weil sie verbotenerweise den See besucht hatten. Mit den aufkommenden Naturwissenschaften stiegen jedoch auch die Zweifel an der Macht des kleinen Seeleins. 1585 stieg der Rat selber hinauf, um sich zu vergewissern, dass im See keine übernatürlichen Kräfte wohnten. Ein Stadtknecht hatte in den See zu waten, Steine wurden hineingeworfen, der Geist angerufen – doch nichts geschah, kein Gewitter erhob sich, und auch Pontius Pilatus entstieg nicht dem See. Die Wege wurden wieder geöffnet.

◄ Auf einem abschüssigen Wiesengrat führt der Weg vom Tomlishorn Richtung Widderfeld.

1
PILATUS-GFELLEN

▼ Auf den ersten Metern der Wanderung schweift der Blick hinunter zum Alpnachersee.

Und um ganz sicher zu sein, wurde der See neun Jahre später zu einem guten Teil entleert. Eine Anordnung, die 400 Jahre später, 1977, mit der erneuten Anhebung des Wasserspiegels wieder rückgängig gemacht wurde. Man fühlt sich heute scheinbar sicher vor bösen Geistern.

Von Felli geht es weiter durch einen leichten Fichtenbestand, am Fuße des Rot Dossen vorbei. Unterhalb eines auffallenden Felsvorsprungs fließt Quellwasser in einen liebevoll angefertigten Trog. Es ist dies die einzige Wasserquelle während der Gratwanderung. Anschließend über eine moorige Ebene und einen letzten Aufschwung zum Gipfelkreuz des **Mittaggüpfi** (1916 m). Früher wurde das Mittaggüpfi auch Gnepfstein genannt, in Anspielung auf einen großen, heute nicht mehr vorhandenen, wackelnden Stein, der scheinbar auf keltische Rituale an diesem Ort hindeutet. Das Mittaggüpfi war das Ziel unzähliger Naturwissenschaftler, die das Gebirge seit dem 15. Jahrhundert (mit notwendiger Erlaubnis des Luzerner Rates) besuchten und hier den Grundstein der alpinen Forschung legten. Der Geograf Pfyffer von Wyher gab im 18. Jahrhundert Anleitungen für eine Gebirgstour auf den Pilatus. Als Schuhwerk empfahl er hölzerne Sandalen mit ledernen Riemen und mit je zehn Pferdenägeln als Profil.

Der Weg zur Tripolihütte folgt zuerst dem Grat und weicht später auf die Südflanke aus, wo der steile Abstieg mit Drahtseilen und einer großen Holzleiter erleichtert wird. Die Tripolihütte (nur Schutzhütte, keine Bewartung, keine Betten) erhielt ihren Namen, weil ein Vorgängerbau um 1913 für italienische Gastarbeiter erstellt worden war. Die meisten von ihnen waren ehemalige Soldaten aus dem Tripolikrieg – deshalb der Name »Tripolitaner«. Ihre Arbeit bestand darin, auf Entlebucher und Schwarzenberger Gebiet Schutzverbauungen zu erstellen, um die großen Aufforstungen dieser Zeit vor Lawinen und Steinschlag zu schützen. Die Aufforstungen wiederum waren notwendig geworden, weil man eingesehen hatte, dass die Abholzungen ganzer Hänge schwere Überschwemmungen in der Ebene mit sich brachten.

◀ Blick vom Sattel vor dem Mittaggüpfi Richtung Fürstein (rechts der Bildmitte) und ins Tal der Entlen.

Ein abwechslungsreicher Weg, durch Fichtenwald, Alpenrosen und Heidelbeeren führt uns auf die aussichtsreiche Stäfeliflue (1922 m). Von hier geht es hinunter auf den mit Legföhren bedeckten **Risetenstock** (1802 m), kein eigenständiger Gipfel, sondern vielmehr eine Schulter der Stäfeliflue. Nach einem letzten Blick auf das Entlebuch, den Fürstein, den Schimbrig, den Napf verlassen wir den Grat. Beim Abstieg durch den Wald bietet die Alpeli-Hütte eine einfache, aber liebevoll eingerichtete Unterkunft für Selbstversorger (linkerhalb des Weges). Dem Eibach entlang, am Schluss über Weiden, erreichen wir **Gfellen** (1020 m), eine kleine (Ferienhaus-)Siedlung, mit Hotel/Restaurant und Busstation.

1 PILATUS–GFELLEN

▼ Von der Tripolihütte führt ein schmaler, wenig begangener Pfad über die Stäfeliflue zum Risetenstock.

KAHLE HÄNGE – HOHES WASSER

Der Wald sichert die Lebensgrundlage des Entlebuchs. Er schützt die Talschaft vor verheerenden Hochwassern und bringt vielen Landwirten einen willkommenen Nebenverdienst.

Als das Entlebuch im 15. Jahrhundert von der Habsburger Herrschaft zur Stadt Luzern wechselte, bekamen die Entlebucher »ihr sonderbare Fryheit und gerechtigkeit uss gnaden der Obrigkeit, Ir viech in die Wildniss und Höchwald allenthalben zu tryben und den Sommer allda zu weiden«. Er war ihnen zur freien Nutzung überlassen. 1514 konnten die Landleute des Entlebuchs, die Alteinge-

sessenen, den ganzen Hochwald gegen ein Entgelt von jährlich 360 Kilogramm guten Käses erwerben. Die Hintersäßen, die Entlebucher, die im Gegensatz zu den Landleuten keine politischen Rechte und keinen Hochwald besaßen, begannen sich im Zuge der Französischen Revolution gegen diese Ungleichbehandlung zu wehren. Doch als 1805 ein Gesetz erlassen wurde, welches jedem Bürger erlaubte, sich einfach ins Kooperationsgut einzukaufen, handelten die privilegierten Landleute rasch, teilten den großen Teil Kooperationen in tausend Kleinstflächen auf und verteilten sie untereinander. 1880 befanden sich 96 Prozent des Entlebucher Waldes in Privatbesitz, und auch heute sind es noch über 80 Prozent (Schweizer Durchschnitt 27 %).

▶ Brennholzflößer auf dem Rechen bei Stilaubboden an der Grossen Entlen (Mai 1929).

1 PILATUS-GFELLEN

Der Export von Holz, die Glasindustrie in Flühli (s. Seite 264) und etwas später auch die Herstellung von Milchzucker (s. Seite 112) hatten seit dem 18. Jahrhundert durch ihren enormen Holzverbrauch dem Entlebucher Wald großen Schaden zugefügt. Für jede Glashütte mussten pro Jahr 30 Hektaren Wald kahl geschlagen werden, was einer Fläche von 50 Fußballfeldern entspricht. In Marbach wurden für die Milchsiederei während eines Jahrhunderts jährlich über 20 Hektaren Wald verheizt. Kleinere Schäden gab es durch den »Geisstrieb«, das Weiden von Ziegen im Hochwald, das insbesondere dem Jungwald zusetzte. Und auch die Köhler (s. Seite 170) waren seit jeher Abnehmer von Holz im Entlebuch. Zum großen Eigenverbrauch des Entlebuchs kam noch der Holzexport hinzu; so wurde etwa der große Holzverbrauch der Gießerei Von Roll in Gerlafingen mit Entlebucher Holz gedeckt.

Da das Holz in unwegsamem Gelände ohne

Fahrwege geschlagen wurde, musste es auf Bächen und Flüssen an den Zielort geflößt werden. Im Herbst wurden die Bäume gefällt, im Winter wurden die entasteten Stämme an die Bäche transportiert, und im Frühling, wenn die Bäche durch die Schneeschmelze den höchsten Wasserstand haben, wurde das Holz hintergeflößt. Dabei wurde die Gewalt und die Menge des Wassers noch erhöht, indem das Wasser mit Holzbauten, so genannten »Klusen«, zurückbehalten und dann im gewünschten Moment auf die im Bachbett lagernden Holzmassen losgelassen wurde. Ehemalige Klusstellen erkennt man noch heute an den Ortsbezeichnungen. So deuten etwa Chlustalden und Chlusboden, zwischen Schüpfheim und Flühli, auf eine ehemalige Klus hin. Die Lage zwischen den hohen Felsen am Ausgang der Lammschlucht war für das Stauen der Waldemme wie geschaffen. Gleich oberhalb der Klus wurde für den heiligen Nikolaus, der wie von den Schiffsleuten auch von den Flößern verehrt wurde, bereits um 1500 eine Kapelle eingeweiht.

60 bis 70 Männer wurden jeweils angeheuert, die das Holz ins Wasser hinauszuwerfen hatten. Ein Teil der Mannschaft folgte dem Bachlauf mit langen Floßhaken, um die Stämme oder Trämel, die sich ineinander verkeilten oder am Ufer festsaßen, wieder loszumachen. Vom Napfgebiet bis nach Solothurn waren sie 10 bis 20 Tage unterwegs. Es wurde auch Holz bis ins Elsass oder nach Köln geflößt. Da die Flößerei den Uferpartien großen Schaden zufügte, wurden immer mehr Beschränkungen (z. B. über die maximale Größe der Holzstücke) auferlegt. Verbesserte Straßen und das Aufkommen der Eisenbahn brachten sie vollends zum Erliegen.

Der geschilderte Raubbau, der die Waldfläche im Entlebuch zwischen 1650 und 1783 von 22 000 Hektaren um zwei Drittel auf 7300 Hektaren verkleinerte, blieb nicht ohne Folgen. Mehr und mehr kam es an der Kleinen Emme oder in Marbach zu gewaltigen Überschwemmungen. Flühli wurde zwischen 1837 und 1903 nicht weniger als neun Mal verheerend überschwemmt. Aber auch weiter unten am Flusslauf, in Wolhusen und Littau, kam es zu Überschwemmungen. Der Zusammenhang mit den entwaldeten Hängen war klar. 1876 wurde ein eidgenössisches Forstpolizeigesetz erlassen, welches Kahlschläge verbot. Zu Beginn des 20. Jahrhunderts wurden im Entlebuch mehrere Aufforstungsprojekte in die Wege geleitet. Mit einigem Erfolg: 1976 war die Waldfläche im Entlebuch wieder auf 14 770 Hektaren angestiegen.

Die Arbeit geht den Försterinnen und Förstern aber nicht aus. Der Jahrhundertsturm Lothar, der am 26. Dezember 1999 in der Schweiz 10 Millionen Bäume fällte, hat auch im Entlebuch großen Schaden angerichtet. Es wird beabsichtigt, an vielen Stellen den Wald der natürlichen Waldverjüngung zu überlassen. Nur in Ausnahmefällen werden Pflanzungen vorgenommen.

Gesucht sind heute aber auch Zukunftsstrategien für eine nachhaltige Waldnutzung. Das Problem besteht heute nicht darin, dass der Wald übernutzt, sondern dass er zu wenig genutzt wird. Eine Studie zur Holzwirtschaft in der Gemeinde Flühli schlägt vor, insbesondere den regionalen Wirtschaftskreislauf Holz zu fördern, zum Beispiel durch die Förderung der Holzenergie in der Region. Eine Idee, die sich ideal in das Biosphärenreservat einbinden lässt. Zur Förderung der nachhaltigen Holznutzung und neuer Produkte hat sich der Verein Holzforum, mit rund 90 Firmen- und Einzelmitgliedern aus dem Bereich Wald- und Holzwirtschaft, formiert. Als Erstes hat das Forum eine »Entlebucher Massivholztüre« lanciert, die aus einheimischem Holz und biologisch abbaubarem Leim gefertigt wird.

▼ Der Südosthang des Risetenstockes wurde von 1921 bis 1937 aufgeforstet. Es wurden 83 000 Nadelbäume (v. a. Fichten) und 97 000 Laubbäume (Alpenerlen und Vogelbeerbäume) gepflanzt. Leider wurden im Rahmen des Projektes im Hochmoor auf dem Gipfel des Risetenstockes Entwässerungsgräben ausgehoben. Der intakte Wald wird beim Abstieg vom Risetenstock durchwandert (Wanderung 1).

1
PILATUS–GFELLEN

Um 1920: Blick ab Tossenschwand

1991

GRENZGRAT OHNE GRENZE

SÖRENBERG–SATTELPASS–MIESENSTOCK–LANGIS–JÄNZI–SARNEN

Von Sörenberg gehts steil hinauf auf den Nünalpstock, von dessen Flanke sich schon öfters Murgänge lösten, die das Dorf bedrohten. Danach wandern wir über breite Grate zum Glaubenberg. Am zweiten Tag gelangen wir durch das weite, moorige Gross Schlierental und über den Aussichtsberg Jänzi bis nach Sarnen, dem Hauptort von Obwalden.

2

Charakter

1. Tag: Lange Wanderung auf breitem Grat, mit einem längeren Aufstieg zu Beginn. Abkürzungen sind möglich (siehe Varianten).
2. Tag: Einfache Wanderung. Zuerst durch das Moorgebiet und mit sanftem Aufstieg auf den Jänzi, am Schluss längerer Abstieg nach Sarnen.

Varianten

- Umgehung des Nünalpstockes via Nünalp (Zeitersparnis ¼ Std.).
- Indem wir bei der Looegg nach Loo absteigen und von dort dem Fahrweg bis zum Sattelpass folgen, umgehen wir den Bärenturm. Wir ersparen uns somit den oftmals etwas glitschigen Abstieg vom Bärenturm auf den Sattelpass (Zeitersparnis 5 Minuten).
- Von der Trogenegg (kurz vor dem Miesenstock) können wir direkt via Glaubenberg nach Langis absteigen (Zeitersparnis 1¼ Std.).
- Kurz vor Ramersberg können wir bei Moosacher in wenigen Minuten nach Stalden absteigen (Postautohaltestelle, Restaurant; Zeitersparnis ¾ Std.).
- Beide Tagesetappen sind auch als Eintageswanderung möglich. Hin- oder Rückfahrt von/nach Langis mit dem Postauto von Sarnen Bahnhof (3 Kurse pro Tag).

2 SÖRENBERG–SARNEN

Beste Jahreszeit

Anfang Juni bis Ende Oktober

Verkehrsmittel

- Mit der Bahn bis Schüpfheim (Strecke Luzern–Bern) und weiter mit dem Postauto bis Sörenberg
- Der Bahnhof Sarnen liegt an der Brünig-Linie (Interlaken–Brünig–Luzern) der SBB.

Sehenswertes

- Aussicht und Bergsturzgebiet am Nünalpstock
- Föhrenbestand zwischen Haldimattstock und Looegg
- Aussicht vom Miesenstock
- Moorgebiet bei Schwendi Kaltbad
- Aussicht vom Jänzi
- Altstadt von Sarnen

Übernachten, Gasthäuser

Sörenberg:
- Info: Tel. 041 488 11 85, www.soerenberg.ch
- Panorama Sporthotel, im Zentrum, mit Hallenbad und Sauna, www.panorama-soerenberg.ch, Tel. 041 488 16 66 (DZ: Fr. 105.– p.P.);
- Hotel Rischli, 1 km vom Zentrum, www.hotel-rischli.ch, Tel. 041 488 12 40 (DZ: Fr. 65.– p.P.);
- Hotel Cristal, 1 km vom Zentrum, Tel. 041 488 00 44 (DZ: Fr. 75.– p.P.), Di Ruhetag;
- Hotel Bäckerstube, im Zentrum, www.baeckerstube.ch, Tel. 041 488 13 61 (DZ: Fr. 65.– p.P.);
- Go-In, im Zentrum, www.go-in.ch, Tel. 041 488 12 60 (DZ: Fr. 58.– p.P.), auch Massenlager;
- Pension Wicki, beim Hallenbad, Tel. 041 488 16 93 (DZ: Fr. 60.– p.P.);

- Berghotel Langis: www.berghotel-langis.ch (mit Webcam), Tel. 041 675 10 68 (DZ: Fr. 60.– p.P.), auch Massenlager;
- Bergrestaurant Schwendi Kaltbad: Tel. 041 675 21 41 (Massenlager), Mo Ruhetag;

Sarnen:
- Info: www.sarnen-tourism.ch, Tel. 041 666 50 40, diverse Hotels und Restaurants

Karten

- 1189 Sörenberg, 1169 Schüpfheim, 1170 Alpnach, 1190 Melchtal (1:25000)
- 244 (T) Escholzmatt und 245 (T) Stans (1:50000)
- Wanderkarte Sörenberg–Entlebuch, Kümmerly+Frey (1:60000)

1. Tag: Sörenberg–Nünalpstock–Sattelpass–Miesenstock–Langis

Von der Post **Sörenberg** folgen wir 50 Meter der Hauptstraße Richtung Glaubenbüelen und biegen dann links ab (markiert). An Ferienhäusern und dem Hallenbad vorbei kommen wir schon bald in die Schneise voll Geröll und Erdmaterial, welche das Siedlungsgebiet von Sörenberg durchschneidet.

Um das Jahr 1880 begann sich die Sörenberger Flanke des Nünalpstockes zu bewegen. 1909 hatte die Absenkung in der Nähe des Gipfels auf einige Meter zugenommen. Am Morgen des 9. Mai 1910 kam der Berg vollends ins Rutschen. Professor Albert Heim von der Eidgenössischen Technischen Hochschule in Zürich beschrieb den Erdrutsch folgendermaßen: »Der dunkle Strom hatte 1 bis 3 Meter Fronthöhe. Für das Auge war es ein lebendiger Steinhaufen. Die langsam, im Mittel 0,5 Meter in der Minute, fortschreitende Bewegung dauerte 2 Tage und 2 Nächte an, um vom Abrissrand an das Ufer der Emme zu gelangen.« Menschen kamen nicht zu Schaden, doch wurden Gebäude zerstört, und die 1,5 bis 2 Millionen Kubikmeter Geröll bedeckten eine Fläche von 30 Hektaren mit einer Schicht von 1 bis 4 Metern.

Der Rutsch von 1910 war für die Region Sörenberg kein Einzelereignis. Der Namen des Sörenbergs weist darauf hin. »Sören« oder »Saren« bedeutet Gesteinsschutt. 1972, als im Bergsturzgebiet bereits etwa 160 Ferienhäuser erstellt worden waren, verfügte der Bundesrat einen Baustopp für das Gefahrengebiet. 1975 wurde das Bauen wieder bewilligt – allerdings mit verschiedenen Auflagen wie regelmäßigen Kontrollen, Entwässerungsmaßnahmen usw.

Im Mai 1999, während heftiger Schneeschmelze und gleichzeitiger Regenfälle, lösten sich am Nünalpstock wieder Murgänge. Die Schuttmassen rutschten wiederum bis ins Dorf. Aufgrund dieser Ereignisse hat der Gemeinderat von Flühli beschlossen, eine so genannte Gefahrenzone auszuscheiden, in der eine Vergrößerung der Nutzungsfläche für den dauernden Aufenthalt von Menschen und Tieren untersagt ist. Schutzdämme und Geschiebesammler sollen zusätzliche Sicherheit bringen. Zudem wird der Hang nun ständig überwacht. Wenn die im Gefahrengebiet gespannten Drähte reißen, bekommt der Feuerwehrkommandant von Flühli eine Nachricht auf seinen Pager. Bei starken Regenfällen wird zusätzlich noch ein Beobachtungsposten besetzt. Muss mit einer Gefahr für das Dorf gerechnet werden, hat der Feuerwehrkommandant die Kompetenz, eine Evakuierung anzuordnen. Von dieser Möglichkeit musste er von 1998 bis 2001 für Teilgebiete von Sörenberg vier Mal Gebrauch machen.

Bei der ehemaligen Pension Felder weist uns die Hinweistafel »Achtung! Bei Sirenenalarm bitten wir Sie, den Graben nicht zu überqueren« darauf hin, dass die Gefahr von Murgängen auch heute noch besteht. Kurz nach dem Hof Flüehütten verlassen wir den Weg und steigen über Alpweiden weglos bergan. Weiß-rot-weiß markierte Stöcke, mit Stacheldraht umwickelt, damit sich die Kühe nicht daran kratzen, weisen uns den Weg. Wir gewinnen rasch an Höhe, und die Sicht weitet sich über das ganze Tal. An einem Bach, der von mehreren umgestürzten Tannen gesäumt wird, ist der Weg nicht klar ersichtlich. Es empfiehlt sich, den Bach nicht zu überqueren, sondern ihm an die-

▲▲ Am Ende des ersten Wandertages durchwandern wir das Moor bei Münchenboden.

◀ Das Bergsturzgebiet von Sörenberg in einer Aufnahme vom Juli 1911. Die Kapelle von Sörenberg liegt knapp außerhalb des linken Bildrandes. Das Gebiet der unteren Bildhälfte ist heute überbaut.

2
SÖRENBERG–SARNEN

▼ Blick von der Heimegg beim Aufstieg zum Nünalpstock Richtung Rotspitz und Giswilerstock.

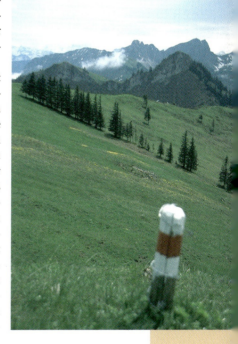

ser Seite aufwärts zu folgen. Ab Unter Buecherenschwand, bereits auf Obwaldner Boden, ist der Weg, der weiter über Weiden und durch Wald bergauf führt, wieder besser markiert. Auf der Heimegg erreichen wir den Grat, der hier sonderbarerweise nicht die Grenze zwischen den Kantonen Luzern und Obwalden bildet (s. Seite 57). Die nachfolgend beschriebene Gratwanderung verläuft vollumfänglich auf Obwaldner Boden. Auf der Heimegg folgen wir dem teilweise steilen, grasbewachsenen Grat nach links. (Wer den Aufstieg vermeiden will, kann von der Heimegg auch via Nünalp abkürzen.) Vom **Nünalpstock** (1901 m), dem höchsten Punkt unserer Zweitagestour, bietet sich uns eine weite Rundsicht auf das Entlebuch und die angrenzenden Gebiete. Folgen wir dem Grat noch wenige Meter Richtung Hagleren, erkennen wir die Abbruchstelle des Erdrutsches von 1910. Dem breiten, teilweise moorigen Gratrücken, mit einzelnen Fichten und Alpenrosen bestückt, folgen wir vom Gipfel Richtung Norden. Im Westen des Grates bedeckt ein Fichtenwald das abgeschiedene Einzugsbiet des Rotbaches, welches einen idealen Lebensraum für das Auerhuhn und andere, für Störungen sensible Arten bildet. Vor 200 Jahren war dieses Gebiet praktisch ganz entwaldet. Die Glasindustrie brauchte das Holz als Brennmaterial. Flühli bekam die Auswirkungen zu spüren, indem der entfesselte Rotbach im 19. Jahrhundert das Dorf Flühli immer wieder überschwemmte. 1880 erwarb der Staat Luzern das Einzugsgebiet des Rotbachs, welches auf Obwaldner Gebiet liegt, und leitete die Aufforstung ein. Seither regelt ein Staatsvertrag zwischen Obwalden und Luzern die Forsthoheit. Es gilt hier das Luzerner Forstgesetz, aber das Obwaldner Jagdgesetz.

In der Senke nach dem Haldimattstock durchwandern wir einen lichten Föhrenwald im moorigen Gebiet mit Schlenken (vernässten Vertiefungen) und kleinen Tümpeln. Ein Kleinod. Via Looegg erreichen wir, immer dem Grat folgend, sanft aufsteigend den Bärenturm (Gipfelkreuz). Die Namensgebung »Turm« wird erst beim weitaus steileren Abstieg im glitschigen Rasengelände erklärbar.

Wir steigen auf den **Sattelpass** (1584 m) ab, der bereits im 15. Jahrhundert eine wichtige Verbindung zwischen dem Entlebuch und Obwalden war. Eine Herberge bot zu dieser Zeit den Reisenden auf dem Pass eine willkommene Unterkunft. Glaswaren und Vieh wurden auch im Winter über den Pass gebracht. Mancher Wanderer soll zur Winterzeit in Sturm und Schneegestöber umgekommen sein. Durch den Bau der Lopperstraße, welche den Umweg über Luzern als die einfachere Alternative erscheinen ließ, verlor der Pass an Bedeutung. Beinahe zum Stillstand kam der Verkehr nach 1874, als ein Unwetter die Brücken auf der Entlebucher Seite wegriss und jahrelang darüber gestritten wurde, wer den Wiederaufbau zu bezahlen habe. Als in Sarnen im Juni 1920 die Maul- und Klauenseuche ausbrach, von der das Entlebuch bis zu diesem Zeitpunkt noch verschont war, wurde die Grenze zwischen Luzern und Obwalden, auch der Sattelpass, mit Hilfe von Soldaten abgeriegelt. Es war ein hoffnungsloses Unterfangen. Am 11. August wurden erste Krankheitsfälle auch im Entlebuch entdeckt, das in den Folgemonaten von der Seuche besonders hart getroffen wurde. In der ganzen Schweiz mussten damals in einem Jahr 24 685 Stück Vieh geschlachtet werden.

◀ Der Alpensalamander kommt nur des Nachts oder bei feuchtem Wetter aus seinem Versteck. Er wird bis zu 16 cm lang und ist die einzige Lurchenart, welche lebende Junge zur Welt bringt. Beim Aufstieg zum Nünalpstock begegnen wir ihnen bei entsprechender Witterung auf Schritt und Tritt.

2 SÖRENBERG–SARNEN

▼ Käsespeicher beim Sattelpass.

Vom Sattelpass folgen wir einem sanft aufsteigenden Weg, streckenweise mit Steinplatten in die Landschaft gelegt, hinauf zur Trogenegg. Wer genug hat von Graten und Gipfeln, kann von hier in 1 Stunde nach Langis absteigen. Die beschriebene Route folgt dem Grat weiter aufwärts bis zum **Miesenstock** (1891 m). Den breiten Gipfel mit seinem Gipfelkreuz konnten wir bereits vom Nünalpstock aus sehen. Noch einmal bietet sich uns die Sicht auf die Berner und Innerschweizer Alpen. Unter uns, am Glaubenberg, die weiträumigen Anlagen der Armee. Auf einem abwechslungsreichen kleinen Pfad, leider schlecht markiert, folgen wir dem teilweise unwegsamen Grat. Nach einzelnen kurzen Gegenanstiegen biegen wir auf einem Sattel nach rechts vom Grat ab und steigen zu den Alpgebäuden von Mettlen hinunter. Von hier gleich wieder bergan über Weiden zum nächsten Sattel. Danach weglos, wiederum kaum markiert, über die Weide, leicht rechts haltend, zur Alp Seeli. Über Weiden gehen wir weiter schräg abwärts und queren auf einer Holzbrücke einen kleinen Bach. Der Weg, nun wieder besser sichtbar, verläuft danach über weichtrittigen Boden bis zum Münchenboden (Picknick-Platz). Wir überqueren den Steinibach und folgen kurze Zeit der geteerten Straße. Nach wenigen Metern verlassen wir die Straße und nehmen den letzten Anstieg des Tages in Angriff; es geht durch einen moosbewachsenen Wald mit vielen Heidelbeeren, zu Beginn einem Bach entlang, zur Glaubenbergstraße und nach **Langis** hinauf. Das Hotel »direkt beim Parkplatz« ist nicht zu verfehlen.

2. Tag: Langis–Schwendi Kaltbad– Egg–Jänzi–Arben–Ramersberg–Jänzi

Hinter dem Hotel beginnt der Wanderweg, der uns in einer Viertelstunde nach **Schwendi Kaltbad** führt. Auch Töffliebhaber haben das kleine Bergrestaurant mit der Kapelle entdeckt, sodass an schönen Wochenenden reihenweise Motorräder vor der kleinen Wirtschaft stehen. Seit Jahrhunderten pilgert man in dieses abgeschiedene Tal. In früheren Zeiten wegen der Heilkraft seiner Quelle.

Der Sage nach war es ein verwundeter Hirsch, der, beobachtet von Ziegenhirten, im Wasser der Quelle mit sichtlichem Erfolg badete. Die Hirten, bald auch andere Leute, taten es ihm gleich und nutzten die Heilkraft des Wassers. Bereits 1732 bestätigte der Landammann des Kantons Obwalden die festgelegten Kurtaxen für warme und kalte Bäder. Zu Beginn waren es insbesondere arme Personen, darunter viele Gelähmte, die in Schwendi Kaltbad Heilung suchten. Dank der überraschenden Heilerfolge wurde das Bad immer populärer, und die Unterkunftsmöglichkeiten und Badeeinrichtungen wurden ausgebaut. 1860 besaß das Kurhaus 42 Zimmer mit 75 Betten und 9 Badezimmer mit je einer hölzernen Wanne. 1865 kam die kleine Kurkapelle hinzu. Im Bäderführer über die Heilquellen der Schweiz lobt Conrad Meyer-Ahrens 1867 die gute Bedienung und Pflege der Kurgäste. »Leute aus den höheren Ständen mögen daher, insofern sie nicht so verwöhnt und blasiert sind, dass es sie Überwindung kostet, mit einfachen Landleuten umzugehen und insofern sie sich mit einem einfachen Zimmer begnügen zu können glauben, nur ruhig nach diesem Bade gehen, um so mehr als der Tisch gut sein soll und wie wir uns selbst überzeugt haben, sehr gute Weine zu haben sind.« Der Kurbetrieb wurde bis zum September 1970

◄ Den Miesenstock erreicht man von der Trogenegg aus in wenigen Minuten.

2
SÖRENBERG–SARNEN

▼ Über 100 Jahre lang kamen die Gäste nach Schwendi Kaltbad zur Kur. 1970 wurde das Kurhaus ein Raub der Flammen.

weitergeführt, als das Kurhaus ein Raub der Flammen wurde.

Nach dem Bergrestaurant folgt der Wanderweg durch ein Moorgebiet dem Lauf der mäandrierenden Grossen Schliere. Viele Feuerstellen stehen Ausflüglern zur Verfügung. Der Bachlauf macht zeitweise eher den Anschein einer Freizeitzone als eines intakten Naturschutzgebietes. Doch der Weg ist angenehm zu gehen, und wenn wir aus dem Wald auf die offene Fläche hinaustreten, wird man durch die Weite der Landschaft an Bilder aus der kanadischen Wildnis erinnert.

Beim Wegweiser »oberes Schlierental« überqueren wir die Grosse Schliere und steigen auf einem Bretterweg über das Moor bergan. Der Kanton Obwalden ist mit Mooren reich gesegnet und hat prozentual noch mehr Moorgebiete vorzuweisen als der Kanton Luzern. Auch der Wald, in den wir später gelangen, gehört noch zum Naturschutzgebiet und ist zusätzlich auch als Waldreservat, welches von der ETH in Zürich beobachtet wird, ausgeschieden.

Auf der **Egg** (1611 m, kleine Schutzhütte, Feuerstelle) ist der Weg auf den Jänzi nicht klar ausgeschildert. Wir müssen darauf achten, den Weg zu nehmen, der als Einziger weiter bergan führt (wenige Meter nach der Schutzhütte bei einer Doline rechts ab). Durch den Fichtenwald geht es sanft aufwärts. Wenige Minuten nach Egg gibt es die Möglichkeit, beim Aussichtspunkt Wolfsmatt-Blatten (Rastplatz) den Blick auf den Sarnersee und die Innerschweizer Berge zu genießen. An weiteren moorigen Waldlichtungen vorbei erreichen wir den Gipfel des **Jänzi** (1738 m, Gipfelkreuz). Eindrücklich erhebt sich jetzt der Pilatus vor uns. Zu unseren Füßen der Alpnachersee. Nach dem ersten steilen Stück des Abstiegs wählen wir bei einer Abzweigung die Variante Richtung Chäseren–Ramersberg.

Der Weg hinunter nach Sarnen ist abwechslungsreich. Zuerst auf einem Fahrweg bis zur Alp Chäseren. Danach über Weiden und durch Wälder bis Weidli, wo wir auf eine geteerte Straße treffen, die uns nach **Arben** (1023 m) führt. Kurz darauf nehmen wir die erste Straße links und gleich den ersten Feldweg nach rechts. Nach 400 Metern weist uns ein Wegweiser den Weg über die Wiese nach Ramersberg (weglos). Später folgen wir noch einmal ein kurzes Stück der Straße bis Moosacher. Hier gibt es die Möglichkeit, in 15 Minuten nach Stalden (Postauto) abzusteigen. Weiter, den Wegweisern nach Ramersberg nach, durch den Schladwald, der kaum noch als Wald zu erkennen ist. Sturm Lothar hat hier ganze Arbeit geleistet. Dem später geteerten Fahrweg folgen wir bis nach der Überquerung eines Baches.

Kurz darauf können wir rechts auf einen Weg abzweigen, der uns hinunter nach **Ramersberg** (663 m) führt. Der kleine Weiler, der früher Römersberg hieß, ist geprägt von der Kapelle St. Wendelin, die, weitherum sichtbar, auf einer Anhöhe steht.

Den Wegweisern Richtung Eiwald folgend steigen wir nach **Sarnen** (473 m) ab. Noch bevor wir den Dorfkern des Hauptortes von Obwalden erreichen, kommen wir am Fuß des Landenbergs vorbei, auf dem während Jahrhunderten die Landsgemeinde des Halbkantons stattfand. Nach dem Überqueren der Sarner Aa erreichen wir den Dorfplatz, an dem das barocke Rathaus steht. Wer mehr über Sarnen und seine Geschichte erfahren möchte, besucht am besten das von Montag bis Samstag an Nachmittagen geöffnete Heimatmuseum. Vom Dorfplatz sind es nur wenige Minuten bis zum Bahnhof.

◀ Über Blumenwiesen steigen wir vom Jänzi nach Sarnen ab.

2
SÖRENBERG– SARNEN

▼ Wenn an schattigen Hängen noch Schnee liegt, zeigen sich auf der Sonnenseite die ersten Frühlingsboten.

VOM WESEN DER ENTLEBUCHER

Gibt es eine Entlebucher Eigenart, einen Charakterzug, der sie von den anderen Luzernern oder Schweizerinnen unterscheidet? Als einer der Ersten versuchte der Luzerner Patrizier Josef Xaver Schnyder von Wartensee, Pfarrer zu Schüpfheim, in seiner 1781 erschienenen Geschichte der Entlebucher die Wesensart der Entlebucher zu beschreiben. Er meint, dass sie sich »sowohl im Physikalischen als auch im Moralischen« vor anderen helvetischen Völkerschaften auszeichnen. Nicht ohne Grund seien sie seit langem von vielen als die stärksten Schweizer angesehen worden. »Jedoch kommen sie an Schönheit des Leibes« den Freiburgern, Emmentalern, Willisauern oder Schwyzern nicht nach. Schnyder schildert die Entlebucher als munter, mit aufgewecktem Geist, als Liebhaber der Musik und von lebhaftem Wesen, aber auch als sehr geschwätzig.

Eine umfassende Analyse des Volkscharakters legte der Pfarrer von Escholzmatt, Franz Josef Stalder, 1797 in seinen Fragmenten über das Entlebuch vor. Mit wissenschaftlicher Genauigkeit seziert er das Wesen der Entlebucher. Auch er ist der Meinung, dass sich der Entlebucher durch »wesentliche Eigenheiten in seinem Empfinden, Denken und Wollen« von anderen Luzerner Bauern unterscheidet. Auch er lobt die Stärke des Körpers, die Behändigkeit der Glieder, die Geschicklichkeit beim Schwingen und ihre Mannheit im Handgemenge. Bei den Charakterzügen hebt er hervor:

– Der Ehrstolz, der sich mit jugendlichem sanguinischem Temperament voller Tatkraft jeder scheinbaren Kränkung entgegenstemmt.
– Der Freiheitssinn, der sie dazu verleite, jede Art von gesetzmäßiger Ordnung mutwillig von sich zu stoßen.
– Die Anhänglichkeit an ihr Land und ihresgleichen. »Ihm ist's wohl, wenn er sich von einer schönen Herde ummuht sieht, die ihn, und die er liebt; und weiteres gelüstet ihn nichts mehr.«
– Der Frohmut und Leichtsinn, die glückliche Gemütsstimmung, die dem Entlebucher, »ich möchte so gern sagen, dem Mittelgeschöpfe zwischen Mann und Kind«, fast immer eigen ist. »Er vertändelt sein bisschen Geld mit Wein und Mädchen, arbeitet wieder wacker darauf los, und ihm schlägt freudig das Herz, wenn sein in Monatsfrist errungener Lohn für einen einzigen Fasnachtstag wieder erkleckt.«

– Eine freundschaftliche Geselligkeit im Umgang mit Fremden, sodass »wenn ein Fremder in ein Dörfchen hinkommt, oft ein kleiner Trupp aus den Häusern hinausstürmt, den Reisenden begafft und ihn bis in die Schenke verfolgt«. Und dort ein »gefälliges Worteifern von fragender und antwortender Geschwätzigkeit von sich geht«. Weniger freundschaftlich sind die Entlebucher, wenn der Fremde mit einem Entlebucher Mädchen schäkert oder sie gar »bey den braunen Schatten der Nacht besuchen würde«. Dann würde er nämlich »mit Steinen oder Zaunstecken aus dem Hause nach der Schenke zurückgejagt, und beim geringsten Widerstande in eine Mistpfütze eingetaucht, oder mit unsanften Prügeln eingebläuet«. »Das Mädchen ist ein Nationaleigentum, worauf ein Fremder keinen Anspruch hat.«

– Ihre Geistesanlagen und ihr Witz, »der schnell, treffend, bisweilen stechend, aber durch das ungekünstelte anziehend ist, und Anlagen, die nur den sanfteren Einfluss eines besseren Unterrichts erwarten«. Direkt auf Stalder Bezug nehmend zeichnet 1842 ein Dr. D.S. ein düsteres Bild der Region. »Vergeblich sucht man in den Dörfern die Freundlichkeit, die Gefälligkeit und Leutseligkeit, die Stalder an dem Entlebucher so sehr preist. Vergeblich sucht man die alte Fröhlichkeit, den alten Witz, der sonst in diesem Volke wohnte, vergeblich den früheren Gemeinsinn, die frühere Geneigtheit zu Opfern für das allgemeine Beste. Sie sind dahin! Statt dieser edlen Eigenschaften herrscht in ziemlichem Maße Trunkenheit und der Durst nach Branntwein, […] eine Seuche, an der das ganze Land krank, todkrank ist […].«

Diese subjektiven Schilderungen lassen sich

2
SÖRENBERG–SARNEN

▼ Professor Karl Spazier bezichtigte die Entlebucher 1790 in seinen *Wanderungen durch die Schweiz* »stockdummer Bigotterie und der strengsten Andächtelei« und sagte ihnen einen »Hang zur Betrügerei, Widerspenstigkeit gegen alle natürliche und obrigkeitliche Ordnung, Sauferei und zügellose Ausschweifungen« nach.
(Bild: Lithografie eines Entlebucher Bauern von Christian von Mechel [1783].)

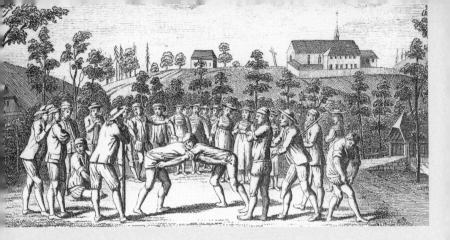

in neuerer Zeit durch die Analyse von Abstimmungsergebnissen und Wahlen ergänzen, die vielleicht nicht den Charakter, wohl aber die politische Gesinnung der Entlebucher aufzeigen. Die Entlebucher heben sich dabei klar vom schweizerischen Durchschnitt ab.

Als bei der ersten schweizerischen Abstimmung zum Frauenstimmrecht 1959 die Gleichberechtigung auf nationaler Ebene mit dem Verhältnis 2:1 abgeschmettert wurde, legten die Entlebucher noch eins drauf: Hier wurde die Vorlage im Verhältnis 11:1 zum Teufel geschickt. Auch 1971, als das Frauenstimmrecht in der Schweiz eine klare Mehrheit fand, waren im Entlebuch immer noch alle Gemeinden dagegen.

Der EWR-Beitritt, 1992 vom Schweizer Souverän hauchdünn mit 50,3 Prozent abgelehnt, erhielt im Entlebuch 79,2 Prozent Nein-Stimmen. Als acht Jahre später die bilateralen Verträge mit der EU in der Schweiz mit einer Zweidrittelsmehrheit angenommen wurden, waren im Entlebuch 61 Prozent und alle Gemeinden dagegen. Der UNO-Beitritt der Schweiz wurde 2002 im Entlebuch mit 68,5 Prozent, in Escholzmatt gar mit 77 Prozent Nein-Stimmen abgelehnt. Bereits 1920, als die Schweiz dem Beitritt zum Völkerbund zustimmte und sich auch im Entlebuch eine klare Mehrheit dafür aussprach, hat sich Escholzmatt der internationalen Kooperation verweigert.

In einem Artikel des *Entlebucher Brattigs* wurde versucht, die Gründe für diese wuchtigen Absagen zu eruieren. Es wird der Alkohol-Reflex genannt, eine konsequente Nein-Haltung von betroffenen Bauern, die bei der Herstellung von Obstbranntwein vom Bund beschnitten wurden. Oder der Sommerzeit-Reflex, der entstand, weil die Sommerzeit eingeführt wurde, obschon das Volk dagegen gestimmt hatte. Eine Übereinstimmung besteht auch zwischen der Verschuldung und der Höhe der Steuern der Gemeinden und dem allgemeinen Hang zum Neinstimmen. Ebenso scheint die Ablehnung gegenüber Neuem mit der Entfernung von urbanen Zentren in Verbindung zu stehen.

Parteipolitisch bestehen im Entlebuch, zumindest bis vor kurzem, klare Verhältnisse. Sämtliche Gemeinderatssitze wurden bei den Wahlen im Jahr 2000, wie in allen Jahren zuvor, unter den Konservativen, das heißt der Christlich-demokratischen Volkspartei (CVP), und der Liberalen Partei (LP, auf nationaler Ebene den Freisinnigen angegliedert) aufgeteilt. An diesen Machtverhältnissen vermochte bei kantonalen Wahlen in den letzten Jahren einzig die SVP zu rütteln, die es 1999 auf 15 Prozent der Stimmen brachte (CVP 63 %, LP 21 %), sich auf kommunaler Ebene bisher aber nicht durchsetzen konnte. Wie stark die CVP im Entlebuch immer noch verankert ist, zeigt sich auch an folgender Zahl: Die CVP-Parteiversammlung der Ortssektion Schüpfheim (3850 Einwohner) wurde im Februar 2000 von 550 Parteimitgliedern besucht! Erst im Mai 2000 wurde im Entlebuch eine SP gegründet. Die Genossen werden einen schweren Stand haben, denn auch bei kantonalen Wahlen kam die SP im Entlebuch nie über 1,5 Prozent hinaus.

Dennoch sind die Roten im Entlebuch an der Macht. Für auswärtige eher verwirrend, werden im Kanton Luzern die CVP nämlich die Roten und die Liberalen die Schwarzen genannt. Dies hat historische Gründe. Bei der Revision der Kantonsverfassung 1841 verlangte der Entwurf der Konservativen, dass die »apostolisch römisch-christkatholische Religion« zur »Religion des gesamten Luzernervolkes und als solche zur Religion des Staates« erklärt werde. Die Befürworter mussten ihre Stimmkarte in eine rote Schachtel, die Gegner in eine schwarze Schachtel werfen. Im Wahlkreis Entlebuch wurde die Neuerung knapp, im Wahlkreis Escholzmatt deutlich und im Wahlkreis Schüpfheim mit 900 gegen eine Stimme angenommen. Seither durchzieht der Graben zwischen Rot und Schwarz das Entlebuch. Es gibt in einzelnen Gemeinden alles doppelt, die Musikgesellschaft, den Schützenverein – einmal für die Roten und einmal für die Schwarzen.

◀ Darstellung des Schwingplatzes auf der Allmend von Schüpfheim aus »Fragmente über Entlebuch« von Franz Josef Stalder (1797). Stalder beschreibt in seinem Buch ausgiebig das bereits damals populäre Schwingen. »Verzeihts dem Entlebucher! Hier ist er ganz der rüstige Naturmensch, in der Fülle der körperlichen Kraft, in seiner rohesten Wildheit und Unabhängigkeit, wie er noch vor Jahrhunderten war, wo man bloss aus Mut und Stärke Anspruch machte.«

▼ Die Argumente der Gegner des Frauenstimmrechts vermochten 1959 und auch noch 1971 eine Mehrheit der Entlebucher zu überzeugen. (Bild: Abstimmungsplakat aus dem Jahr 1959)

2 SÖRENBERG–SARNEN

ÄLPERMAGRONEN UND NORDSEE-GAS

BROSMATT–GISWILERSTOCK–SCHAF-NASE–GLAUBENBIELEN–SÖRENBERG

Der Giswilerstock und die felsige Schafnase sind die Ziele dieser Gipfelwanderung, die uns vom Kanton Obwalden ins Entlebuch führt. Obwohl der sanfte Abstieg über moorige Flächen jenseits der Wasserscheide verläuft, betreten wir erst kurz vor Sörenberg Entlebucher Boden. Die Grenze zwischen den Kantonen führte im 14. Jahrhundert zum Alpstreit.

3

Abzw. Brosmatt–Lengegg (Alp-Beizli) 1¾ **Std.**
Lengegg (Alp-Beizli)–Giswilerstock (P. 1825) **1 Std.**
Giswilerstock (P. 1825)–Schafnase 1¼ **Std.**
Schafnase–Glaubenbielenpass **1 Std.**
Glaubenbielenpass–Sörenberg 1¼ **Std.**

Total: 6¼ **Std.**

Höhendifferenz: ↗ 1180 m, ↘ 1042 m

Charakter
Wanderung auf guten Wegen, die beim Auf- und Abstieg zur Schafnase den Charakter einer Bergwanderung hat

Varianten
- 20 Minuten nach dem Alp-Beizli auf der Fluonalp kann man direkt zur Furgge aufsteigen und auf den Giswilerstock (P. 1825) verzichten (Zeitersparnis ¾ Std.).
- Von P. 1825 kann man dem ganzen Grat des Giswilerstocks bis zur Schafnase folgen. Der letzte Aufschwung zur Schafnase wird dabei rechts umgangen. Diese Variante ist nur erfahrenen Berggängern mit Trittsicherheit zu empfehlen. Unmarkiert. Trittspuren vorhanden (Zeitersparnis ¼ Std.).
- Die Tour kann auch bei der Panoramastraße beendet werden. Postautokurs Sörenberg–Giswil; in den Sommermonaten 3 Kurse pro Tag (Zeitersparnis 1¼ Std.).

3
BROSMATT–
SÖRENBERG

Beste Jahreszeit
Mitte Juni bis Ende Oktober

Verkehrsmittel
→ Von Schüpfheim/Sörenberg oder Giswil an der Brüniglinie (Luzern–Interlaken) mit dem Postauto bis zur Abzweigung Brosmatt (3 Kurse pro Tag, Panoramastraße, Fahrplanfeld 460.60)
← Von Sörenberg mit dem Postauto nach Schüpfheim an der Zuglinie Bern–Luzern

Sehenswertes
- Alpkäserei Fluonalp
- Aussicht vom Giswilerstock und von der Schafnase
- Die Alpsiedlung Jänzimatt mit Kapelle
- Friedensmemorial in Sörenberg

Übernachten, Gasthäuser
- Fluonalp: Alpkäserei mit Beizli mit Massenlager, Tel. 041 675 26 59, Tel. Winter 041 675 11 41
- Jänzimatt: Schlafen im Heu, Kochmöglichkeit, Tel. 041 675 12 23, Tel. Winter 041 675 29 87

Sörenberg:
- Info: Tel. 041 488 11 85, www.soerenberg.ch
- Panorama Sporthotel, im Zentrum, mit Hallenbad und Sauna, www.panorama-soerenberg.ch, Tel. 041 488 16 66 (DZ: Fr. 105.– p. P.);
- Hotel Rischli, 1 km vom Zentrum, www.hotel-rischli.ch, Tel. 041 488 12 40 (DZ: Fr. 65.– p. P.)
- Hotel Cristal, 1 km vom Zentrum, Tel. 041 488 00 44 (DZ: Fr. 75.– p. P.), Di Ruhetag;
- Hotel Bäckerstube, im Zentrum, www.baeckerstube.ch, Tel. 041 488 13 61 (DZ: Fr. 65.– p. P.);
- Go-In, im Zentrum, www.go-in.ch, Tel. 041 488 12 60 (DZ: Fr. 58.– p. P.), auch Massenlager;
- Pension Wicki, beim Hallenbad, Tel. 041 488 16 93 (DZ: Fr. 60.– p. P.);

Karten
- 1189 Sörenberg (1:25 000)
- 244 (T) Escholzmatt (1:50 000)
- Wanderkarte Sörenberg–Entlebuch, Kümmerly+Frey (1:60 000)

Bei der **Haltestelle Abzweigung Brosmatt** (1020 m) der Postautolinie Giswil–Sörenberg, inmitten eines Gebirgswaldes, kein Haus weit und breit, steigen wir auf der Giswilerseite des Glaubenbielenpasses aus dem Postauto. In einer Haarnadelkurve der Passstraße weisen uns Wegweiser zum Alp-Beizli und Schilder des Älplermagronenpfades den Weg. Auf einem geteerten Fahrweg wandern wir durch den Laubwald, der, je höher wir steigen, mit immer mehr Tannen durchsetzt ist. Der reiche Flechtenbestand an den Baumstämmen ist ein Indikator auf eine intakte Umwelt; Obwalden hat ein auffallend vielfältiges Aufkommen an Flechten. Wenn wir bei der Alp Brosmatt aus dem Wald kommen, sehen wir weit oben bereits das Gipfelkreuz des Giswilerstocks. Nach den Alpgebäuden auf 1300 Metern ist der Weg nicht mehr geteert. Eine letzte große Kehre bringt uns zur **Lengegg** (1538 m) mit der Alpkäserei und dem Beizli Fluonalp. Am Fuße der Rossflue werden über den Sommer 140 Kühe und 120 Rinder gehalten. 150 000 Liter Milch werden zu Sbrinz, Alpchäs und Ziger verarbeitet. Die Schotte ernährt ein paar Alpschweine. Im Beizli werden Älplermagronen serviert.

Auf einem weiß-rot-weiß markierten Weg queren wir den ganzen Hang des Giswilerstocks. Nach einem Drittel des Aufstieges wurde ein Rastplatz mit Grillstelle eingerichtet. Kurz danach zweigt der Weg ab zur Furgge (Variante 1). Wir gehen auf dem gleichmäßig steigenden Weg weiter bis zum **Giswilerstock** (1825 m, Gipfelkreuz). Der oft besuchte Aussichtspunkt bietet einen Blick über das ganze Obwaldnertal mit seinen Seen. Beim Retourweg gibt es für geübte Berggänger nach 50 Metern die Möglichkeit, auf dem Gratrücken bis zur Schafnase zu wandern (Variante 2). Die beschriebene Tour führt zurück bis zur Abzweigung und nimmt dort rechts den Weg zur Furgge. Nach dem steilen Aufstieg zum Pass biegen wir rechts vom Wanderweg ab, um in einer Viertelstunde auf einem kleinen Pfad die **Schafnase** (2011 m) zu erklimmen. Im Gegensatz zum Stock befindet sich die Schafnase auf der Wasserscheide, was uns von hier auch eine freie Sicht nach Westen Richtung Schrattenfluh erlaubt.

Der Abstieg von der Furgge Richtung Jänzimatt führt zuerst ein wenig mühsam über Geröll. Es gibt Pläne, das Skigebiet Mörlialp und die Schönbüelbahnen, beide in einer argen Finanzkrise, miteinander zu verbinden. Der Weg, auf dem wir zur Jänzimatt gehen, befindet sich mitten auf dem Trassee des vorgesehenen Verbindungsliftes. Gut möglich, dass neue Investitionen die Finanzkrise der Bahnen noch verschärfen werden. Wir erreichen die Alpsiedlung Jänzimatt mit einer Kapelle und einem kleinen See und kurz danach den **Glaubenbielenpass** (1565 m).

Die Panoramastraße über den Pass wurde erst 1965 beendet und ist somit eine der neueren, wenn nicht die neueste Passstraße der Schweiz. Ein zeitweiliges Bus-Fahrverbot wurde 1981 nach einer Verbreiterung der Straße wieder aufgehoben. Der Ausflugsverkehr über den Pass (Carfahrten, Motorrad- und Velofahrer) ist für Sörenberg eine willkommene Bereicherung des touristischen Angebotes, das mit spezellen Rundfahrten-Tickets (zum Beispiel Sörenberg–Rothorn–Brienz–Brünig–Glaubenbielen–Sörenberg) gezielt vermarktet wird. An einem Stand werden diverse Alpprodukte verkauft.

Wir queren die Panoramastraße, folgen 100 Meter weit einem Fahrweg, um danach links auf einen Wiesenpfad abzubiegen (Wegweiser). Durch mooriges Gelände kommen wir an den Alpen Lochhütte und Schwendeli vorbei. Obwohl wir den Pass längst hinter uns gelassen haben und uns auf der Luzerner Seite der Wasserscheide befinden, sind wir immer noch auf Obwaldner Gebiet. Diese Grenzziehung war vor Jahrhunderten der Anfang eines jahrzehntelangen Zwistes.

Seit Beginn des 14. Jahrhunderts wird von Grenzstreitigkeiten zwischen Obwalden und dem Entlebuch berichtet. Da Obwalden vorher besiedelt war, stießen schon früh Obwaldner Älpler über die Passhöhe in das hintere Waldemmental vor. Die Entlebucher Siedler beanspruchten aber das ganze Einzugsgebiet der Waldemme für sich und wurden dabei durch einen Schiedsspruch von Königin Agnes unterstützt, nachdem die natürliche Grenze als entscheidend bezeichnet wurde. Doch die Obwaldner drangen immer wieder ins Sörenberger Tal vor, brandschatzten und raubten das Vieh. Einmal steckten sie einen Entlebucher Sennen gar ins Kessi voll siedender Schotte. Aufgrund dieser Ereignisse stellten die Entlebucher auf dem Rothorn (damals noch Hintere Fluh genannt) einen Wachtposten auf. Als dieser Späher eine große Zahl von Obwaldnern anmarschieren sah, blies er derart stark ins Horn, dass sein Signal bis nach

▲ ▲ Kapelle auf der Jänzimatt. Im Hintergrund die Schafnase.

3
BROSMATT–
SÖRENBERG

▼ Die Wasserquellen beim Aufstieg zum Giswilerstock müssen sich die Wanderer mit anderen Gästen teilen.

Schüpfheim zu hören war. Dem eifrigen Wächter platzte darob die Halsschlagader, er verblutete, und sein Blut färbte das Horn ganz rot. Seither heißt der Gipfel Rothorn. 1380 konnten die Entlebucher auf der Flanke unterhalb des Rothorns eine größere Schlacht für sich entscheiden. Die Alp Schlacht bekam ihren Namen von diesem Kampf, in dem der Held der Entlebucher, der schnelle und bärenstarke Windtrüeb, das Banner der Gegner an sich reißen konnte. Ein paritätisches Schiedsgericht setzte dann 1381 den noch heute gültigen Grenzverlauf fest und sprach das ganze hintere Waldemmental den Obwaldnern zu. Einige Sörenberger Sennen empfanden den Schiedsspruch als ungerecht, sodass der Zwist auch in den Jahren danach noch seinen Fortgang nahm.

Oberhalb der Alp Schwendeli kam es im Oktober 2001 in einem Lothar-Schadengebiet zu einem großen Flächenbrand; der Föhn half dabei kräftig mit. Das Feuer, das 120 000 Quadratmeter erfasste, konnte dank dem Einsatz der Feuerwehrleute von Sörenberg, Flühli, Giswil und Sarnen aber schnell gelöscht werden. Eine Wasserleitung zum Seelein bei der Rübihütte, der Einsatz von Helikoptern sowie das Schlagen einer Brandschneise waren dazu allerdings notwendig.

Wenn wir bei Flüehütten-Schwändili vorbeigehen, merken wir nichts davon, dass in einem Stollen unter uns die wichtigste Transitgasleitung durch die Alpen verläuft, welche Italiens Energieversorgung sichert (s. Seite 60). Bei den Flüehütten biegen wir links ab und erreichen bald darauf die Hauptstraße. Auf dem Weg zum Zentrum Sörenberg kommen wir an einem kleinen Park mit dem Friedensmemorial vorbei. Die Kapelle soll an die zahllosen Gewalttaten erinnern, die Menschen sich und der Natur in diesem Jahrhundert angetan haben, aber auch Zuversicht schaffen und zur Vergebung und zu einem gewaltlosen Zusammenleben aufrufen. Die Kapelle hat keine Türe. Man kann sie nicht betreten. Die wenigen Quadratmeter sollen vor jedem menschlichen Einriff geschützt werden.

Vom Friedensmemorial erreichen wir in 10 Minuten die Post **Sörenberg** (1059 m).

◄ Blick von der Schafnase Richtung Rossflue.

3
BROSMATT–
SÖRENBERG

▼ Zwischen Glaubenbielenpass und Sörenberg wandern wir durch eine moorige Landschaft.

NORDSEE–
SÖRENBERG–ROM

Das Entlebuch ist nicht als Transitregion bekannt. Dabei werden durch das Waldemmental größere Volumen transportiert als durch den Gotthard. Sörenberg liegt an der Transitgasleitung, die das Erdgas aus der Nordsee via Holland, Deutschland und die Schweiz nach Italien leitet. Lautlos und umweltfreundlich. Das einzige Erkennungszeichen sind die orangefarbenen Tafeln mit einer dreistelligen Nummer, die auf die 1,5 Meter unter der Erdoberfläche verlaufenden Röhren hinweisen. Die Leitung durchzieht die Schweiz von Möhlin via Däniken nach Ruswil, wo der Druck mit einer Kompressorenstation nochmals auf 70 bar erhöht wird. Danach gehts weiter via Entlebuch und Waldemmental, wo bei Sörenberg das Brienzer Rothorn mit einem Tunnel durchstoßen wurde. Das Haslital hinauf, durch einen 12 Kilometer langen Tunnel im Grimselmassiv, verlässt die Leitung beim Griesspass auf einer Höhe von 2395 Metern nach 164 Kilometern die Schweiz.

Die Verbindung ist für die Energieversorgung Italiens, welches 32 Prozent seines Energiebedarfs mit Erdgas deckt, von entscheidender Bedeutung. Im Gegensatz zur Schweiz, wo Gas 12 Prozent des Energiebedarfs deckt, wird Gas in Italien nicht nur zum Kochen oder Heizen benutzt, sondern auch zur Stromerzeugung. 6 Milliarden Kubikmeter Gas aus der Nordsee strömen jährlich durch das Entlebuch. Das ist sechs Mal so viel Energie wie das Atomkraftwerk Gösgen produziert. Wollte man die gleiche Energiemenge auf der Straße transportieren, müsste alle 50 Sekunden, Tag und Nacht, ein Tanklastwagen durch den Gotthard rollen.

Als im Sommer 1971 bekannt wurde, dass eine Transitgasleitung durchs Entlebuch geplant war, bildete sich in Flühli eine Interessengemeinschaft, welche bei den folgenden Bauarbeiten die Interessen der Grundeigentümer und der Gemeinde vertrat. Es ist ihnen gelungen, mit den Bauherren diverse Änderungen des Leitungsverlaufs auszuhandeln. Dennoch: Der Eingriff in die Landschaft war massiv. Eine 30 Meter breite Baupiste wurde durch die Landschaft gelegt, und 13 400 Quadratmeter Wald mussten gerodet werden. 7340 Quadratmeter wurden am selben Ort wieder aufgeforstet, 6600 Quadratmeter musste der Kanton mit der Aufforstung an einem anderen Ort ersetzen. Das erste Gas strömte im April 1974 durch die Leitung.

Doch auch der Energiehunger Italiens steigt

stetig. Die Nachfrage unseres südlichen Nachbarn nach mehr Erdgas aus der Nordsee machte eine Erweiterung der Leitung notwendig. Die gemäß bestehendem Vertrag gelieferte Menge von 6 Milliarden Kubikmeter Gas aus Holland erhöhte die Snam (Tochtergesellschaft der italienischen ENI-Gruppe, verantwortlich für die Beschaffung, den Transport und die Verteilung von Erdgas in Italien) um weitere 4 Milliarden Kubikmeter. Zusätzlich bestellte sie noch 6 Milliarden Kubikmeter pro Jahr aus norwegischen Gasfeldern, die sie via Dünkirchen und Elsass auf die Schweizer Transitgasleitung leiten möchte. Doch auch der Schweizer Bedarf an Erdgas ist gestiegen. Wurden in den siebziger Jahren erst 0,5 Milliarden Kubikmeter über das Transitgassystem importiert, sind es nun bereits 2 Milliarden Kubikmeter. Man entschloss sich deshalb, die Leitung im nördlichen Teil doppelt zu führen und – da die Alpenstollen nicht zwei Röhren fassen können – die 850-Millimeter-Leitung von Ruswil bis an die Grenze durch eine 1200-Millimeter-Leitung zu ersetzen.

Die Auftraggeberin ist wie bei der ersten Leitung die Transitgas AG. Aktionäre der Transitgas sind zu 51 Prozent die Dachorganisation der Schweizer Gaswirtschaft, die Swissgas, zu 46 Prozent die italienische Snam und zu 3 Prozent die deutsche Ruhrgas AG. Obwohl die vergrößerte Leitung überwiegend dem bisherigen Trassee folgt, ist die Aufgabe für die Transitgas AG, aufgrund neuer Naturschutzbestimmungen, nicht leichter geworden. Da das Moorschutzgesetz größere Geländeverschiebungen in Moorgebieten verbietet, ist der Ersatz der alten Leitung zwischen Flühli und Sörenberg im Bereich Salwideli nicht möglich. Die neue

3
BROSMATT-SÖRENBERG

▼ Die Transitgasleitung durch die Schweiz wurde in den letzten Jahren ausgebaut und mit einem Seitenarm ergänzt, der Gas aus norwegischen Gasfeldern via Frankreich in die Transitgasleitung führt. Mit dem Gas, das durch die ausgebaute Gasleitung geleitet wird, könnte der gesamte Stromverbrauch der Schweiz 2,5-mal gedeckt werden.

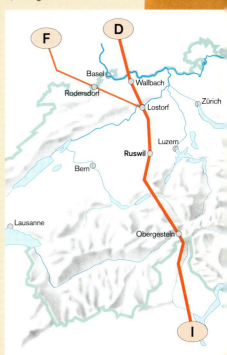

Leitung wird deshalb von Flühli mit einem 5,5 Kilometer langen Tunnel unter der Hagleren durchgeleitet, durchquert hinter Sörenberg das Waldemmental und verschwindet gleich wieder im Stollen unter dem Brienzer Rothorn. Die Röhren der alten Leitung bleiben unberührt im Moorgebiet liegen.

Mehr Beachtung schenkt man heute auch dem Bodenschutz. Die neuen Bodenschutzrichtlinien von 1994 sollen verhindern, dass es beim Leitungsbau zu irreparablen Verdichtungsschäden kommt. Es wird zum Beispiel vorgegeben, wie trocken die Böden sein müssen, damit man sie mit schweren Maschinen befahren darf. Sind bei regnerischem Wetter die Böden feucht, darf die Bauherrschaft nur leichte Maschinen einsetzen. Noch heute zeigen vereinzelte Schadstellen im Entlebuch die Fehler, die man beim Leitungsbau vor 25 Jahren gemacht hat. Verdichtete Böden trocknen schnell aus, bei Regenwetter fließt das Wasser schlecht ab und bleibt auf Äckern und Wiesen liegen. Wo möglich wird zur Schonung der Böden im Fahrbereich der Baumaschinen eine 50 Zentimeter hohe Kiespiste, so genannte Baggermatratzen, aufgeschüttet. Wo dies nicht möglich ist, muss im Extremfall bei regnerischem Wetter ein totaler Baustopp verfügt werden. Trotz dieser zusätzlichen Anforderungen soll im Jahr 2002 erstmals Gas durch die neue Leitung fließen. In Spitzenzeiten arbeiten bis zu 500 Arbeiter daran, dass dieser Termin eingehalten werden kann.

Die Verteilung der Arbeit war immer wieder Gesprächsthema im Entlebuch. Am 31. Dezember 1999 erließ das Bundesamt für Ausländerfragen (BfA) eine Verfügung, gemäß der die italienische Baufirma Ghizzoni S.p.A. keine Tiefbauarbeiten mehr ausführen darf. Die Verfügung weist ausdrücklich darauf hin, dass Ghizzoni Tiefbauarbeiten wie das Ausheben und Zuschütten von Gräben oder Rekultivierungsarbeiten an Schweizer Firmen weitergeben muss und dass für diese Arbeiten – zum Schutz des einheimischen Gewerbes – keine Arbeitskräfte aus dem Ausland eingesetzt werden dürfen. Ghizzoni muss sich seither auf Rohrleitungsarbeiten konzentrieren, die Schweizer Firmen nicht übernehmen können.

Ein Jahr später war Ghizzoni wieder in den Schlagzeilen. Die paritätische Berufungskommission des Bauhauptgewerbes im Kanton Luzern hat der italienischen Firma im Januar 2001 wegen Lohndumpings eine Konventionalstrafe von 786 000 Franken aufgebrummt. In Verletzung des Gesamtarbeitsvertrages hatte die Firma ihren italienischen Arbeitnehmern über 1 Million Franken an Lohn vorenthalten. Diese Summe muss Ghizzoni ihren Arbeitern nun, zusätzlich zur Konventionalstrafe, nachzahlen.

◄ Die braune Spur, welche der Gasleitungsbau in die Landschaft legte, war bereits nach wenigen Monaten wieder mit Gras überwachsen. (Bild: Das Trassee der Gasleitung bei Hasle)

3
BROSMATT–
SÖRENBERG

▼ Die orangen Tafeln weisen auf die Gasleitung 1,5 Meter unter der Erdoberfläche hin.

▼▼ Wo notwendig, wurde die 1200-Millimeter-Gasleitung in Betonröhren gelegt. (Bild: Zu verlegende Röhren am Eingang der Lammschlucht bei Schüpfheim)

AUF SCHMALEM GRAT DER GRENZE ENTLANG

OBERRIED–ÄLLGÄU LÜCKE–BRIENZER ROTHORN–ARNIHAGGEN–SÖRENBERG

Von ganz unten, vom Brienzersee, steigen wir zum Brienzergrat empor und erklimmen das stolze Tannhorn. Auf einem schmalen Grat gelangen wir zum Brienzer Rothorn, Bergstation der berühmten Dampfbahn, wo wir im historischen Berghotel nächtigen. Der zweite Tag führt uns an Alpwirtschaften und einem kleinen Bergsee vorbei nach Sörenberg.

4

1. Tag (beschriebene Variante)
Oberried–Bütschi **3¼ Std.**
Bütschi–Ällgäu Lücke **¾ Std.**
Ällgäu Lücke–Tannhorn **1¼ Std.**
Tannhorn–Briefenhorn **¾ Std.**
Briefenhorn–Hotel Rothorn Kulm **1¼ Std.**

Total: **7¼ Std.**

Höhendifferenz (beschriebene Variante): ↗ 2055 m, ↘ 374 m
Variante 1: ↗ 1834 m, ↘ 153 m
Variante 2: ↗ 1176 m, ↘ 398 m
Variante 3: ↗ 1037 m, ↘ 112 m (via Wannenpass)

2. Tag
Hotel Rothorn Kulm–Brienzer Rothorn **¼ Std.**
Brienzer Rothorn–Arnihaggen **1 Std.**
Arnihaggen–Arnischwand **1¾ Std.**
Arnischwand–Schönenboden (Sörenberg) **½ Std.**

Total: **3½ Std.**

Höhendifferenz: ↗ 294 m, ↘ 1320 m

Charakter

1. Tag: Lange, anspruchsvolle Gratwanderung für geübte und trittsichere Berggänger, mit einem nahrhaften Aufstieg zu Beginn. Einfachere Alternativ-Routen sind möglich (s. Varianten).
2. Tag: Einfache Bergwanderung ins Tal

Varianten

- Wir umgehen die heikelsten Passagen des Brienzergrates, indem wir von Bütschi noch bis nach Läger queren und erst von da, auf einem undeutlichen Weg durch Geröll, zum Wannenpass und auf der beschriebenen Route zum Briefenhorn aufsteigen (Zeitersparnis 1 Std.).
- Von Bütschi queren wir den Sonnenhang bis zur Planalp, der Mittelstation der Brienz–Rothorn-Bahn. Von hier mit der Dampfbahn zur Bergstation (Zeitersparnis 2½ Std.). Infos zur Bahn unter: www.brienz-rothorn-bahn.ch.
- Wer die Dampfbahnfahrt und die Gratwanderung verbinden möchte, fährt von Brienz mit der Brienz–Rothorn-Bahn bis zur Planalp und wandert von dort zur Ällgäu Lücke (Zeitersparnis 1½ Std.) oder direkt zum Wannenpass (Zeitersparnis 4 Std.) und auf der beschriebenen Variante bis zum Rothorn.
- Beide Tagesetappen sind auch als Eintageswanderung machbar. Hin- oder Rückfahrt auf das Brienzer Rothorn in diesem Fall mit der Seilbahn von Sörenberg oder mit der Dampfbahn von Brienz.

4 OBERRIED– SÖRENBERG

Beste Jahreszeit

Mitte Juni bis Mitte Oktober (aufgrund der z. T. ausgesetzten Passagen und steilen Wiesenflanken sollte kein Schnee liegen)

Verkehrsmittel

→ Mit der Bahn via Luzern–Meiringen (Brünig-Linie) oder via Interlaken nach Oberried.
← Von der Postautohaltestelle bei der Talstation der Luftseilbahn mit dem Postauto via Flühli nach Schüpfheim und von dort weiter mit der Bahn, oder mit dem Postauto (3 Kurse pro Tag) über den Glaubenbielenpass zur Bahnstation nach Giswil.

Sehenswertes

- Aussicht vom Tannhorn und vom Brienzer Rothorn
- Dampfbahn Brienz–Rothorn
- Ried am Chruterenbach

Übernachten, Gasthäuser

Oberried:
- Hotel Bären (ein wenig außerhalb vom Dorf, 300 m Richtung Interlaken, mit Seeblick), Tel. 033 849 11 52 (DZ: Fr. 60.– p. P.);

- Hotel Rothorn Kulm: Tel. 033 951 12 21 (DZ: Fr. 70.– p. P., 4–8-Bett-Zimmer Fr. 50.– p. P., Massenlager Fr. 34,– p. P.)
- Gipfelrestaurant Rothorn (Bergstation Luftseilbahn)
- Alpbeizli und Alpkäserei Alp Arnischwand

Sörenberg:
- Info: Tel. 041 488 11 85, www.soerenberg.ch, Hotels s. Seite 39

Karten

- 1209 Brienz und 1189 Sörenberg (1:25 000)
- 254 Interlaken (T) und 244 (T) Escholzmatt (1:50 000)
- Wanderkarte Sörenberg–Entlebuch, Kümmerly+Frey (1:60 000) – wenige Meter zu Beginn der Wanderung fehlen auf diesem Kartenausschnitt

1. Tag: Oberried–Ällgäu Lücke–Tannhorn–Hotel Rothorn Kulm

Es gibt viele Wege, um nach Oberried (589 m), dem Ausgangspunkt unserer Wanderung am Brienzersee, zu gelangen, doch musste für den Schiffsbetrieb wie auch für die Bahnlinie gekämpft werden. Als um 1835 ein privater Unternehmer auf dem Brienzersee den Dampfbootbetrieb einführen wollte, sendeten 132 Einwohner des »Bödeli« der Berner Regierung einen Protestbrief, in welchem sie um Schutz gegen die bedrohliche Neuerung der Dampfschifffahrt ersuchten. Auch die Brienzer befürchteten, dass Funkenwurf aus dem qualmenden Schiffskamin das Dorf in Brand stecken könnte. Trotz der auch von politischer Seite unterstützten Proteste wurde die Schifffahrt 1839 eingeführt.

Um eine Konzession für eine Bahnlinie am linken Ufer des Brienzersees, welche die Lücke im Bahnnetz zwischen Meiringen und Interlaken hätte schließen sollen, wurde 1890 angefragt. Doch auch hier erhob sich eine Gegnerschaft. Ihr Wortführer, der Dichter Joseph Viktor Widmann, schrieb im *Bund*: »Unbedingt bedeutend verlieren wird Iseltwald, nämlich das einzige verlieren, was sein Kleinod ist, die unvergleichliche Schönheit dieser Bucht, wo am Fuße der hohen Riesen von Iseltwald und hineingeschmiegt in die reichen Laubbäume, das liebliche Dörfchen mit seinem kleinen Vorgebirge daliegt als ein gleichsam vom Himmel gefallenes Stück Poesie.« Im Weiteren schlug er vor, das linke Brienzerseeufer in einen Nationalpark zu verwandeln, wie man es aus den USA kannte, »wo selbst keine Lokomotiven und Fabrikschlote dampfen dürfen«. Widmann hat seinen Kampf gewonnen. Die Bahnlinie wurde, 25 Jahre später, auf der anderen Seeseite eröffnet. Dafür haben die Leute von Iseltwald auf ihrer Seite jetzt eine autobahnähnliche Schnellstraße.

Von **Oberried** (589 m), direkt am Brienzersee gelegen, mit einer Seepromenade, die zum Spazieren einlädt, ist unser Tagesziel, das Brienzer Rothorn, in weiter Ferne bereits zu erkennen. Vom Bahnhof gehen wir zuerst wenige Meter Richtung Dorf, dann links unter der Bahnlinie durch bis zur Kirche. Hier beginnt der Aufstieg Richtung Ällgäulücke. Zuerst steil auf einer kleinen Straße bis zur Überquerung des Hirschherrenbaches, danach sanft, aber stetig steigend durch den Buchenwald. Bei Spichern (1320 m) bietet ein Wasserhahn eine willkommene Erfrischung. Später verlassen wir den Wald und steigen über Alpweiden mit einer außergewöhnlichen Blumenpracht weiter aufwärts (bei einer Abzweigung gehen wir nicht rechts wieder in den Wald hinein, sondern weiter bergan). Wir befinden uns am Rand des eidgenössischen Jagdbanngebietes Augstmatthorn, an dessen Grenze wir bis kurz vor dem Brienzer Rothorn entlanglaufen werden. Auf **Bütschi** (1690 m) bietet sich uns die letzte Gelegenheit, um nochmals unsere Wasserbehälter aufzufüllen. Wer dem Grat folgt, wird bis zum Brienzer Rothorn keine Wasserquelle mehr vorfinden. Wer die Tagesetappe etwas verkürzen will oder nicht schwindelfrei ist, sollte hier Richtung Planalp abzweigen (Varianten 1 und 2).

Bald sind wir von hier in der **Ällgäu Lücke** (1918 m) angelangt, wo die eigentliche

Gratwanderung über den Brienzergrat beginnt. Es handelt sich dabei um einen unmarkierten, aber gut erkennbaren Gratweg mit ausgesetzten Passagen. Zuerst geht es über steile Wiesen auf das Ällgäuhorn (2047 m), wo sich uns erstmals das ganze Panorama des Brienzergrates zeigt. Gut ersichtlich der geschwungene Wiesengrat des Tannhorns, dem wir nach dem Abstieg auf einen Sattel folgen. Am **Tannhorn** (2221 m, Gipfelkreuz) steigert sich die Aussicht noch: auf die Moorgebiete zwischen Sörenberg und Habkern, dahinter der Hohgant und die karge Schrattenfluh, auf der anderen Seite auf den Brienzersee, der von den Berner Hochalpen umrahmt wird. Die Nordwand des Tannhorns wurde übrigens erstmals am 11. März 2000 bestiegen. 62 Jahre nach der Eigernordwand. Den »Ab-

▲ ▲ Blick zurück Richtung Interlaken beim Aufstieg zum Tannhorn. Unten links der Brienzersee.

4
OBERRIED–SÖRENBERG

▼ Über steile Wiesenhänge führt der Weg von der Ällgäu Lücke zum Ällgäuhorn.

stieg« vollführte der Erstbesteiger auf der gleichen Route – auf Skis. Extremskifahren nennt man das. Bei unserer Abstiegsvariante vom Tannhorn haben auch wir heikle Passagen zu meistern. So schmal wie hier, und auf beide Seiten steil abfallend, ist der Grat sonst nirgends. »Aber das schlimmste sind doch die Felsen. Da schupft der Tod einen schon mit der ganzen Hand. […] und die Felsbänder, schmal und hunderte von Metern über dem Boden hängend. Keine Katze liefe darüber, auch wenn das Gesimse voller Mäuse wäre. Selbst dein guter Engel macht hier nicht mit; er lässt dich alleine gehen. Ja, diese Felsbänder! Man schwebt zu drei Vierteln in der Luft; oben Himmel und unten Hölle.«

So schrieb einst der Brienzer Heinrich Federer über den Brienzergrat und seine Südflanke. Anschließend, so Gott will, erreichen wir über die kleine Erhebung des Balmi den Wannenpass (2071 m). Von hier folgt auch Variante 1 wieder der beschriebenen Route, die in wenigen Minuten auf den wenig ausgeprägten Gipfel des **Briefenhorn**s (2165 m) führt. Unter uns dampft die Brienz–Rothorn-Bahn (BRB) in ihren letzten Kehren dem Rothorngipfel entgegen. In einer Zeit, in der für den Gewinn von wenigen Minuten an anderen Orten Milliarden investiert werden, feiert die BRB mit der Entdeckung der Langsamkeit Erfolge. Bis zu einer Viertelmillion Gäste werden in einer Sommersaison auf der 25 Prozent steilen Rampe in 55 Minuten auf den Gipfel geschoben. Die Höchstgeschwindigkeit beträgt 12 km/h. Eröffnet wurde die Bahn 1892. Doch die wachsende Konkurrenz der Bahnen auf die Schynige Platte (1895 eröffnet) und auf das Jungfraujoch (1898) sowie der Ausbruch des Ersten Weltkrieges zwangen die BRB 1915 zur Betriebseinstellung. 16 Jahre lang fuhr keine Bahn aufs Rothorn hinauf, bis sich 1931 eine

Gesellschaft fand, die den Neubeginn wagte. 1958 beschloss die Generalversammlung einstimmig, die Dampfbahn aus wirtschaftlichen Gründen mit einer Luftseilbahn zu ersetzen. Das Projekt wurde zum Glück nie ausgeführt. Und so ist die BRB, neben der Furkabahn, die letzte Zahnradbahn mit fahrplanmäßigem Dampfbetrieb in der Schweiz. Und noch immer verrichten Loks aus dem vorletzten Jahrhundert ihren Dienst.

◀ Blick vom Brienzergrat zum Karstgebiet der Schrattenfluh. Im Vordergrund ein Meer von Allermannsharnisch, eine Lauchart aus der Familie der Liliengewächse, die vorwiegend in höheren Lagen am nördlichen Alpenrand vorkommt.

Vom Briefenhorn geht es zuerst steil die Wiese hinunter, danach wieder dem Grat folgend bis zum Chruterenpass. Hier weichen wir auf die Nordseite des Grates aus, um anschließend durch das steile Lättgässli wieder auf den Grat zu gelangen. Der Name »Lätt« (berndeutsch für Lehm) weist auf den lehmigen Boden hin. Um den Aufstieg durch die rutschige Rinne zu erleichtern, wurde eine Treppe aus Beton errichtet und mit Stahlseilen gesichert. In 15 Minuten erreichen wir vom Ausstieg des Lättgässli die Bergstation der Zahnradbahn und kurz darauf das **Hotel Rothorn Kulm** (2266 m). Die aussichtsreiche Terrasse lädt ein, den Durst zu löschen und den Tag nochmals Revue passieren zu lassen. Schon viele Jahre vor dem Bau der Rothornbahn stand hier ein Wirtshaus. Das Hotel konnte, obwohl an Spitzentagen ganze Massen von Gästen abgefertigt werden, seinen Charme bewahren. Die Küche ist gut, die Speisekarte vielfältig.

▼ Die Schlüsselstelle der Gratwanderung ist das schmale Gratstück beim Abstieg vom Tannhorn (keine Sicherungsmöglichkeiten). Unerfahrenen Berggängern ist der Weg auf der Südseite des Grates zu empfehlen (siehe Varianten).

4
OBERRIED–SÖRENBERG

2. Tag: Hotel Rothorn Kulm–Arnihaggen–Arnischwand–Schönenboden (Talstation Sörenberg–Rothorn Bahn)

Wer im Hotel nächtigt, dem sei geraten, am nächsten Tag beizeiten aufzustehen.

Nach der Ankunft der ersten Dampfbahn wird der Betrieb am Frühstücksbüfett um einiges hektischer, und auf dem Wanderweg zum Rothorngipfel bilden sich erste Kolonnen. Auf dem kurzen Weg dorthin kommen wir an der Bergstation der Luftseilbahn, die den Gipfel seit 1971 von Sörenberg aus erschließt, und dem Panoramarestaurant vorbei. Der Wanderweg auf das **Brienzer Rothorn** (2350 m) gehört wohl zu den meistbegangenen Wanderstrecken der Schweiz. Beliebt ist insbesondere die Querung zur Bergstation Schönbüel (Seilbahn nach Lungern) oder zum Brünigpass (Bahnanschluss). Wer einen stilleren Gipfel mit derselben Aussicht dem Brienzer Rothorn vorzieht, wählt den Schöngütsch, der vom Hotel Kulm ebenfalls in einer Viertelstunde, aber in der entgegengesetzten Richtung erreichbar ist.

Auch Lenin bestieg das Brienzer Rothorn. Am Tage nach der für ihn enttäuschenden internationalen sozialistischen Konferenz im bernischen Zimmerwald erklomm er den Gipfel und schlief, von der Müdigkeit überwältigt, über eine Stunde im Schnee. Lenin weilte den ganzen Sommer 1915 zusammen mit seiner Frau in Sörenberg. Er arbeitete in dieser Zeit wie wild. Schrieb Briefe, die er fast täglich mit dem Fahrrad nach Schüpfheim brachte, da er sie der Pferdepost nicht anvertrauen wollte, und empfing Gäste, mit denen er Sitzungen abhielt, die oft die ganze Nacht dauerten. Erholung fand er bei Wanderungen, beim Pilzesuchen – Lenin wendete seine ganze Überzeugungskunst auf, wenn über die Eigenschaften der verschiedenen Pilzarten diskutiert wurde – und beim Baden in der Emme. Einmal soll er bei einem solchen Bad im Adamskostüm von einem luzernischen Großrat erwischt und mit einer Geißel vertrieben worden sein. Nach seiner Abreise wurde sein Zimmer im Hotel Mariental umbeziffert, statt die Nummer 13 war es fortan die Nummer 12a, da viele Leute nicht im ehemaligen Schlafgemach von Lenin nächtigen wollten.

Vom Rothorngipfel gehen wir auf breitem Weg hinunter auf den Eiseesattel, um gleich wieder durch steile Wiesenflanken auf den **Arnihaggen** (2207 m) aufzusteigen. Der ganze Brienzersee, der einst mit dem Thunersee verbunden war und sich im Osten bis Meiringen erstreckte, liegt hier zu unseren Füßen. Am folgenden Sattel verlassen wir den Grat und biegen Richtung Mittlist Arni ab. Über Alpweiden erreichen wir das Arniseeli, später die Alpgebäude von Obrist und Mittlist Arni. Von hier gehts durch einen Fichtenwald bis nach **Arnischwand** (1373 m), wo wir im Alpbeizli unseren Durst stillen können und wo in der angegliederten Käserei Alpprodukte (verschiedene Käse, Butter, Joghurt etc.) im Direktverkauf erhältlich sind. Am Kässpeicher vorbei erreichen wir in wenigen Minuten die Glaubenbielen-Straße, die wir gleich wieder auf einem kleinen Trampelpfad linkerhand verlassen.

Durch ein Moor und später auf einem sorgsam angelegten Weg dem Chruterenbach entlang durch einen Erlen-/Ahornwald erreichen wir wieder die Straße und die Postautostation **Schönenboden** (1240 m) bei der Talstation der Luftseilbahn. Wer Lust hat, kann bereits vor der Überquerung des Baches die Straße verlassen und in einer halben Stunde bis nach Sörenberg weiterwandern.

◄ Auf Obwaldnergebiet wandern wir am Fuße des Brienzer Rothorns nach Schönenboden (Sörenberg).

4
OBERRIED-SÖRENBERG

▼ Alp Obrist Arni wenig unterhalb des Arniseeli.

ARMES ENTLEBUCH

Bis ins 20. Jahrhundert hinein gab es im Entlebuch viel Armut. Die Säuglings- und Kindersterblichkeit war groß, Bettler zogen durch die Dörfer, und Verdingkinder arbeiteten für ihre Existenz.

Im Jahr 1749 schätzte man die Zahl der wandernden Bettler im Kanton Luzern auf 6000. Die Luzerner Regierung versuchte, mit einer Vertreibungspolitik das Problem zu lösen. Landjäger stöberten die Landstreicher mittels breit angelegter Bettlerjagden auf. Man zerlöcherte ihnen die Pfannen und zerschlug ihr Geschirr. Erwischte man sie zum ersten Mal, wurden sie geschoren. Beim zweiten Mal drohte man den Männern mit Galeerenstrafen und verprügelte die Frauen. Oder man brannte ihnen ein Erkennungsmerkmal auf die Stirn und spedierte sie an die Grenze. Jene, die nicht mehr laufen konnten, brachte man mit Pferdefuhrwerken außer Landes oder in ihre Heimatgemeinde. 1753 wurde das Landvolk aufgefordert, die Landstreicher mit Gewehren, Dreschflegeln, Mistgabeln, Zaunpfählen und Hacken zu vertreiben. Besonders schonungslos ging man gegen die Zigeuner vor.

Die Armut nahm vielen Kindern die Lebensperspektive, sofern sie die ersten Jahre überhaupt überlebten. Zwischen 1700 und 1750 starben im Amt Entlebuch von 100 geborenen Kindern 22 im ersten Lebensjahr. Bis 1850 ging diese Zahl auf 18 zurück. Die mittlere Lebenserwartung betrug zu Beginn des 19. Jahrhunderts 39,8 Jahre. In keinem Amt des Kantons gab es mehr Waisenkinder als im Entlebuch: 28 auf 1000 Einwohnerinnen und Einwohner. Immer um die Weihnachtszeit, bis 1914, wurden die Buben und Mädchen am »Kindermärt« den Verdingeltern zugeteilt, in einzelnen Gemeinden entschied das Los. Für weniger als 10 Rappen am Tag waren sie den Verdingeltern billige Arbeitskräfte. Einzelne hatten Glück und wurden gefördert. Andere wurden geistig wie körperlich vernachlässigt und kläglich behandelt. In Flühli, mit rund 1600 Einwohnerinnen und Einwohnern, wurden zwischen 1861 und 1883 jährlich im Durchschnitt 47 Kinder »verdingt«.

Doch neben Kindern und Bettlern waren immer auch ganz normale Bürger von der Armenkasse abhängig. Um 1850 war jeder vierte Entlebucher armengenössig. Zur materiellen Not kam noch die soziale Ausgrenzung hinzu. Im *Entlebucher Anzeiger* von 1885 war zu lesen: »Eines allen menschlichen Gefühlen Hohn sprechendes Missbrauches sei hier besonders gedacht. Ich meine das von der Kanzel herab zu erfolgende Verlesen der Notarmen. [...] Dort an der kalten Kirchenmauer kauert, vor Frost zitternd, eine arme abgemagerte Frau. Zu Hause hungern mehrere kleine Kinder, deren Ernährer gestorben ist. Die Mutter arbeitet Tag und Nacht, um niemandem zur Last zu fallen, doch ihr geringer Verdienst langt nicht hin, die lieben Kinder zu erhalten und da sie sich zu betteln schämt, so bittet sie die Waisenbehörde um eine Unterstützung, welche ihr endlich auch zu Teil wird. Heute nun verkündet man der ganzen Gemeinde, diese arme Mutter sei waisenamtlich unterstützt, und sie kann zuhören und zusehen, wie mancher Hartherziger sich breit macht und schmunzelnd sagt: ›So, auch an diese muss ich steuern!‹«

4
OBERRIED-SÖRENBERG

Die Ursachen für die Armut versuchte vor 200 Jahren bereits der Escholzmatter Pfarrer und Gelehrte Franz Josef Stalder zu ergründen. Ein Unterschied zum Emmental mit seinen reich verzierten Bauernhäusern war das Erbschaftsrecht. Im Emmental erbte der jüngste Sohn, mit Ausschluss der übrigen Söhne, das väterliche Gut, welches auf diese Weise unverstückelt und groß genug blieb, um eine Familie zu ernähren. Im Entlebuch hingegen forderte das Landrecht eine gleiche Verteilung des väterlichen Erbes unter den Kindern. Die kleinen Parzellen, die oft noch stark überschuldet waren, konnten eine große Familie nicht mehr ernähren. Als weiteren Grund nennt Stalder das Fehlen von Handel im Entlebuch, wo es kein anderes Gewerbe gab als mit Vieh, Pferden, Schafen, Schweinen, Käs und Butter.

Dies konnte so lange gut gehen, als nur we-

▼ Aufnahme einer Familie in Romoos 1941. Bild des Luzerner Fotografen Theo Frey aus dem Bildband »Reportagen aus der Schweiz«.

nige Menschen vom Entlebucher Boden leben mussten. Als sich die Bevölkerung von 1650 bis 1800 beinahe verdoppelte, reichte der Boden für die notwendige Nahrungsmittelproduktion jedoch nicht mehr aus. Dazu wurde die Bevölkerung noch von Viehseuchen, Brandkatastrophen, Überschwemmungen und Missernten heimgesucht. In keinem Amt des Kantons gab es so viele Konkursiten und Falliten. Viele entflohen der Not durch Auswanderung. Bevorzugt waren das Greyerzerland, wo die Entlebucher als Käser geschätzt waren, oder das Elsass, wo sie leicht fruchtbaren Boden erwerben konnten.

Doch auch im Entlebuch selbst versuchte man die Missstände zu beheben. Pfarrer Elmiger, der 1839 in Schüpfheim seine Stelle antrat, lancierte diverse Initiativen, um die Armut zu lindern. Er schaffte neue Stellen für Heimarbeit durch Stroh- und Rosshaarknüpferei und in einer Seidenweberei. Die Erträge der Landwirtschaft verbesserte er durch Melioration, die Einführung des Obstbaus, die Verbesserung des Ackerbaus und anderes mehr. 1861 lancierte er die Idee eines Zweckverbandes der Entlebucher Gemeinden zur Errichtung einer »Korrektions- und Besserungsanstalt für gefallene Mädchen«. Darunter waren viele junge Frauen, die zum Gelderwerb als Dienstmägde in die Städte zogen und nach wenigen Jahren mit »den Früchten der Verführung und eines unsittlichen Lebenswandels« nach Hause zurückkehrten.

Im Oktober 1865 wurde die Anstalt in Schüpfheim eröffnet. Nach wenigen Monaten waren bereits 49 Bewohnerinnen mit 25 Kindern in der Anstalt einquartiert, die mit Zigarrenfabrikation, Strohhutflechten, Rosshaarknüpfen und Nähen beschäftigt wurden. Das Haus stand noch kein Jahr, als es im August 1866 »durch böswillige Brandstiftung zweier tiefgesunkener Insaßen, die allem Besseren verschlossen blieben« vollkommen eingeäschert wurde. Sogleich wurde ein neuer, feuerfester Bau erstellt und der Zweck der Anstalt ausgeweitet, indem nun auch Arme und Kranke Aufnahme fanden. Die Anlage, für 100 Betten konzipiert, war schon bald überfüllt. 1880 zählte man 125 Bewohner. 1913 wurden gar 364 Personen betreut. Da im Milieu des Armenhauses der Aufenthalt von schulpflichtigen und Kleinkindern nicht haltbar war, eröffnete man 1916 ein separates Kinderasyl, in welchem in den folgenden Jahren bis zu 180 Kinder lebten. In der Nachkriegszeit hat sich die soziale Struktur verändert, und die Anstalt wurde mehr und mehr in ein Pflegeheim umgewandelt. Seit dem Neubau von 1981 dient es vollumfänglich diesem Zweck.

Noch heute gilt das Entlebuch als eine der ärmsten Regionen der Schweiz. In einer Studie über regionale Einkommensdisparitäten in der Schweiz aus dem Jahre 1984 war das Entlebuch mit einem Pro-Kopf-Einkommen von 10 603 Franken am Ende der Rangliste. Die reichste Region war der Pfannenstiel bei Zürich mit 28 925 Franken. Ein wichtiger Grund für diese großen Unterschiede ist gewiss, dass auch heute noch überdurchschnittlich viele Erwerbstätige in der Landwirtschaft ihr Auskommen finden.

Obwohl alle Gemeinden Entlebuchs den Maximalsteuerfuß von 2,4 Einheiten haben, beträgt die Nettoverschuldung immer noch 8190 Franken pro Einwohner. Ein Wert, der doppelt so hoch liegt wie der kantonale Durchschnitt.

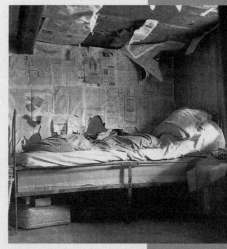

◄ Setzen der Kartoffeln, Romoos 1941 (Bild: Theo Frey).

4
OBERRIED–SÖRENBERG

▼ Wohnverhältnisse in Flühli 1941 (Bild: Theo Frey).

FREIE SICHT INS EMMENTAL

HABKERN–HOHGANT–KEMMERIBODEN BAD–ARNIBERGEGG–SÖRENBERG

Am ersten Tag führt die Wanderung von Habkern ob Interlaken auf den Hohgant, Felsbastion und Aussichtskanzel. Nach einem feinen Znacht und einer Nacht im altehrwürdigen Kemmeriboden Bad spazieren wir durch die Moorlandschaft am Fuß des Brienzergrates nach Sörenberg.

5

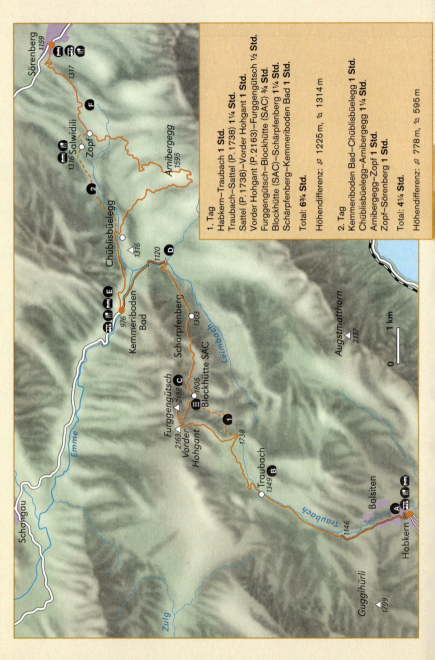

Charakter
1.Tag: Lange Wanderung mit steilen Stellen am Gipfel des Hohgant
2.Tag: Wanderung auf guten Wegen ohne spezielle Probleme

Varianten
- Auf die Besteigung des Hohgant verzichten und von Punkt 1738, am Fuße des Hohgant, direkt über Ällgäuli zur SAC-Hütte queren (Zeitersparnis 1½ Std.).
- Den Bärselbach nicht überqueren und via Schneeberg direkt nach Salwideli (Zeitersparnis 1½ Std.)
- Es ist auch möglich, nur eine der beiden Tagesetappen zu wandern. In diesem Fall Ab- resp. Anfahrt von/nach Kemmeriboden Bad mit dem Postauto via Wiggen an der Bahnlinie Bern–Luzern

Beste Jahreszeit
Anfang Juni bis Ende Oktober

Verkehrsmittel
→ Mit dem Zug bis Interlaken West, von dort mit dem Bus (Nr.3) nach Habkern
← Von Sörenberg mit dem Postauto nach Schüpfheim an der Zuglinie Bern–Luzern

5
HABKERN–
SÖRENBERG

Sehenswertes
- Dorfkern von Habkern
- Alpgebäude der Alp Traubach
- Aussicht vom Hohgant/Furggengütsch
- Schlucht der jungen Emme
- Kemmeriboden Bad
- Moorgebiet bei Salwiden

Übernachten, Gasthäuser
Habkern:
- Info: Tel. 033 843 13 01, www.habkern.ch
- Gasthof Bären (alter Gasthof im Dorfkern), www.baeren.net, Tel. 033 843 11 82 (DZ: Fr. 75.– p.P., große Ermäßigung für Zimmer mit Etagendusche);
- Sporthotel Habkern (etwas außerhalb), Tel. 033 843 13 43 (DZ: Fr. 70.– p.P., große Ermäßigung für Zimmer mit Etagendusche, auch Massenlager);

- Blockhütte SAC: Selbstversorgung, Massenlager, Getränke vorhanden. Info und Reservation beim Hüttenwart Markus Thommen, Langnau, Tel. 034 402 51 11 (Geschäft); Schlüsseldepots im Kemmeriboden Bad und in Habkern. Schlüsselabgabe nur nach vorheriger Reservation;
- Hotel Kemmeriboden Bad, Tel. 034 493 77 77, www.kemmeriboden.ch, (DZ: Fr. 98.– p.P.), auch Massenlager;
- Berggasthaus Salwideli: Tel. 041 488 11 27 (DZ: Fr. 43.– p.P.), auch Massenlager;
- Bauernhof Salwideli (unmittelbar beim Berggasthaus), Kochgelegenheit, Tel. 041 488 15 58 (DZ: Fr. 38.– p.P.)

Sörenberg:
- Info: Tel. 041 488 11 85, www.soerenberg.ch
- Panorama Sporthotel, im Zentrum, mit Hallenbad und Sauna, www.panorama-soerenberg.ch, Tel. 041 488 16 66 (DZ: Fr. 105.– p.P.);
- Hotel Rischli, 1 km vom Zentrum, www.hotel-rischli.ch, Tel. 041 488 12 40 (DZ: Fr. 65.– p.P.);
- Hotel Cristal, 1 km vom Zentrum, Tel. 041 488 00 44 (DZ: Fr. 75.– p.P.), Di Ruhetag;
- Hotel Bäckerstube, im Zentrum, www.baeckerstube.ch, Tel. 041 488 13 61 (DZ: Fr. 65.– p.P.);
- Go-In, im Zentrum, www.go-in.ch, Tel. 041 488 12 60 (DZ: Fr. 58.– p.P.), auch Massenlager;
- Pension Wicki, beim Hallenbad, Tel. 041 488 16 93 (DZ: Fr. 60.– p.P.);

Karten
- 1208 Beatenberg, 1209 Brienz, 1189 Sörenberg (1:25 000)
- 254 (T) Interlaken 244 (T) Escholzmatt (1:50 000)
- Wanderkarte Sörenberg–Entlebuch, Kümmerly+Frey (1:60 000) – es fehlen die ersten zwei Kilometer bei Habkern

1. Tag: Habkern–Traubach–Hohgant–Schärpfenberg–Kemmeriboden Bad

Habkern liegt nur 7 Kilometer von Interlaken entfernt; die beiden Ortschaften könnten aber kaum unterschiedlicher sein. Dort die Tourismusmetropole mit Gästen aus aller Welt, Hotelpalästen, Kuckucksuhren und Fondue das ganze Jahr, hier ein Bergbauerndorf, welches seine Eigenart bewahren konnte und mit zwei Hotels den Tourismus nur in begrenztem Maße fördert. Die Habkerner sind sich des Unterschieds bewusst und machen Werbung damit, dass hier keine »Schickimicki« absteigen und dass es kein Nachtleben gibt. Dafür gibt es eindrückliche bäuerliche Blockbauten, die in Interlaken nicht zu finden sind. Zum Beispiel der imposante Bau aus dem 18. Jahrhundert am kleinen Dorfplatz.

Wer mit dem Bus von Interlaken kommend bis zur Endstation Zäundli beim Sporthotel fährt, kann sich wenige Wanderminuten sparen. Unmittelbar vor dem Sporthotel lohnt sich ein Besuch bei Rita Zurbuchen, die in ihrem kleinen Garten über 200 verschiedene Fuchsia-Arten zur Schau stellt. Von **Habkern** (1065 m) oder Zäundli wandern wir los Richtung Grüenenbergpass/Traubach. Wir folgen der Straße, die uns, kaum ansteigend, das Tal des Traubachs hinaufführt. Beim Wegweiser Blosmoos zweigt der Weg über den Grüenenbergpass ab. Wir gehen weiter Richtung Traubach, nun auf einem ungeteerten Fahrweg durch einen Fichtenwald.

Nach gut einer Stunde erreichen wir die unversehrte kompakte Alpsiedlung **Traubach** (1347 m), am Ende des Tals auf einer kleinen Ebene gelegen. Die Speicher sind zum Teil über 200 Jahre alt. Ein Neubau aus dem Jahr 1980 wurde mit einigem Aufwand ins Ensemble integriert. Von der Alp folgen wir weiter dem Bach, bis der Weg eine Linkskurve macht und eine kleine Felsstufe überwindet. Bald schon betreten wir das Naturschutzgebiet Hohgant-Seefeld, das 1974 unter Schutz gestellt wurde. Der weitere Aufstieg erfolgt in einem feuchten, mit Karstblöcken durchsetzten Wald mit viel Farnen und Moos. Beim **Sattel** (1738 m) weitet sich die Sicht. Der Blick auf die Berner Hochalpen, aber auch auf das mit Wäldern durchsetzte Moorgebiet Richtung Sörenberg ist eindrücklich.

Vom Sattel geht es weiter aufwärts, dem Grat entlang. Zuerst hat es noch einzelne Fichten, danach wenige Föhren, bis wir bei der steinigen Matte in eine von großen Felsklötzen gebildete Steinwüste gelangen. Kurz darauf stehen wir auf dem Gipfel des **Vorder Hohgant** (2163 m), der steil zum Emmental abbricht und die Sicht auf das ganze Mittelland freigibt. Um auf den höchsten Punkt zu gelangen, müssen wir nochmals etwa 70 Höhenmeter absteigen, um dann, linkshaltend, den Grat und später den Gipfel des **Furggengütsch** (2197 m) zu erreichen. Die Aussicht, nun auch auf das ganze Entlebuch, ist atemberaubend. Ziegen, Bergdohlen und mehrere Steinmanndli leisten beim Picknick Gesellschaft. In der Ferne zeigen sich vielleicht auch ein paar Steinböcke. Der steile Abstieg, der durch ein Schuttfeld führt, ist nicht sehr angenehm, doch der Blick zurück, auf die steil aufragenden Felsbastionen des Hohgant, entschädigt für die Mühsal. Bei der (unbewarteten) **Blockhütte** des SAC (1805 m) wird der Weg wieder besser. Auf einem kleinen Pfad steigen wir durch eine urtümliche, wilde Gegend und später durch den Wald nach **Schärpfenberg** (1290 m) ab. Von Schärpfenberg folgen wir dem Fahrweg, der wenig später nochmals eine etwas steilere Geländestufe überwindet. Kurz nachdem wir auf eine bessere Fahrstraße eingemündet sind, können wir rechts auf einem kleinen Weg zur Teufelsbrücke hinuntersteigen, wo die junge Emme tosend über einen Felsen hinabstürzt. Auf der anderen Seite des Baches erreichen wir eine geteerte Straße, der wir die letzten 30 Minuten bis **Kemmeriboden Bad** (976 m) folgen.

Gebadet wurde in der Schwefelquelle des Kemmeribodens seit 1790, wobei das Bad nicht über eine regionale Bedeutung hinauskam. Ein Badewirtschaftsbetrieb wurde erst 1834 eröffnet, da der Wirt des Gurnigel Bades zuvor erfolgreich gegen eine Bewilligung Einsprache erhoben hatte. 1841 wurde das Bad an Ulrich Gerber verkauft, den Urururgroßvater der heutigen Besitzerin. Der Badebetrieb im Kemmeriboden ist eingestellt, doch kommt man im Restaurant voll auf seine Kosten. Nicht verpassen sollte man die berühmten »Chemmeri-Merängge«, die von der kleinen Bäckerei Oberli im nahen Bumbach hergestellt werden. In einem Test der *Schweizer Illustrierten* kamen sie auf den Spitzenplatz der getesteten Meringues, und der Gault-Millau-Gastrokritiker Silvio Rizzi gab ihnen 19 von 20 möglichen Punkten. Ein Resultat, das nach einer Degustation niemanden mehr er-

▲ ▲ Aufstieg zum Hohgant. Rechts der Brienzergrat.

5
HABKERN–SÖRENBERG

▼ Auf der Alp Traubach stehen noch mehrere gut erhaltene Speicher.

staunen wird. Die luftig-leichten Chemmeri-Merängge zeichnen sich dadurch aus, dass sie im Munde vollständig zergehen und keine klebrige Masse zurücklassen. Im Kemmeriboden Bad werden sie mit einer großen Portion frischer Nidle serviert.

Erfunden wurde die Meringue der Legende nach 1720 in Meiringen vom Zuckerbäcker Gasparini. Sie ist im Wesentlichen eine luftige Masse aus 2 Teilen Eiweiß und einem Teil Zucker, die während 3 Stunden bei niedriger Hitze im Ofen ihre feste Form bekommt. Das Gebäck fand in Frankreich großen Anklang und wurde dort nach seinem Ursprungsort benannt. Aufgrund der französischen Aussprache wurde aus Meiringen »Meringue«. Im Emmental wurden daraus die »Merängge«.

2. Tag: Kemmeriboden Bad–Arnibergegg–Salwiden–Sörenberg

Bei **Kemmeriboden Bad** überqueren wir die Emme. Mehrere Male wurden die alten Holzbrücken an dieser Stelle von der hochgehenden Emme fortgerissen. Nachdem 1927 die alte Brücke wegen Konstruktionsfehlern unter der Schneelast zusammenbrach, entschloss man sich, eine Betonbrücke zu bauen. Nach der Brücke biegen wir nach rechts ab und folgen dem gekiesten Fahrweg bergan. 50 Meter nach einem Gatter, auf einer Lichtung, biegen wir rechts ab. (Auf der Höhe eines Wegweisers, bei dem jedoch kein Pfeil nach rechts zeigt. Markierter Holzpflock auf der Wiese.) Über die Wiese gelangen wir an den Bärselbach, den wir wenige Meter oberhalb eines Wasserfalls überqueren. Auf der anderen Seite des Baches folgen wir der Hochspannungsleitung und dem wieder markierten Weg nach links zur **Chüblisbüelegg** (1230 m).

Der Fahrweg steigt danach zuerst bloß sanft, später etwas steiler an und erreicht in der Nähe der **Arnibergegg** den höchsten Punkt (1595 m). Die weiten Karrenfelder der Schrattenfluh vor uns geht es von hier sanft hinunter, bis wir wiederum den Bärselbach überqueren. Beim Weiterwandern erkennen wir auf der anderen Seite des Bärselbaches das Waldgebiet von Laubersmadghack. Ein Hochmoor von nationaler Bedeutung mit typischem Torfmoos-Bergföhrenwald und Torfmoos-Fichtenwald. Durch den Kauf des Gebietes durch den Naturschutzbund war es bereits vor dem Moorschutzgesetz faktisch unter Schutz gestellt.

Wer einkehren will, kann bei **Zopf** (1370 m) in 10 Minuten nach Salwideli weiterwandern. Das Bergrestaurant mit ökologischem Landwirtschaftsbetrieb und Übernachtungsmöglichkeiten konnte im Herbst 2000 dank der Hilfe der Messerli-Stiftung wieder eröffnet werden, nachdem es für ein Jahr geschlossen war. Wir gehen Richtung Salwiden nach rechts. Immer wieder wandern wir an Moorflächen mit dem typischen Wollgras vorbei. Beinahe die ganze Gegend, die wir in den letzten beiden Tagen durchwandert haben, ist als Moorlandschaft von nationaler Bedeutung unter Schutz gestellt. Ein Paradies für seltene Pflanzen, aber auch für viele Vögel.

Bei Salwiden biegen wir von der Fahrstraße ab. Über die offene Wiese, teilweise durch den Wald, wandern wir zur Waldemme hinunter. Ein kurzes Stück der Waldemme nach bergan und ein kurzer Gegenanstieg bringen uns nach **Sörenberg** (1159 m).

◀ Blick vom Vorder Hohgant zum Furggengütsch (2197 m), dem Hauptgipfel des Hohgant.

5
HABKERN-SÖRENBERG

▼ Zwischen Kemmeriboden Bad und Sörenberg wandern wir durch die Moorlandschaft von nationaler Bedeutung Habkern-Sörenberg. Das Wollgras weist auf die feuchten Standorte hin.

»IN SÖRENBERG LEBTEN WIR SEHR GUT«

»Wo man dem lieben Gott ein Kirchlein baut, baut der Teufel auch ein Wirtshaus daneben.« Obs der Teufel war, sei dahingestellt, Tatsache ist, dass 1775 neben der Kapelle von Sörenberg ein Wirtshaus erbaut wurde. Ab dem Beginn des 18. Jahrhunderts gab es in der Nähe Sörenbergs bereits zwei Bäder (Salwiden- und Kragenbad), die einen bescheidenen Kurtourismus verzeichnen konnten. In Sörenberg selbst war das Kirchweihfest mit Musik, Tanz und Gesang das Ereignis, welches Gäste aus den Nachbarkantonen anzog. Ende des 19. Jahrhunderts wurden im Gasthaus neben der Kapelle »die langjährigen Aufwärte durch zwei schöne und aufgeputzte Älpertöchterlein mit schneeweißen Schürzen ersetzt. Diesen gefiel das Wirten, sie sahen schön Geld fließen, in ihnen wurde der Gedanke wach, das Aufwarten auch auf eigene Rechnung zu betreiben und sie bauten dann das schöne Hotel Mariental.« Auch die alte Gastwirtschaft war bald zu klein und wurde 1894 durch das Kur- und Gasthaus Sörenberg ersetzt. Für beide Häuser wurde eine nahe Schwefelquelle erschlossen.

Ein prominenter Gast war Lenin, der sich durch das billige Angebot des Hotels Mariental angesprochen fühlte und zusammen mit seiner Frau im Sommer 1915 drei Monate in Sörenberg verbrachte. Nadesda K. Krupskaja, Lenins Frau, hielt in ihren Memoiren fest: »In Sörenberg lebten wir sehr gut. […] Die Post funktionierte mit schweizerischer Pünktlichkeit. Sogar in einem so entlegenen Gebirgsdörfchen wie Sörenberg konnte man jedes gewünschte Buch aus den Berner und Zürcher Bibliotheken erhalten. Man schreibt einfach an die betreffende Bibliothek eine Postkarte. […] In Sörenberg ließ es sich ausgezeichnet arbeiten. Wir standen morgens früh auf und bis zum Mittagessen, das – wie überall in der Schweiz – um 12 Uhr eingenommen wurde, arbeitete jeder in seiner Ecke im Garten für sich. Nach dem Mittagessen gingen wir oft den ganzen Rest des Tages in die Berge. Lenin liebte die Berge sehr – er erkletterte gern gegen Abend die Ausläufer des Rothorns.«

Der große touristische Aufschwung kam in Sörenberg aber erst, als das Skifahren zum Volkssport wurde. Schon 1934 hieß es in einem Artikel der Lokalzeitung: »Unser trautes Bergtal hat in den letzten Jahren einen großen Aufschwung als Wintersportgelände erfahren. Hunderte von verstaubten Bureaupersonen sind diesen Winter wöchentlich nach den verschiedenen Skifeldern unseres Ländchens gepilgert.« 1948 wurde der erste Tellerlift errichtet. In den fünfziger und sechziger Jahren folgten weitere Lifte Schlag auf Schlag. Mit dem Bau der Luftseilbahn auf das Rothorn und des Sessellifts Eisee zu Beginn der siebziger Jahre hat die Expansion ihr vorläufiges Ende gefunden.

Ein anderer, eher selten gehörter Grund für den Aufschwung von Sörenberg dürfte auch der Aktivdienst während des Zweiten Weltkrieges sein, den einige Wehrmänner im Mariental verbrachten. Bei einer Umfrage gaben einige Ferienwohnungsbesitzer als Motiv für die Standortwahl an: »Militärdienst hier geleistet«.

Der Tourismus schuf manche neue Arbeitsplätze und für die Landwirte interessante Nebenerwerbsmöglichkeiten. Aber auch negative Auswirkungen ließen nicht auf sich warten. Die Bodenpreise schossen in die Höhe. Konnte 1954 ein Quadratmeter Land noch für 40 bis 50 Rappen erworben werden, bezahlte man dafür in den siebziger Jahren bereits über 100 Franken. Spekulanten verdienten gutes Geld. Die Baueuphorie in den Boomjahren hat der Nachwelt zudem einige fragwürdige Objekte hinterlassen. Es erstaunt deshalb nicht, dass bei einer Umfrage 1980 nur 6,4 Prozent der Ferienhausbesitzer der Meinung waren, Sörenberg hätte noch einen ursprünglichen Charakter. Ein weiteres Problem stellt der Verkehr dar – insbesondere in den Wintermonaten, in denen der Anteil der Tagestouristen am höchsten ist. Und nicht zuletzt leidet Sörenberg daran, dass die Parahotellerie (Ferienwohnungen, Camping) einen überproportionalen Anteil am Tourismus ausmacht, was eine tiefe Wertschöp-

▼ Sörenberg zu Beginn des 20. Jahrhunderts. Links der Kirche das Kurhaus Sörenberg (1972 umgebaut und seither Panorama Sporthotel genannt). Rechts das Hotel Mariental, wo einst Lenin logierte und das 1972 durch einen Neubau ersetzt wurde. Seit 1999 ist hier eine Hotelfachschule für Schülerinnen und Schüler aus Ostasien untergebracht.

fung, viel Baulandverbrauch und eine ausgestorbene Ambiance in der Nebensaison mit sich bringt.

Die Probleme sind den Verantwortlichen bekannt. Das neue Tourismusleitbild 2000 zeigt Lösungen auf: Das Dorfbild soll aufgewertet (Ideenwettbewerb zur Dorfgestaltung, attraktive Nutzung der Parkplätze im Sommer) und das touristische Angebot weiter Richtung nachhaltiger Tourismus ergänzt werden, zum Beispiel durch Ausbau der Wander- und Reitwege. Auch die Chance Biosphärenreservat soll genutzt werden, indem man den Nachhaltigkeitsgedanken bei der zukünftigen Tourismusplanung berücksichtigt, das Angebot an Naturerlebnissen ausbaut und das Label »Biosphärenreservat« im Marketing einbezieht.

Es ist keine leichte Aufgabe, den Moorschutz und die Renditeerwartungen von Bergbahnunternehmen unter einen Hut zu bringen. Besonders zugespitzt wird das Problem, falls infolge Schneemangels der Bau von Beschneiungsanlagen angestrebt wird und zugleich die Region mit dem Biosphärenlabel als besonders naturnah vermarktet werden soll.

Als 1987 der Einsatz von Schneekanonen erwägt wurde, brachte Sörenbergs Kurdirektor Theo Schnider 1987 die Diskussion mit einem Pressecommuniqué an die Öffentlichkeit. Er unterschied sich in seinen Äußerungen aber von anderen Kurdirektoren gewaltig. Unter dem Titel »Kunstschnee – nein danke« schrieb er unter anderem, dass man endlich auch im Tourismus lernen sollte, keine neuen ökologischen Belastungen zu schaffen, sondern das anbieten müsse, was man eben habe.

Es vergingen dann auch noch etliche Jahre, bis man 1993 begann, im kleinen Umfang mit mobilen Anlagen künstlich zu beschneien. 1995 wurde ein Projekt für die Beschneiung von 5 Hektaren eingereicht, jedoch durch eine Verwaltungsbeschwerde der Umweltverbände wieder gestoppt. Der Regierungsrat gab der Einsprache statt, da insbesondere die nötige Nutzungsplanung fehlte. Die Ausarbeitung dieser Nutzungsplanung und des Baugesuches für die Beschneiungsanlagen wurde von zähen Verhandlungen zwischen Bergbahnen, Umweltverbänden und der Gemeinde Flühli begleitet. Im April 2000 konnten sich schließlich alle Parteien auf eine Vereinbarung einigen, die den Bau an ökologische Eckwerte bindet. Die Beschneiung wird von Mitte November bis Ende Februar begrenzt und soll nicht der Verlängerung der Skisaison dienen. Ferner dürfen keine kristallisationsfördernden Zusätze verwendet und im Moorperimeter keine neue Anlagen erstellt werden. Im Sommer 2001 wurde der Speichersee (16 Millionen Liter) erstellt, in dem das Wasser für die Beschneiung von 10,5 Hektaren gesammelt wird. Das Regionalmanagement des Biosphärenreservates hat den Auftrag erhalten, das Monitoring zu koordinieren und die Auswirkungen der künstlichen Beschneiung auf Flora und Fauna zu dokumentieren.

◀ Prospekt des Kurhauses Sörenberg, für das mit den folgenden Worten geworben wurde: »Kurhaus Sörenberg, in freundlicher, sonniger Lage mit praktischer innerer Einrichtung war stets imstande, die weitgehendsten Ansprüche zu befriedigen. Von der äusseren Erscheinung des Kurhauses und von der prächtigen Lage desselben inmitten der schönsten saftigen Alpen, eingerahmt von einem Kranze der interessantesten, leicht zu ersteigenden Berge, gibt obige Zeichnung ein getreues Bild. […] Rotgolden glühen die nahen Berge im Abendsonnenschein, die Herdenglocken läuten, von Hütte zu Hütte ertönt der fromme Abendgruss der Sennen, und gar anmutig mischt sich das Ave-Glöcklein der nahen Kapelle in die idyllische Ruhe, Frieden atmet die ganze Natur.«

5 HABKERN–SÖRENBERG

HINTER DEN SIEBEN HENGSTEN

NIEDERHORN–SICHLE–ERIZ–ROTMOOS–MARBACHEGG

Am ersten Tag der Wanderung folgen wir im Banne der Berner Hochalpen dem Güggisgrat und erreichen über die Sichle das abgelegene Eriz. Am Fuße der mächtigen Felswände des Hohgant vorbei, steigen wir am nächsten Tag zur jungen Emme hinab und erreichen nach einem letzten Aufstieg das Ausflugsziel Marbachegg.

6

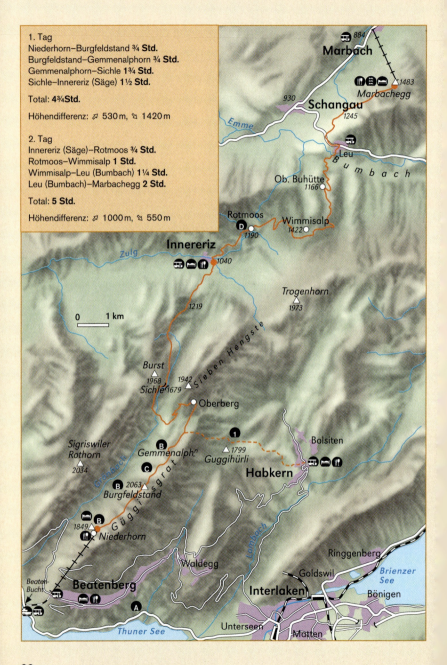

Charakter
Zwei unterschiedliche, aber einfache Wandertage: Am ersten Tag wandern wir auf zum Teil felsigem Grat, am zweiten Tag über Alpweiden und durch Wälder.

Varianten
- Es ist auch möglich, sich auf den Güggisgrat zu beschränken und vom Gemmenalphorn via Bäreney nach Habkern abzusteigen (1 Tageswanderung, Total ca. 3½ Std.)
- Es kann auch nur die erste oder zweite Tagesetappe gewählt werden. In diesem Fall An- resp. Abfahrt ins/vom Innereriz (Säge) mit dem STI-Bus von/nach Thun Bahnhof.
- Die zweite Tagesetappe kann vor dem Aufstieg zur Marbachegg in Leu (Bumbach) beendet werden. Haltestelle der Postautolinie Kemmeriboden Bad–Wiggen (an der Bahnstrecke Luzern–Bern).

Beste Jahreszeit
Anfang Juni bis Ende Oktober

Verkehrsmittel
→ Am schönsten: mit Schiff oder Bus von Interlaken oder Thun zur Beatenbucht und weiter mit der Standseilbahn nach Beatenberg und mit der Gondelbahn auf das Niederhorn. Die Talstation der Niederhornbahn (Infotelefon: 033 841 14 20) kann von Interlaken auch direkt mit dem Postauto erreicht werden.

← Von der Marbachegg mit der Gondelbahn nach Marbach, von wo eine Postautolinie nach Wiggen führt (Bahnstrecke Bern–Luzern).

Sehenswertes
- St.-Beatus-Höhlen und St.-Beatus-Höhlen-Museum. Geöffnet vom Palmsonntag bis zum 3. Sonntag im Oktober. Auskunft: Tel. 033 841 16 43
- Aussicht vom Niederhorn, Burgfeldstand und Gemmenalphorn
- Steinbockkolonie am Güggisgrat
- Das Rotmoos

Übernachten, Gasthäuser
Beatenberg:
- Info: www.beatenberg.ch. Diverse Hotels und Restaurants. Auskunft beim Touristik-Center, Tel. 033 841 18 18

In der Nähe der Talstation der Gondelbahn liegen
- Dorint, ein etwas klotziges Viersternhotel mit Hallenbad und Wellnessbereich, www.dorint.ch, Tel. 033 841 41 11 (DZ: Fr. 104.50 p.P.);
- Hotel Gloria (empfehlenswert), www.hotelgloria.ch, Tel. 033 841 00 00 (DZ: Fr. 70.– p.P.);
- Niederhorn: Berghaus Niederhorn, Tel. 033 841 11 10 (DZ: Fr. 45.– p.P., Massenlager Fr. 30.– p.P.);

Innereriz:
- Info: www.eriz.ch, Tourismusbüro, Tel.: 033 453 24 54
- Gasthof Schneehas, www.schneehas.ch, Tel. 033 453 18 38 (DZ: Fr. 65.– p.P., auch Massenlager), Mo und Di Ruhetag;
- Gasthof Säge, Tel. 033 453 13 21 (DZ: Fr. 45.– p.P., auch Massenlager);

Marbach:
- www.marbach-lu.ch, Verkehrsbüro Tel. 034 493 38 04;
- Marbachegg: Berghaus Eigerblick, www.marbach-egg.ch, Tel. 034 493 32 66 (DZ: Fr. 45.– p.P. (April–Okt.) bzw. Fr. 55.– (Nov.–März), auch Massenlager und Ferienwohnungen);
- Hotel Sporting (Neubau, etwas außerhalb des Dorfes, bei der Seilbahn). Es werden spezielle Biosphärengerichte angeboten. www.hotelsporting.ch, Tel. 034 493 36 86 (DZ: Fr. 75.– p.P.);
- Hotel Kreuz, im Dorfzentrum, Tel. 034 493 33 01 (DZ: Fr. 57.50 p.P., auch Massenlager), Di und Mi bis 16.00 Uhr Ruhetag

Karten
- 1208 Beatenberg und 1188 Eggiwil (1:25 000)
- 254 (T) Interlaken und 244 (T) Escholzmatt (1:50 000)

6
NIEDERHORN–
MARBACHEGG

1. Tag: Niederhorn–Burgfeldstand–Gemmenalphorn–Sichle–Innereriz

Es gibt viele Möglichkeiten, um nach **Beatenberg** am Fuße des Niederhorns zu gelangen. Bis 1863 eine Fahrstraße eröffnet wurde, war die einzige Möglichkeit ein Fußweg. 72 000 Franken musste das kleine Bergbauerndorf für die Straßenverbindung mit Interlaken hinblättern. Ärmere Bürger mussten ihre einzige Kuh verkaufen, um ihrer Beitragspflicht zu genügen. 1889, zu den goldenen Zeiten des Beatenberger Tourismus, konnte die Standseilbahn, die das lang gezogene Dorf mit der Beatenbucht verbindet, ihren Betrieb aufnehmen. Zu dieser Zeit gab es in Beatenberg 33 Gastwirtschaften, welche 1800 Gäste aufnehmen konnten. Der Tourismusboom fand mit dem Ausbruch des Ersten Weltkrieges sein Ende. Heute gibt es noch rund halb so viele Gasthäuser wie anno dazumal.

Den Namen Beatenberg erhielt das Dorf vom heiligen Beatus, welcher der Sage nach einen schrecklichen Drachen aus der Beatushöhle vertrieb. Zusammen mit einem anderen irischen Mönch, Justus, machte er sich eines Morgens zur Beatushöhle auf, wo ihnen der Drache wutschnaubend entgegenkam. Beatus erhob seinen Pilgerstab, worauf das Ungetüm zornig in den Thunersee stürzte, der sogleich aufkochte. Kurz darauf schnellte es die Felswände empor und versteckte sich bei der Alp Burgfeld in einer selbst gegrabenen Höhle. Die beiden Mönche stellten sich zur Wache und beteten. Beim »Vater unser« fuhr das Tier mit Blitz und Donner in den See und verschwand für immer.

Es ist möglich, dass in den frühen Jahren der Christianisierung wirklich ein Einsiedler in der Höhle gelebt hat, vielleicht ein Patrick, da in alten Urkunden oft die Schreibweise St. Patten oder St. Batten verwendet wurde. Mit Sicherheit verbürgt ist, dass die Höhle im 15. Jahrhundert nach Einsiedeln der beliebteste Wallfahrtsort der Schweiz war. So pilgerte 1439 ein riesiger Zug von Stadtbernern, geistliche Herren, Ratsherren und Zunftleute, zur Höhlenkapelle, um Hilfe für die von der Pest bedrohte Stadt zu erbeten. Trotzdem hat der schwarze Tod im darauf folgenden Halbjahr ein Fünftel der Stadtbevölkerung dahingerafft.

Die Reformation 1528 läutete das Ende der Pilgerstätte ein. Da in den darauf folgenden Jahren in der Höhle immer noch heimlich Messen abgehalten wurden, ließ die Regierung den Zugang zumauern. Seit 1904 ist die Höhle wieder zugänglich; sie ist inzwischen zu einem beliebten Ausflugsziel geworden. Auch Drachen sieht man in letzter Zeit in der Gegend wieder häufiger. Die Tourismusregion Thunersee hat das Fabeltier zu seinem Werbeträger gewählt. Es gibt ein Drachenboot, eine Drachenbahn, Drachenausflüge, Drachentage, Drachenwürste, Drachenteller und Drachenbrote. St. Beatus wäre hoffnungslos überfordert.

Wir fahren mit der modernen Gondelbahn auf das Niederhorn und somit auch über den höchsten Stand des Aaregletschers hinaus, der vor 10 000 Jahren das Tal bis auf eine Höhe von 1400 Metern bedeckte. Im Berghaus Niederhorn kann man übernachten oder sich ein letztes Mal für die Wanderung nach Innererzi stärken. Von der Bergstation erreichen wir in 5 Minuten den Gipfel des **Niederhorns** (1963 m), von dem aus sich eine umfassende Sicht auf die Berner Hochalpen eröffnet. Ebenso eindrücklich ist die Sicht ins Justistal und zur Sichle, über die wir in einigen Stunden steigen werden.

▲ ▲ Der Güggisgrat: eine beliebte Wanderroute für jedermann.

◀ Vom Niederhorn blicken wir ins Justistal und zum markanten Übergang der Sichle, welche wir 3¼ Wanderstunden später überschreiten werden.

6
NIEDERHORN–
MARBACHEGG

▼ Im Banne der Eigernordwand führt der bequeme Gratweg vom Niederhorn zum Burgfeldstand.

Westlich, unterhalb des Niederhorngipfels, wurden im so genannten Hohgantsandstein bis 1856 Kohlevorkommen abgebaut. Unter großen Gefahren wurden in den Steilhängen Stollen in den Berg gehauen, die gewonnene Kohle wurde mühsam auf den Grat geschleppt und mit Schlitten zu Tal gebracht. Dort wurde das schwarze Gold nach Thun und Bern verschifft, wo es zur Gewinnung von Stadtgas verwendet wurde.

Ein breiter Weg, der auch einen Großandrang von Wandernden verkraften kann, führt uns beinahe mühelos, an einzelnen Föhren und kleinen Tümpeln vorbei, über den flachen Bergrücken auf den **Burgfeldstand** (2063 m). Danach verschmälert sich der Güggisgrat, und der nun etwas rauere Weg weicht manchmal auf die linke oder rechte Bergflanke aus. Im Felsgelände kann man immer wieder eine Steinbockkolonie aus nächster Nähe beobachten. In der Schweiz zu Beginn des letzten Jahrhunderts vollständig ausgerottet, wurde der Steinwildbestand mit italienischen Tieren in der Mitte des 20. Jahrhunderts wieder aufgestockt. Die Tiere am Gemmenalphorn, wurden zwischen 1948 und 1954 vom Hardergrat (ob Interlaken) übergesiedelt.

Von einem Sattel bringt uns ein kurzer, steiler Aufstieg aufs **Gemmenalphorn** (2061 m). Nochmals bietet sich uns die weite Rundsicht, die von den Berner Giganten Blüemlisalp, Breithorn, Eiger, Mönch, Jungfrau, Schreckhorn und Wetterhorn beherrscht wird. Gegen Norden blicken wir auf das Karrenfeld der sieben Hengste. Unter dem Kalkgestein wurde durch Regenwasser ein ganzes Höhlensystem mit einem 40 Kilometer langen Gangnetz und mit Hallen, in denen gar Kirchtürme Platz fänden, ausgewaschen. Mit Färbversuchen wurde nachgewiesen, dass die Höhlensysteme der Region zumindest teilweise miteinander verbunden sind. Erstaunlich ist, dass gar Wasser von der Schrattenfluh bei Sörenberg unterirdisch, unter der Emme hindurch, in den Thunersee fließt. Vom Gemmenalphorn geht es zuerst steil, aber auf gutem Weg zu einem Sattel hinunter (von hier gibt es die Möglichkeit, nach Habkern abzusteigen – Variante 1) und weiter durch einen lichten Föhrenbestand Richtung Oberberg.

Am Rande des Karrenfeldes biegen wir links ab Richtung Justistal. Bei einer Weggabelung kurz darauf bleiben wir am Talboden des kleinen Tälchens und folgen dem markierten Weg bis zum Alpgebäude von Lusbüel (1521 m). Um einen Ab- und Wiederaufstieg zu vermeiden, empfiehlt es sich, an dieser Stelle den Wanderweg zu verlassen, hinter dem Alpgebäude die Bergflanke zu queren und danach auf einem Pfad zum Grönbach abzusteigen. Von hier können wir auf gutem Weg zur Alp Oberhofner gelangen oder den Wanderweg, der zur Sichle führt, auf Trittspuren auch direkter anvisieren. Zurück auf dem Wanderweg, gelangen wir gleichmäßig ansteigend, zuletzt an eindrücklich gefalteten Gesteinsformationen vorbei, zur **Sichle** (1679 m). Der vom Burst und den sieben Hengsten eingerahmte Übergang ist dank seiner markanten Sichelform im Landschaftsbild leicht erkennbar. Ist auf der Südseite der Sichle die Landschaft von alpinen Felsgraten geprägt, eröffnet sich uns auf der Nordseite der Blick auf eine hügelige Voralpenlandschaft.

Ein sanft absteigender Weg bringt uns nach Ober Schöriz, mit einem alten, moosbewachsenen Ahorn zwischen Stall und Haus, und weiter über Weiden ins Tal. Ab Unter Schöriz verläuft der Weg auf einer ungeteerten Fahrstraße. Kurz vor dem Dorf, bei den Skiliften, liegt der Gasthof Schneehas, wenige Gehminuten später erreichen wir die wenigen Häuser von **Inereriz-Säge** (1040 m, Gasthof, kleines Lebensmittelgeschäft).

6
NIEDERHORN–MARBACHEGG

2. Tag: Innereriz–Rotmoos–Leu (Bumbach)–Marbachegg

Das Eriz, ein 12 Kilometer langes Bergtal, ist keine Region, die mit Superlativen protzt. Eine Ausnahme bildet die – laut Guinness-Buch der Rekorde – weltgrößte Feuerschrift, mit der jeweils am 1. August das Wort »Eriz« und ein Schweizerkreuz an die Hänge am Fuß des Hohgant gezeichnet wird.

Vom Gasthof folgen wir wenige Meter der Straße das Tal hinunter und biegen dann rechts ab (Wanderwegweiser Richtung Obergemmi-Rotmoos). Nachdem wir einen Mischwald durchquert haben, führt uns der Wanderweg über eine Wiese zum Chaltbach hinunter und weiter ins Naturschutzgebiet **Rotmoos** (1190 m). Auf der offenen, mit Bulten und Schlenken durchsetzten Moorfläche wachsen einzelne Fichten, Föhren und kleine Birken. Das Rotmoos ist eine typische voralpine Moorlandschaft, in der dank der unterschlupfreichen Vegetation auch noch Hasel- und Auerhühner anzutreffen

▼ Zwischen 1948 und 1954 wurde am Güggisgrat eine Steinbockkolonie angesiedelt. Die Tiere haben jegliche Scheu vor den Menschen abgelegt.

sind. Der Wanderer wird gebeten, auf dem markierten Weg zu bleiben. Wir folgen später für 100 Meter einer kleinen Fahrstraße nach links, um dann nach rechts abzubiegen und durch den Wald, der ebenfalls zum Perimeter des Naturschutzgebietes gehört, in weiten Kehren zur **Wimmisalp** (1422 m) aufzusteigen. Am höchsten Punkt des Wandertages liegt uns das ganze Emmental zu Füßen. Wir gehen nicht zu den auf der Geländeschulter gelegenen Alpgebäuden, sondern folgen geradeaus dem Wanderweg (weiß-rot-weiß markiert), der bald darauf am Waldrand nach links abzweigt und uns durch einen mit großen Felsblöcken durchsäten Wald führt. Dem Fahrweg, den wir darauf erreichen, folgen wir leicht absteigend bis Obersti Buhütte (mit einer respektablen Sammlung von Gartenzwergen). Hier kürzt der Weg über eine Wiese ab. Auf dem alten Fahrweg (und nicht auf dem geteerten neuen Sträßchen) geht es hinunter zur Hinteren Buhütte. Auf einer gedeckten Holzbrücke überqueren wir die Emme und steigen hinauf bis nach **Leu** (**Bumbach**, 925 m), wo es die Möglichkeit gibt, das Postauto zu besteigen.

Wer den letzten Aufstieg zur Marbachegg nicht scheut, folgt der Straße nach links, um nach 200 Metern links auf einen Feldweg abzuzweigen. Zurück auf der Straße, nehmen wir den zweiten Weg, der rechts den Berg hinaufführt. Einem geteerten Fahrweg folgen wir später nach links bis nach Ober Chilchbüel. Hier verlassen wir den geteerten Weg, gehen in den Wald hinein, um gleich danach bei einem alten Wohnwagen, der einst als Stall diente, rechts in einen schmalen Pfad abzubiegen. Über viele Treppenstufen, teilweise auf dem Grat, dazwischen auch über eine Waldlichtung, geht es steil bergauf. Am Schluss des nahrhaften Aufstiegs, bei der Gassenegg, weist uns ein alter Grenzstein auf die Kantonsgrenze Bern/Luzern hin. Von hier ist es bis zur Ferienhaussiedlung der **Marbachegg** (1484 m) und zum Berghaus Eigerblick nur noch ein Spaziergang. Großen und kleinen Kindern wird hier eine breite Auswahl von Aktivitäten angeboten. Man kann Mountainbikes mieten oder mit einem Trottinerbe oder einem Marbachegg-Cart zu Tale fahren. Es gibt einen Streichelzoo, einen Startplatz für Gleitschirme (einer soll von hier aus bis ins Liechtenstein geflogen sein) und jeden Sonntag einen Älplerzmorgä mit Musik. Es ist aber auch möglich, sich einfach auf die Terrasse zu setzen, etwas zu trinken und die Aussicht zu genießen.

Mit der Gondelbahn erreicht man von der Marbachegg in wenigen Minuten **Marbach**. Es ist geplant, noch im Jahr 2002 die 35-jährigen Gondeln zu ersetzen. Die Investitionen von 7,5 Millionen Franken sollen dazu verhelfen, die rund 40 Arbeitsplätze bei Bahn und Berghaus zu erhalten. Die Alternative, der Bau einer Straße, käme nicht nur teurer, sondern würde auch das Skigebiet zerstören und die Marbachegg als autofreies Ausflugsziel entwerten. An der Talstation der Bahn liegt die Postautohaltestelle.

◀ Der Abstieg von der Sichle führt am Fuße der Sieben Hengste entlang.

6
NIEDERHORN–
MARBACHEGG

▼ Die Gartenzwergpopulation weist im Wandergebiet stellenweise eine überaus hohe Dichte auf.

WIMMER SO REDT

Wer allgemeine Kenntnisse des Durchschnitts-Schweizerdeutschen besitzt, wird sich im Entlebuch problemlos zurechtfinden. Doch es gibt einige Feinheiten des Entlebucher Dialektes, welche ihn von anderen Schweizer Dialekten unterscheiden und die bis heute erhalten geblieben sind.

Der Dialekt wurde in der Dissertation von Dr. Karl Schmid *Die Mundart des Amtes Entlebuch* 1915 erfasst. Dem unverfälschtesten Entlebucher Dialekt begegnete Schmid in Schüpfheim und insbesondere bei bodenständigen Leuten, bei Personen, die nie länger auswärts weilten, bei älteren Leuten und bei jenen, die Zeitungslesern aus dem Weg gingen. Karl Schmid beobachtete, dass der Entlebucher beim Sprechen den Mund nicht gross öffnet, aber dafür Lippe und Zunge stark beteiligt sind. Zudem werde rasch, aber selten undeutlich gesprochen. Der Unterschied zwischen dem Entlebucherischen und der Sprache in den anderen Teilen des Kantons Luzern zeigt eine beliebte Scherzfrage aus dem Luzerner Gäu auf: »Wi wyt god de Wind?« Antwort: »Bis uf Wolhuse, vo det a geit er.«

Im Werk *Die Sprachlandschaften der Schweiz* hat Professor Hotzenköcherle von der Universität Zürich diese Unterschiede 1976 genau analysiert. Der Entlebucher sagt zum Beispiel »prunge« statt »proocht«, »glüffe« statt »gloufe« oder »ech gaa« statt »ech goone«. Im Gegensatz zum restlichen Kanton hat der Entlebucher Dialekt in der Mehrzahl drei Formen statt nur eine. Es heisst »mier si«, »ir sit«, »si si« und nicht »mir sind«, »ir sind«, »si sind«. Typisch für das Entlebuch ist auch die Verkleinerungsform auf »-ili«. Zum Beispiel »Löffili« statt »Löffeli«. Und auch im Wortschatz unterscheiden sie sich zu Luzern. So haben die Entlebucher »de Gluxi« und nicht »s'Hixi«. Die sprachliche Sonderstellung – bei Wolhusen liegt die Grenze zwischen dem Süd- und dem Nordschweizerdeutschen – hängt mit der späten Besiedlung des Entlebuchs, aber auch mit engen Verbindungen zum Emmental zusammen. Zum Beispiel durch den Käsehandel oder dadurch, dass sich nach der Reformation Berner Katholiken im Entlebuch niederliessen. Der andere Teil des Kantons Luzern war bis zum Bau der Talstrasse nach Wolhusen 1841 vom Entlebuch aus nur auf dem beschwerlichen Weg über die Bramegg erreichbar.

Im Jahr 2001 veröffentlichten die *Blätter für*

Heimatkunde aus dem Entlebuch ein großes Sammelsurium von Entlebucher Mundartausdrücken, die auch als Spezialdruck erhältlich sind (*Wimmer so redt. Entlebucher Mundart;* Verlag Druckerei Schüpfheim 2001). Josef Röösli-Balmer hat darin auch beispielhafte Sätze aufgenommen, die für Auswärtige nicht mehr einfach verständlich sind.

»Was miecht ächt dä päägguhäärig Hutzercheib, wenn em bi Sprängwätter stäärnesiech dr Schnäggeschnärpf abgheiti? Ou aui Zeie schweere.«*

»Dr Miggu pugglet keni doppuzäntnerig Seck me ume, s'Hogerweh guslet ne bschtändig, dr isch am Morge aube ganz gschpattige.«**

Der wohl berühmteste aller Schweizer Sprachforscher war Franz Josef Stalder, von 1792 bis 1822 Pfarrer in Escholzmatt. Der offene Geist, Mitglied der Helvetischen Gesellschaft und von der Aufbruchstimmung seiner Zeit geprägt, hat neben seinem Pfarrdienst auch das Schulsystem reformiert, volkskundliche Forschungen (s. Seite 48) gemacht und das erste schweizerische Idiotikon (Mundartwörterbuch) verfasst. Stalder war der Erste, der sich an diese Aufgabe traute. Er schuf ein Werk, das für alle späteren Forscher auf diesem Gebiet von un-

▼ Der Sprachforscher Franz Josef Stalder (1757–1833).

---

*päägguhäärig: widerborstig, grob; Hutzercheib: schlechter, unehrlicher Kerl; Sprängwätter: drohende Wetterverschlechterung, Gewitter; Schnägge: einachsiger Gras-, Heuwagen mit Kufen vorne; Schnärpf: Kufe des Schnägge; aui Zeie schweere: fluchen.
**Hogerweh: Rückenschmerzen; gusle: stochern, bohren, kratzen; gschpattig: steif, ungelenk wegen Schmerzen.

schätzbarem Wert ist. Die beiden Bände, die zu seinen Lebzeiten erschienen (1806 und 1812), tragen den Titel *Versuch eines Schweizerischen Idiotikon mit etymologischen Bemerkungen untermischt*. Die überarbeitete zweite Auflage beendete er 1832, ein Jahr vor seinem Tod. Aufgrund der Wirren der Julirevolution von 1830 verzögerte sich der Druck; erst 162 Jahre später – 1994 – wurde das Werk vom Sauerländer Verlag herausgegeben.

Das zweite wichtige Werk publizierte Stalder 1819: *Die Landessprachen der Schweiz oder Schweizerische Dialektologie, mit kritischen Sprachbemerkungen beleuchtet. Nebst der Gleichnisrede vom verlorenen Sohne in allen Schweizermundarten*. Das Buch beinhaltete die erste deutsche Lautlehre, umfangreiche Lautbeschreibungen, volkskundliche Hinweise und 73 Versionen des Bibeltextes vom verlorenen Sohn (2 althochdeutsche, 42 neualemannische, 15 welschschweizerische, 8 tessinerische und 6 rätoromanische Versionen). Eine Sprachvielfalt, über die wir heute nur noch staunen können.

Seine Sprachforschung machte ihn über die Grenzen hinaus bekannt. Stalder hatte rege Kontakte mit den Gebrüdern Grimm, mit Johann Peter Hebel und den Gebrüdern Schlegel. 1830 besuchten ihn der deutsche Dichter und Sprachforscher Ludwig Uhland und Freiherr Josef von Lassberg, die sich auch mit der Entstehungsgeschichte des Tannhäuser-Liedes, eines der ältesten deutschen Lieder überhaupt, beschäftigten. Pfarrer Stalder machte die Gäste darauf aufmerksam, dass dieses Lied auch im Entlebuch gesungen wird, und seine Magd konnte ihnen sogleich die erste Strophe vorsingen. Nachfolgende Recherchen ergaben, dass die Entlebucher Version wohl eine der ältesten Fassungen des Tannhäuser-Liedes darstellt. Zur Erinnerung an Franz Josef Stalder wurde bei der Kirche in Escholzmatt 1947 ein schlichtes Denkmal errichtet.

◄ Die Gemeinde Escholzmatt hat im Gedenken an Franz Josef Stalder, Dorfpfarrer von 1792 bis 1822, vor der Kirche ein kleines Denkmal errichtet.

6
NIEDERHORN– MARBACHEGG

▼ »D'Äntlibuecher si haut eifach gäbigi Lüt.« Einige von ihnen gehen ausgesprochen gerne auf die »Löitsch«.

ZWISCHEN KATHOLIKEN UND PROTESTANTEN

TRUBSCHACHEN–RÄMISGUMMEN–HOGER–WACHTHUBEL–MARBACH

Nach einem kurzen Aufstieg folgen wir auf dieser Wanderung immer dem sanften Gratrücken, der zugleich auch die Kantonsgrenze zwischen dem katholischen Luzern und dem protestantischen Bern bildet. Das Ziel ist Marbach, wo im vergangenen Jahrhundert die Milchzuckerproduktion florierte.

7

Trubschachen–Buhus **1¾ Std.**
Buhus–Rämisgummenhoger **½ Std.**
Rämisgummenhoger–Wachthubel **1¼ Std.**
Wachthubel–Marbach **1 Std.**

Total: **4½ Std.**

Höhendifferenz: ↗ 833 m, ↘ 693 m

Charakter
Einfache Gratwanderung mit Einkehrmöglichkeiten unterwegs.

Variante
① Den Zug in Wiggen (Bahnstation zwischen Trubschachen und Escholzmatt) verlassen und via Schärligbad zum Bergrestaurant Erika auf der Geisshaldenalp aufsteigen. Danach gleich wie beschriebene Wanderung (eine Viertelstunde länger als beschriebene Variante).

Beste Jahreszeit
Ende April bis Mitte November

Verkehrsmittel
→ Mit der Bahn nach Trubschachen an der Strecke Bern–Luzern
← Mit dem Postauto von Marbach zur Bahnstation Wiggen an der Strecke Bern–Luzern.

Sehenswertes
Ⓐ Heimatmuseum (Info: Tel. 034 495 60 38) und Schautöpferei (Info: Tel. 034 495 60 29) in Trubschachen
Ⓑ Aussicht vom Wachthubel
Ⓒ Dorfkern von Marbach

7 TRUBSCHACHEN–MARBACH

Übernachten, Gasthäuser, Verkehrsbüro
Trubschachen:
🛏 Hotel Hirschen, Tel. 034 495 51 15 (DZ: Fr. 45.– p.P.), www.forum.ch/hirschen-trubschachen;
🛏 Hotel Bahnhof, Tel. 034 495 51 22 (DZ: Fr. 65.– p.P.), Mi bis 16.00 Uhr Ruhetag;
🛏 Gasthaus Bären, Tel. 034 495 51 08 (DZ: Fr. 45.– p.P.)

🛏 Bergrestaurant Erika, Geisshollen, www.erika.poo.ch, Tel. 034 491 17 79, Massenlager; kalte und warme Küche, Mi geschlossen.
🍴 Grosshorben; Fam. Fankhauser-Zumbrunn, auch Wandercafé, Tel. 034 491 13 02;
Marbach:
ⓘ Verkehrsbüro, www.marbach-lu.ch, Tel. 034 493 38 04;
🛏 Hotel Sporting (Neubau, etwas außerhalb des Dorfes, bei der Seilbahn). Es werden spezielle Biosphärengerichte angeboten, Tel. 034 493 36 86 (DZ: Fr. 75.– p.P.);
🛏 Hotel Kreuz, im Dorfzentrum, Tel. 034 493 33 01 (DZ: Fr. 60.– p.P., auch Massenlager), Di und Mi bis 16.00 Uhr Ruhetag

Karten
● 1168 Langnau i.E. und 1188 Eggiwil (1:25 000)
● 244 (T) Escholzmatt (1:50 000)
● Wanderkarte Sörenberg–Entlebuch, Kümmerly+Frey (1:60 000) (wenige Meter fehlen in Trubschachen)
● Wanderkarte Escholzmatt–Marbach, Hrsg. Verkehrsvereine Escholzmatt und Marbach (1:25 000)

Von **Trubschachen** (731 m), welches einige sehenswerte Häuser aufweist, etwa das imposante Gasthaus Bären bei der Abzweigung nach Trub, folgen wir dem Wegweiser nach Steinbach/Buhus. Wir überqueren die Bahnlinie und die Ilfis, der wir für einige Minuten entlangwandern. Auf der gegenüberliegenden Talseite wecken die Produktionsanlagen der Biscuitfabrik Kambly erste Hungergelüste. Bis zu 15 Tonnen Guetzli werden in der automatisierten Bäckerei pro Tag hergestellt. Ein Teil davon wird im Fabrikladen (Mo–Fr 08.00–18.00 Uhr, Sa 08.00–16.00 Uhr, www.kambly.ch, 3 Min. Fußweg vom Bahnhof) zu günstigen Preisen verkauft.

Doch wir schlagen die entgegengesetzte Richtung ein und zweigen in den engen Steinbachgraben ab. In einem ähnlich gelagerten Tal, im Ramserengraben, eine halbe Stunde von Trubschachen zu Fuß Richtung Langnau, fand im Juli 1861 eine der letzten Hinrichtungen im Kanton Bern statt. Rund 15 000 Menschen sahen am frühen Morgen zu, wie die vier wegen Raubmords Angeklagten geköpft wurden. Beim letzten Hof des stillen Tals beginnt der Aufstieg durch den Wald nach Buhus, wo uns als Kontrast zum engen Steinbachgraben die Weite der Alpweiden überrascht. Wer hätte in einem solch hügeligen Gelände eine solche »Ebene« erwartet? Von **Ober Buhus** (1145 m) gelangen wir schon bald auf eine kleine Fahrstraße, der wir bis zum Bergrestaurant Erika folgen. (Das Bergrestaurant kann von Trubschachen auch drei Mal täglich mit dem Bus erreicht werden. Info: Autoverkehr Oberemmental, Tel. 034 408 15 25). Gut genährt gehen wir 200 Meter auf dem gleichen Fahrweg zurück und biegen dann auf den Grat Richtung Rämisgummenhoger ab. Bald bemerken wir die ersten Grenzsteine, welche die Grenze zwischen Bern und Luzern markieren.

Lange Zeit gab es um diesen Grenzverlauf Streitigkeiten zwischen Luzern und Bern. Beide Städte waren ab 1408 im Besitz von Reichstiteln, die sich auf teilweise gleiches Gebiet bezogen. Bern hatte seine Rechte als oberster Gerichtsherr über das Landgericht Ranflüh erworben, dessen Bezirksgrenze stets an der Wasserscheide »als der sne smiltzet in die Emmon« verlaufe. Das heißt, das gesamte Gebiet vom Hohgant zur Schrattenfluh und über die Beichlen nach Escholzmatt (dessen Kern noch auf der Berner Seite der Wasserscheide verläuft) wurde von den Bernern beansprucht. Die Luzerner wiederum hatten von den Habsburgern die Gerichtsherrschaft über das Entlebuch erhalten, welches auch Trub, Marbach, Schangnau und Escholzmatt beinhaltete. Genau diese Gemeinden wurden nun also von Luzern und Bern zugleich beansprucht, denn der oberste Gerichtsherr war auch Herr über die Bewohnerschaft. So hatten sie das Recht, Steuern einzutreiben und Soldaten für den Krieg aufzubieten. Ein eidgenössisches Schiedsgericht sprach 1418 Escholzmatt den Luzernern zu und entschied, dass in den übrigen Gemeinden beide Stände die Gerichtsbarkeit über ihre eigenen Bürger ausüben durften. Jede einzelne Person musste sich innerhalb eines Jahres entscheiden, ob sie Luzern oder Bern als Richter haben wollte. Die Schangnauer und Truber entschieden sich eher für Bern, die Marbacher für Luzern. Landleute aus dem Entlebuch schleppten zwar berntreue Truber vor das Gericht in Escholzmatt und zwangen sie dort, Landleute zu werden, doch die

▲ ▲ Der Hof Löffelschwand unterhalb des Rämisgummenhoger.

7
TRUB-SCHACHEN–MARBACH

◀ Vom schattigen Steinbachgraben geht es hinauf in die Sonne.

▼ Auf dem Hof Buhus ist noch ein Hürlimann D-150 S im Einsatz (Baujahr 1971). Bevor das Hürlimannwerk in Wil (SG) 1983 an die italienische SAME-Gruppe verkauft wurde, war es während Jahrzehnten die größte Traktorenfabrik der Schweiz.

Mehrheitsverhältnisse konnten sie nicht mehr wenden. Nach langen Verhandlungen einigten sich die Parteien 1470 im Vertragswerk der »Völligen Richtung«, Schangnau und Trub den Bernern und Marbach den Luzernern zuzusprechen. Die Grenze verläuft seither also nicht nach Wunsch der Berner auf der Schrattenfluh, sondern auf dem unscheinbaren Grat, dem wir heute entlanglaufen.

Auf dem **Rämisgummenhoger** (1301 m) haben wir zum erstenmal eine Rundumsicht. Beeindruckend sind die Felswände des Hohgant und der Schrattenfluh sowie der Blick ins Emmental mit seinem Mosaik von Wäldern und Weiden. »Die Hogerwält mit ihrne längzognen Egge u teuf ygschnittne Greben u Chräche, das Bure-, Wald- und Weidland, wo derzwüsche lyt, das isch ds Ämmethal. Das isch ds Urschprungsgebiet vo de zwöizäntnerige, großlochige, höchgjärbete Ämmitalerchäse, wo der Namen Ämmithal i die wyti Wält usetreit händ.« (Simon Gfeller, Berner Mundartdichter, um 1910). Wir folgen dem Grat zuerst auf Wiesen, später auf einem breiten, guten Weg bis zum Bauernhof Grosshorben, wo der Landwirt neben Getränken auch ein »Bett« im Stroh anbietet. Der Weg tendiert nun leicht auf die Berner Seite und führt uns in 45 Minuten auf den **Wachthubel** (1414 m). Der Wachthubel war Teil eines Systems von Warnfeuern, das sich über den ganzen Kanton Bern zog. Landschaftsnamen wie Hochwacht oder Chutz (berndeutsch für Holzstoß) stehen für andere Punkte dieses Systems. Schautafeln des Grenzpfades Napfbergland (www.napf.ch), welcher der bernisch-luzernischen Grenze entlang in fünf Tagen von St. Urban auf das Brienzer Rothorn führt, weisen uns auf weitere Besonderheiten der Luzern-Bern-Grenze hin. Sie ist seit der Reformation nicht nur Konfessionsgrenze, sondern trennt auch den west- und mitteleuropäischen Kulturraum. So hält man in Marbach eher Braunvieh, im Bernbiet jedoch Fleckvieh. Im Emmental spielt man mit französischen Jasskarten, in Marbach mit deutschen.

Wir genießen noch ein letztes Mal die Aussicht, die bis zu den Berner Eisriesen reicht: »Chridewyss hei vo Süde här d'Schneebärge-n-ubersch Land ihe glueget. So noch hei si gschine, dass ein düecht het, mi sött se mit eme Chirschihaagge-n-allbireits möge-n-errecke« (Simon Gfeller), und begeben uns dann, zuerst auf einem kleinen Grat, Richtung Marbach in die Tiefe. Bei Buchschachenegg verlassen wir den geteerten Fahrweg, kürzen über Wiesen ab, gelangen noch einmal für wenige Meter auf die Straße, um sie definitiv bei Unter Buchschachen zu verlassen.

In der Talebene erreichen wir **Marbach** (871 m), das besterhaltene Entlebucher Dorf. Um den kompakten Dorfkern zu besuchen oder im historischen Gasthof Kreuz noch einzukehren, gehen wir auf der Hauptstraße nach rechts. Hinter dem Gasthof steht auch das markante Sigristenhaus, ein dreigeschossiges Holzhaus, das 1982 aufgrund alter Zeichnungen wieder in seinen ursprünglichen Zustand versetzt wurde. Wenige Meter vom Hotel Kreuz Richtung Schangnau befindet sich die Bushaltestelle.

◄ Auf breiten Wegen wandern wir auf dem Grenzgrat zwischen den Kantonen Bern und Luzern.

7
TRUB-SCHACHEN–MARBACH

▼ Auf Wanderungen im Entlebuch öffnet und schließt man so manches Gatter.

ZUCKER AUS MARBACHER MILCH

Dass aus Milch Milchzucker (Lactose) gewonnen werden kann, entdeckte ein Italiener namens Bartoletti bereits um 1619. Unabhängig von ihm machte ein Marbacher Senn, wohl im 18. Jahrhundert, aus Zufall dieselbe Entdeckung. Im Winter hängte der Senn den Ziger in einem Kästuch zum Trocknen auf. Die abfließende Molke hinterließ dabei schöne, weiße Kristallkörner von süßlichem Geschmack. Ein vom Senn befragter Apotheker bemerkte, dass es sich hier um etwas Wertvolles handle, das als Medikament bestimmt guten Absatz fände. Seitdem habe der Senn die Molke eingekocht und den erhaltenen Zuckersand als Täfelchen auf den Markt gebracht. Die Marbacher Milchzuckerindustrie war geboren.

Bis zum Ende des 18. Jahrhunderts wurde Zucker ausschließlich aus Rohrzucker hergestellt, der aus den westindischen Kolonien herangeschifft wurde. Ein teures Luxusgut, und Ursprung von Kriegen und Sklavenhandel. Doch als entdeckt wurde, dass derselbe Zucker (Saccharose) auch aus Runkelrüben hergestellt werden konnte und 1802 in Schlesien die erste rübenverarbeitende Zuckerfabrik erbaut wurde, war das Monopol gebrochen. Als Napoleon 1806 per Dekret eine Kontinentalsperre erließ, gelang dem europäischen Zucker der definitive Durchbruch. Davon profitierte auch die Milchzuckerproduktion in Marbach, die jetzt von Großbetrieben übernommen wurde.

Die Produktion von Milchzucker kann in zwei Produktionsschritte aufgeteilt werden. Auf den Alpen wurde der Zuckersand gewonnen, indem man die Schotte 16 bis 22 Stunden eindampfen ließ (die Schotte erhält man, nachdem der Milch zuerst der Rahm für die Butterproduktion und später der Ziger entnommen wird). Der dickflüssige Sirup wurde zuerst stehen gelassen und danach mehrere Male ausgewaschen, bis er möglichst weiß und fest war. Aus 100 Kilogramm Molke erhielt man auf diese Weise 2 bis 2,5 Kilogramm Zuckersand, der in die Raffinerien nach Marbach gebracht wurde. Da raffinierter Zucker höhere Preise erhielt, wurde der Zuckersand in den so genannten Zuckerhütten nochmals in heißem Wasser aufgelöst und die obenauf schwimmenden Verunreinigungen abgeschöpft. In den eingedickten Sirup wurden Holzstäbchen gesteckt, an denen der Zucker in der Form von Zuckertrauben kristallisierte. Die Trauben oder gemahlenes Zuckermehl wurden anschließend bis nach Deutschland, Italien, Böhmen und gar den USA exportiert. Auch in der Medizin fand das Produkt weiterhin Gebrauch.

Zu Beginn des 20. Jahrhunderts nahm die Zuckerproduktion in Marbach ein Ende. Neben der starken Konkurrenz durch die modern eingerichteten Zuckerfabriken (Rübenzucker) und die Verbilligung der Seefrachten (Rohrzucker) war es auch der enorme Holzverbrauch für das Erhitzen der Schotte und den gelösten Zuckersand, der für die Region nicht mehr tragbar war. Die Wälder hatten unter dem Kahlschlag derart gelitten, dass das Tal der Ilfis und das Entlebuch immer mehr von Überschwemmungen heimgesucht wurden. Bereits 1770 wurde das Schottensieden wegen der negativen Auswirkungen des großen Holzverbrauchs für kurze Zeit verboten. Doch erst am Ende des 19. Jahrhunderts wurde der Raubbau gestoppt und die Wunden in der Landschaft mit staatlich subventionierten Aufforstungen geheilt.

Der Überlebenskampf des milchverarbeitenden Sektors geht auch heute noch weiter. Im Jahr 2000 mussten die Käsereien in Marbach und Wiggen geschlossen werden. Der liberalisierte Markt fordert seine Opfer. Die Entlebucher Milch wird heute in der Region zu 43 Prozent zu Emmentaler und zu 10 Prozent zu Sbrinz verarbeitet. 28 Prozent gehen zur Emmi-Großmolkerei bei Luzern, nur 1 Prozent wird als Konsummilch und für Spezialitäten verwendet. Einige Entlebucher Käsereien möchten vermehrt in die Produktion von lokalen Käsespezialitäten investieren. Sie hoffen damit eine lukrative Nische zu finden, die mit der Verwendung des Biosphärenlabels noch ein zusätzliches Marketinginstrument gewinnt.

▲ In der Schweiz gab es gegen Ende des 19. Jahrhunderts elf Milchzuckerfabrikanten, acht davon kamen aus Marbach. Einer der erfolgreichsten war Josef Koch (gestorben 1879), Gemeindepräsident von Marbach. Viele Jahre lieferte er seinen Zucker nach Amerika, wo man ihn hauptsächlich zu Medizinalzwecken gebrauchte.

▼ Zwischen 1811 und 1883 flossen über 11 Millionen Franken für verkauften Zucker nach Marbach, was die wirtschaftliche Lage der armen Berggemeinde wesentlich verbesserte. Eine der ortsüblichen »Industrieanlagen« war das Zuckerhüttchen (links), das zum Heimwesen der Familie Krummenacher gehörte.

ÜBER DEN NAPF ZU DEN GOLDADERN

TRUB–STAUFFENCHNUBEL–LUSHÜTTE–NAPF–OBER LÄNGGRAT–ROMOOS

Vom Emmentaler Klosterdorf Trub führt uns die zweitägige Wanderung über Eggen und durch Gräben ins Herz des Napfgebietes. Beim Abstieg nach Romoos im Entlebuch kommen wir am Goldbach vorbei, in dem auch heute noch, mit etwas Glück, Gold gefunden werden kann.

8

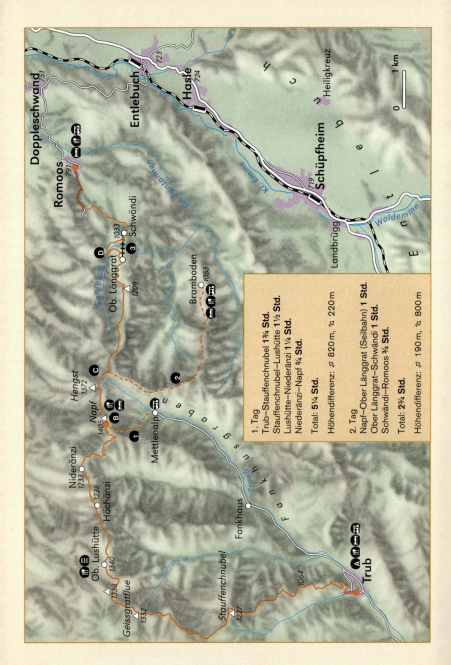

Charakter
Gemütliche Wanderung, die mehrheitlich den Graten folgt.

Varianten
- Um die Tour auf die erste oder zweite Etappe zu beschränken, kann man vom Napf zur Mettlenalp (1051 m) absteigen (½ Std.) resp. von dort zum Napf aufsteigen (1 Std.). Von/zur Mettlenalp gibt es 3 Busverbindungen pro Tag. Mehr Verbindungen bis nach Fankhaus (Fankhaus–Mettlenalp 1¼ Std. zu Fuß)
- Anstatt nach Romoos kann man vom Napf, immer dem Grat entlang, nach Bramboden absteigen (Napf–Bramboden 1½ Std.). Von Bramboden gibt es eine Postautolinie nach Entlebuch-Dorf.
- Mit der Luftseilbahn direkt von Länggrat nach Schwändi (Zeitersparnis 1 Std.).

Beste Jahreszeit
Ende April bis Mitte November

Verkehrsmittel
→ Von Trubschachen und Langnau, beide an der Bahnstrecke Bern–Luzern, fährt ein Bus (Autoverkehr Oberemmental) nach Trub.
← Von Romoos mit dem Postauto zur Bahnstation Wolhusen.

8
TRUB–ROMOOS

Sehenswertes
- Dorfbild und Kirche von Trub
- Aussicht vom Napf
- Talkessel der Stächeleggflue
- Schlucht des Goldbachs

Übernachten, Gasthäuser, Info
Info: www.emmental.ch, www.napf.ch
Trub:
- Gasthof Sternen, Tel. 034 495 53 02 (DZ: Fr. 36.– p. P., Massenlager Fr. 22.– p. P.);
- Gasthof Löwen, Tel. 034 495 53 04 (DZ: Fr. 40.– p. P.);

- Lushütte: geöffnet 1. Mai bis Ende Oktober, Tel. 034 495 54 41 (Winter: Tel. 034 497 11 31), Restaurant und Massenlager (Fr. 28.– p. P.)
- Berghotel Napf: ganzjährig geöffnet, Tel. 034 495 54 08 (DZ: Fr. 58.– p. P.), auch Massenlager

Romoos (www.romoos.ch):
- Hotel Kreuz, www.a-o.ch/6113-kreuz, Tel. 041 480 13 51 (DZ: Fr. 45.– p. P.), auch Massenlager (im Schulhausareal)

Karten
Der Napf liegt auf dem Schnittpunkt von 4 Landeskarten:
1148 Sumiswald, 1149 Wolhusen, 1168 Langnau i.E. und 1169 Schüpfheim (1:25 000)
oder 234 (T) Willisau und 244 (T) Escholzmatt (1:50 000)
oder Wanderkarte Sörenberg–Entlebuch, Kümmerly+Frey (1:60 000)
oder Wanderkarte Escholzmatt–Marbach, Hrsg. Verkehrsvereine Escholzmatt und Marbach (1:25 000)

Literatur
- Armin Wey, Der Napf (Bildband, Eigenverlag), Luzern 1996
- Peter Pfander/Victor Jans, Gold in der Schweiz, Ott-Verlag, Thun, 3. Auflage, 2001

Infos zum Goldwaschen
Wer gerne unter Anleitung Gold suchen möchte, findet bei folgenden Anbietern Angebote. Das notwendige Material wird zur Verfügung gestellt.
- Hotel Bergruh, 6167 Bramboden, Tel. 041 484 26 08, www.bramboden.ch
- Goldwasch-Tour & Shop, Toni Obertüfer, 6130 Willisau, Tel. 041 970 03 10, www.goldwasch-tour.ch
- Stefan Grossenbacher, Ridlistrasse 30, 6375 Beckenried, Tel. 041 622 13 90 www.goldprospector.ch
- Weitere Infos zum Goldwaschen in der Schweiz: www.goldwaschen.ch

1. Tag: Trub–Stauffenchnubel–Lushütte–Napf

An stattlichen Emmentaler Einzelhöfen vorbei erreichen wir mit dem Bus das kleine, große **Trub** (812 m). Der Dorfkern besteht aus wenigen, jedoch mit ihren weiten Walmdächern prächtigen Emmentaler Häusern. Das Gemeindegebiet erstreckt sich weit über die umliegenden Hügel. Und obwohl Trub nur rund 1700 Einwohner zählt (Tendenz abnehmend), gibt es ca. 40 000 Truber Bürgerinnen und Bürger. Rund jeder 160. Schweizer ist Truber, hat dort seine Wurzeln. Berühmt wurde Trub auch durch das Lied »Dr Trueberbueb«, die Emmentaler Nationalhymne sozusagen, die von der Berner Band »Patent Ochsner« vor wenigen Jahren neu vertont wurde.

»I bin en Ämmitaler, u desse bin i stolz.
Es wachst i üsne Gerbe viel saftigs Pfyffeholz
U mänge chäche Bueb.
Ja, i bin en Ämmitaler, i bin e Bueb vom Trueb.«

Unsere Wanderung beginnt am Dorfplatz. Nach wenigen Metern erreichen wir die Dorfkirche mit ihrem eigenartigen Vorbau aus Holz, der ursprünglich als Sitzungsraum des Chorgerichts diente. Im Innern eine reich geschmückte Kanzel und als Nordwand (links) ein seltenes Beispiel eines präzis geschnittenen romanischen Quaderwerks aus lokalem Sandstein.

Die Kirche wurde bereits 1125, weit weg von der Zivilisation, als Teil eines Benediktinerklosters erbaut. Von hier nahm die Besiedlung des Napfgebietes ihren Anfang. Bald schon kam das Kloster zu einigem Reichtum und besaß diverse Ländereien, darunter auch ein großes Weingut in Cressier im Kanton Neuenburg. Noch heute gibt es dort die Cave de Troub in der Maison de Troub an der Route de Troub. Mit dem Schiff wurde der Wein jeweils bis Solothurn und von dort auf dem Landweg ins Kloster geschafft. Die Fuhrleute mussten bei allen Heiligen schwören, »kein Wasser in den Wyn zu tun«. Als Dieb wurde bestraft, wer »Wyn in Zuber oder andere Geschirr« abfüllte. Das Löschen des eigenen Durstes war für die Fuhrleute während des Transports jedoch ausdrücklich erlaubt. Kein Wunder, dass sich immer Leute finden ließen, welche den Transport im Frondienst ausführten. Die strengen Benediktinerregeln wurden nicht von jedem Abt gleich strikt befolgt. Eintragungen im bernischen Ratsmanual belegen, dass zum Beispiel zur Zeit von Abt Peter de Terraux (1484–1510) auch Dirnen im Kloster verkehrten. Der damalige Landvogt erhielt einmal den Befehl, des Abts Jungfrau zu Trub aus des Gotteshauses Grenzen eine halbe Meile weit fortzujagen. Wenig später nahm der zweitletzte Abt von Trub diese halbe Meile gleich selbst unter die Füße, zog nach Trubschachen, bekannte sich zur Reformation und wurde Schindelmacher. 1528 wurden im Kanton Bern alle Klöster, so auch das Kloster Trub, aufgehoben.

Gleich nach dem Pfarrhaus biegen wir rechts ab. Bald schon bietet sich uns eine schöne Aussicht auf Trub und das Trubertal. Auf abwechslungsreichen, gut markierten Pfaden, durch Wald und über Weiden, erreichen wir nach beinahe 2 Stunden den Aussichtspunkt **Stauffenchnubel** (1227 m). Der höchste Punkt mit der Sitzbank liegt wenige Meter neben dem markierten Weg. Die Sicht reicht bis zum Eiger. Unter uns die unzähligen

▲▲ Napflandschaft kurz vor Breitäbnit (2. Wandertag).

◄ Der Weg von Trub zum Napf verläuft über weite Strecken auf dem Grat.

8 TRUB-ROMOOS

▼ In Trub stehen gleich mehrere stattliche Emmentaler Bauernhäuser.

Alpen des Napfgebietes. In der Mitte des 18. Jahrhunderts hielt der Truber Pfarrer fest, dass es allein auf seinem Gemeindegebiet 64 Alpen mit 1258 Kühen gebe, die 1800 Zentner fetten Käse pro Jahr produzieren. Bereits zu dieser Zeit gab es genaue Richtlinien für die Produktion des Emmentalerkäses, der bis nach Straßburg exportiert wurde. So durften die Löcher des Emmentalers zum Beispiel nur erbsengroß sein. Beim Stauffenchnubel betreten wir das 1973 eingerichtete, 19 Quadratkilometer große Naturschutzgebiet Napf, welches wir, bis hinter den Gipfel des Napf, in seiner ganzen Ausdehnung durchwandern werden. Da das Napfgebiet, im Gegensatz zu anderen voralpinen Regionen, nie von Gletschern bedeckt wurde, ist hier neben der eigentümlichen Landschaft auch eine besondere Flora anzutreffen. So waldreich wie heute war das Gebiet jedoch nicht immer. Um Holz für die Glasbläserei (s. Seite 264) und Milchsiederei (s. Seite 112) zu gewinnen, wurde der Napf vor 250 Jahren beinahe ganz entwaldet. Die Waldfläche von Trub war zu dieser Zeit 15 Mal kleiner als heute.

Eine Viertelstunde nach dem Stauffenchnubel, bei Schafnollen, führt uns ein neu geschaffener Weg in eine Sackgasse. Den richtigen Weg findet man, indem man gleich bei Schafnollen möglichst direkt auf den Wiesengrat steigt und diesem folgt. Mit stetigem Auf und Ab, oft auf dem Grat, manchmal auch in der Flanke, gelangen wir über Hohmatt (Wasserhahn) zur **Lushütte** (1325 m). Die Lushütte, die auch als Alp bewirtschaftet wird, bietet eine einfache, aber gemütliche Übernachtungsvariante zum Hotel auf dem Napf. Serviert wird unter anderem Trockenfleisch aus Eigenproduktion. Am Morgen wird man vom Kuhgebimmel und vom Krähen des Hahns geweckt.

Weiter Richtung Napf erreichen wir schon bald Hochänzi und folgen von hier der Grenze zwischen Luzern und Bern. Schautafeln des Grenzpfades Napfbergland (siehe auch www.napf.ch) vermitteln Hintergründe zur Geschichte der Region. Bei **Niederänzi** (1233 m), wo man nach Luthernbad absteigen kann, steht eine kleine Gastwirtschaft mit aussichtsreicher Terrasse. Kurz darauf zeigt der Napf mit den schroffen Felsen der Napfflue auch sein abweisendes Gesicht. Das Gebiet ist um einiges unwegsamer, als es aus der Ferne erscheinen mag. Immer wieder wird es von steilen, unbegehbaren Gräben zerschnitten. Lange wurden hier noch Bären geschossen, die gegen ein Schussgeld nach Luzern oder ins Kloster Trub geliefert wurden. Manche Bären des Bärengrabens in Bern kamen früher aus dem Napfgebiet.

Ein letzter steiler Aufstieg bringt uns zum Gipfel des **Napf** (1407 m) und zum gleichnamigen Berghotel (Selbstbedienungsrestaurant). Eine frühe Beschreibung einer Napfbesteigung stammt vom Zürcher Professor Leonard Meister, der 1782 zu Pferd bis nach Mettlen gelangte, wo er bei Älplern übernachten konnte. Nach einer schlaflosen Nacht mit »keinem anderen Vergnügen als eine Serenate von dem Rindvieh, das rund umher weidete und dessen Geblök und Geklingel eine melancholische Nachtmusik formierte«, brach er frühmorgens auf. »An einigen Orten durfte ich weder seitwärts, noch vor oder hinter mich sehen. Die Bangigkeit selber flößte mir den Mut der Hilflosigkeit ein. […] Endlich kamen wir an die Wurzel der Alp, wie ein Dom der Natur auf diese Höhe gebaut, die höchste von allen im Schweizerlande, auf welcher noch Vieh

◀ Gut möglich, dass man nach einem Sommer auf der Alp auch diese Aussicht satt hat.

weidet. Die Anwohner heißen sie den Napf.« Das erste Gasthaus wurde auf dem Napf 1878 eingeweiht. Nachdem es nach einem Blitzschlag kurz darauf niedergebrannt war, wurde 1882 der heute noch bestehende Bau errichtet. 1891 reichte ein Basler Ingenieur ein Gesuch für den Bau einer Bahn von Trubschachen auf den Napf ein. Bis zur Mettlenalp sollte eine Talbahn, für die Bergstrecke eine Zahnradbahn (analog der Rigibahn) gebaut werden. Die eidgenössischen Räte haben das Projekt 1893 bewilligt, doch wurde es wegen Geldmangels nie realisiert.

2. Tag: Napf–Ober Länggrat–Romoos

Beim Abstieg vom **Napf** erreichen wir nach wenigen Minuten den Hof der Stächelegg. Auf Berner Gebiet sind auf dieser Höhe nur noch Alpen anzutreffen; hier wird das ganze Jahr gewirtschaftet. An Sonntagen werden Getränke ausgeschenkt und Geißkäse vom Hof verkauft. Es lohnt sich, an dieser Stelle links abzubiegen, um einen Blick die Stächeleggflue hinunter in das Änziloch zu werfen. Im Luzernerland gilt das Änziloch als Inbegriff eines einsamen Ortes. Pfarrer Schnyder nannte es »einen scheulichen Abgrund«. Der Weg, der oberhalb der Stächeleggflue ins Tal der Kleinen Fontannen hinabführt, galt insbesondere im Winter als sehr gefährlich. Zwei Brüder, die ihrem Vater am 7. März 1890 beim Zügeln halfen, wurden an dieser Stelle von einer Lawine erfasst und über die Stächeleggflue hinuntergerissen. Als der Vater seine Söhne im Änziloch aus den Schneemassen grub, lagen sie übereinander gekreuzt, von einem Räfstecken durchbohrt, an die Erde festgenagelt. In den folgenden Jahren wurden weitere vier Personen Opfer eines Unglücks an der Stächeleggflue. Um die Gefahr zu bannen, wurde der Abhang des Hengstes aufgeforstet. Auf diese Weise konnte zumindest die Lawinengefahr gebannt werden. Der Sage nach hausen im Änziloch die Seelen verbannter, unglücklicher Menschen und treiben hier ihr Unwesen, verursachen böse Gewitter und treiben Schneelawinen den Hengst hinunter. Doch auch gute Wesen, so genannte Bärgmanndli, leben hier, welche den Menschen gute Dienste erweisen. So wurde einst der Töni Thalme, als er im Winter in die Kirche nach Romoos wollte und in den Schneemassen kaum vorwärts kam, kurzerhand von einem Bärgmanndli auf die Schulter genommen und die Stächeleggflue hinunter in eine geheimnisvolle Kirche gebracht. Nach dem Gottesdienst hat das Manndli den Töni wieder geschultert und die Flue hinauf zurückgetragen.

Fünf Minuten hinter der Stächelegg teilt sich der Weg in drei Richtungen. Wir nehmen die linke Variante, um nach kurzem Aufstieg auf dem Grat rechts Richtung Breitäbnit abzubiegen. (Von hier kann man Romoos auch in einer um 30 Minuten kürzeren Variante über Holzwegen erreichen.) Der Weg führt uns hinunter auf einen Grat, dem wir auf einem schmalen Pfad durch einen schönen Buchenwald folgen. Später wird der Bergrücken wieder breiter, und wir erreichen Breitäbnit.

Hier stand einst die höchste Schule des Kantons Luzern. Als im Jahr 1876 die Schule in der nahe gelegenen Finsteregg aufgehoben und nach Seebli auf der anderen Seite des Seeblibaches verlegt wurde, weigerten sich die Väter des Gebietes Breitäbnit, ihre Kinder dorthin in die Schule

◀ Seit 1878 steht auf dem Gipfel des Napf ein Gasthaus. Es ist ganzjährig geöffnet.

8
TRUB–ROMOOS

zu schicken. Sie beschwerten sich beim Regierungsrat, jedoch ohne Erfolg. Nachdem sie sich weiterhin kategorisch weigerten, ihre Kinder ins Seebli hinunter zu schicken, wurden sie vom Kreisinspektor zu 3 Tagen Gefängnis verurteilt. Die Strafe haben sie nie abgesessen, der Protest jedoch führte schließlich zum Erfolg: 1878 eröffnete der Regierungsrat die Schule in Breitäbnit. Als nach dem Zweiten Weltkrieg die Schülerzahl immer weiter abnahm (um 1850 lebten in Romoos noch 1600 Einwohner, heute noch knapp 800), wurden immer mehr Außenschulen geschlossen, und auch für die Kinder der Schule in Breitäbnit, die 1958 noch 5 Schüler zählte, musste eine neue Lösung gefunden werden. Man einigte sich, den Schulkreis mit jenem von Krummatt auf der anderen Seite des Goldbaches zu vereinen. Um den Schulweg erträglicher zu machen, wurde von Ober Länggrat nach Schwändi die erste Luftseilbahn für Schülertransporte im Kanton Luzern gebaut.

Zehn Minuten nach Breitäbnit erreichen wir in **Ober Länggrat** (1153 m) die »Bergstation« der Luftseilbahn. Die Bahn kann auf Verlangen (Telefon im Bahnhäuschen) heute auch von Wandersleuten benutzt werden, die sich den Ab- und Aufstieg ins/vom Goldbachtobel ersparen möchten. Doch der Abstieg zum Goldbach lohnt sich. Das Napfgebiet zeigt sich in diesen Gräben von einer ganz anderen Seite. Am Bach gibt es einen Rastplatz, über einen Nagelfluhfelsen stürzt ein kleiner Wasserfall hinunter, und ein paar Meter das Bachbett hinauf steht, geduckt unter einem Felsen, ein altes Köhlerhüttchen. Eine urtümliche Gegend. Wer eine Goldwaschpfanne dabei hat, sollte hier sein Glück versuchen. Es besteht eine reelle Chance, ein paar Goldflimmer zu finden (s. Seite 126).

Danach gehts wieder steil bergauf Richtung Schwändi. Dieses stetige Auf und Ab war auch für die Briefträger, die – bis in die sechziger Jahre noch zu Fuß – riesige Distanzen zurücklegen mussten, eine beschwerliche Angelegenheit. Der Briefträger von Romoos brauchte im Jahre 1940 rund 9 Stunden, bis er die Höfe der Gemeinde bedient hatte. Er legte dabei täglich rund 1200 Höhenmeter zurück, zum Teil im tiefen Schnee. In anderen Gebieten des Entlebuchs versuchte man die Situation mit einem Hundegespann zu verbessern. Die Lösung hat sich jedoch nie durchgesetzt. Und die Einführung des Töffs mit Seitenwagen wurde fallen gelassen, als der »lampenfiebernde« Pöstler Ruedi Attinger bei der Seitenwagenprüfung durchfiel.

Von **Schwändi** (1033 m) folgen wir zuerst der Straße, später dem ausgeschilderten Wanderweg und zum Schluss noch einmal für ein kurzes Stück der Straße nach **Romoos** (791 m). In der abgelegenen Napfgemeinde empfängt uns das Hotel Kreuz, nach der Jahrhundertwende ein beliebtes Kurhotel, das einen kleinen Park und eigene Pferdewagen besaß. Eine Zeit lang sah es schlecht aus um die Zukunft des einzigen Gasthauses in der Gemeinde. Die Suche nach einem Käufer, der es weiterbetreiben würde, verlief ergebnislos. Schließlich wurde eine Aktiengesellschaft gegründet, in der neben Privatpersonen auch die Gemeinde und die Kooperation Anteilscheine zeichneten, die das »Kreuz« im Sommer 2000 übernahm. Nachdem auch eine neue Pächterin gefunden werden konnte, ist der Betrieb bis auf weiteres gesichert.

◄ Der Weg nach Romoos führt an vielen Einzelhöfen vorbei.

▼ Ein Überbleibsel aus früheren Zeiten im Goldbachtobel.

NAPFGOLD

»Bürki, ein armer Berner Senn, wurde dank dem Emmengold einst so reich, dass er dem König von Frankreich, als dieser mal knapp bei Kasse war, 3 Millionen lieh. Der König gab ihm das Geld nie zurück. Aber Bürki blieb dennoch der reichste Berner der Gegend.«

Auch wenn es die Sagengestalt des Bürki nie gab, das Gold gibt es wirklich. Keine Nuggets, aber kleine Goldflitter oder Goldblättchen von sattgelber Farbe und metallischem Glanz findet man auch heute noch in den Bächen des Napf. Bei Hochwasser gelangt es in die beiden Emmen, die Reuss und die Aare und schließlich in den Rhein, wo bereits seit prähistorischen Zeiten Gold gewaschen wird. Das Napfgold ist der Ursprung des legendären Rheingoldes. Napfgold gehört mit seinen 23,5 Karat gar zum reinsten Gold der Welt. Doch zu wirklichem Reichtum hat es noch niemandem verholfen.

Versucht haben es schon viele, seit Jahrhunderten. Die Ersten waren vermutlich die Kelten. Auch Helvetier und Römer haben wohl in den Bächen des Napf Gold gewaschen. Danach wurde es still um die Goldvorkommen am Napf. Erst um 1470 berichtet eine Quelle wieder von Goldsuchern. Der Luzerner Stadtschreiber Melchior Russ erhielt zu dieser Zeit von der Luzerner Obrigkeit ein Goldwerk zu einem Erblehen. An der Großen Fontanne, ungefähr eine Stunde oberhalb der Emme, stand das Werk. Doch Melchior Russ, wie auch andere in den Jahren danach, hatte nur geringen Erfolg.

Dennoch wurde die Goldsuche nie ganz aufgegeben. Den Höhepunkt der Goldwäscherei erlebte der Kanton Luzern im 18. Jahrhundert. Von 1700 bis 1740 wurden dem Staat Luzern insgesamt knapp 9 Kilogramm Waschgold abgeliefert. Den staatlichen Rechnungsbüchern ist zu entnehmen, dass sich der Gesamtertrag der luzernischen Goldwäscherei von 1523 bis 1800 auf insgesamt 31,41 Kilogramm belief. Am Ende des 19. Jahrhunderts nahm das berufsmäßige Goldwaschen im Napfgebiet sein Ende. Während der Wirtschaftskrise im Zweiten Weltkrieg kam es noch einmal zu einer Renaissance. Noch vor dem Krieg erschien im *Schweizerischen Beobachter* ein Artikel, der das Goldwaschen zur Beschäftigung von unternehmungslustigen Arbeitslosen empfahl. 1939 gründete ein erfolgreicher Schweizer Zinnproduzent, der an mehreren ausländischen Goldseifen beteiligt war, ein britisch-schweizerisches Konsortium, um die Goldvorkommen der Schweiz zu untersuchen. Das Ableben des Initianten führte zum vorzeitigen Ende des Projekts. Das »Bureau für Bergbau des Kriegs-, Industrie- und Arbeitsamtes« unternahm 1941 in allen Napfgewässern Waschversuche. Den besten Wert, 8.30 Franken Gold pro Tonne Geschiebe, erzielte man in der Kleinen Emme bei Werthenstein, einem Waschplatz, der bereits im Mittelalter bekannt war. Doch selbst dies war zu wenig für einen wirtschaftlichen Abbau.

Heute wird im Napfgebiet als Freizeitspass Gold gewaschen. 1969 wurde in Willisau ein Goldgräberverein gegründet. 1989 fand in Hergiswil am Napf die erste Schweizer Meisterschaft im Goldwaschen statt, und im selben Jahr wurde Bramboden der Sitz der Schweizerischen Goldwäschervereinigung. Vom 12. bis zum 17. August 2003 wird in Willisau die Weltmeisterschaft im Goldwaschen stattfinden.

8
TRUB-ROMOOS

▼ Aus Napfgold wurden Medaillen, Taler und Dukaten geprägt. Im Bild eine Luzerner Dukate von 1741.

Wer selbst sein Glück versuchen will, kann im Goldwaschshop, bei der Avia-Tankstelle am Ausgang von Doppleschwand, das notwendige Material erwerben. Um erfolgreich zu sein, sollte man sich folgende Goldwäscherregeln zu Herzen nehmen:
– Wo's wirbelt und biegt gar manches
  Goldkorn liegt.
– Wenn heiß der Sommer und selten die
  Gewitter,
  sich finden lassen die goldenen Splitter.
– Wenn grob das Kies und dunkel der
  Sand,
  sich schaffen lässt viel Gold an Land.
– Wenn steigt der Bach wird zwecklos die
  Sach.
– Mit Vorteil man ehrt
  was die Erfahrung lehrt.
– War Hochwasser groß,
  hängt Gold im Moos.

VON KETZERN UND GLÄUBIGEN

SCHACHEN–RENGG–BLEIKIMOOS–WERTHENSTEIN

Am Fuß der Pilatuskette führt uns der Weg über Wiesen und durch Wälder auf die Bramegg, früher die einzige Verbindung zwischen Luzern und dem Entlebuch. Beim Abstieg zum Kloster Werthenstein kommen wir auf der Sulzig vorbei. Hier lebte und lehrte im 18. Jahrhundert der Sulzigjoggeli, der wegen seiner »Irrlehre« zum Tod verurteilt wurde.

9

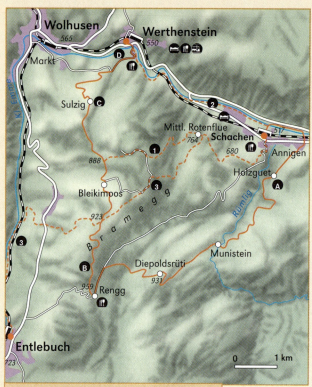

Schachen Bhf.–Munistein/Rümligbrücke **1½ Std.**
Munistein/Rümligbrücke–Diepoldsrüti **1 Std.**
Diepoldsrüti–Rengg **¾ Std.**
Rengg–Bleikimoos **1 Std.**
Bleikimoos–Kloster Werthenstein **1½ Std.**
Kloster Werthenstein–Bahnhof Werthenstein **½ Std.**

Total: **6¼ Std.**

Höhendifferenz: ↗ 720 m, ↘ 690 m

Charakter
Wanderung im hügeligen Gelände, mit kunsthistorisch interessantem Abschluss. Da der Weg nicht immer einfach zu finden ist, empfiehlt sich die Benützung der 25 000-Karte.

Variante
- Auf direkterem Weg nach Sulzig: Schachen–Büelm–Mittl. Rotenflue–Dünnhirs–Schintegg–Sulzig. Zeitersparnis 2¼ Std.
- Auf sämtliche Hügel verzichten und vom Bahnhof Schachen, alles der Emme entlang, direkt zum Kloster Werthenstein und hinunter zum Dorf (Emmenuferweg). Wanderzeit: 1¼ Std.
- Von Schachen auf dem historischen Saumweg, der nicht mehr überall klar ersichtlich ist, nach Entlebuch: Schachen–Mittl. Rotenflue–Alp–Brameggwald–Ober Zeug. Hier verlassen wir die historische Route und folgen dem Emmenuferweg bis nach Entlebuch (Wanderung 10). Wanderzeit: 3¾ Std.

Beste Jahreszeit
Ende März bis Ende November, besonders schön während der Apfel- und Birnenblüte

Verkehrsmittel
→ Mit der Bahn nach Schachen (Stundentakt nach Luzern und Wolhusen/Langnau).
← SBB-Station Werthenstein (Stundentakt nach Luzern und Wolhusen/Langnau).

Sehenswertes
- Der Weiler Holzguet
- Aussicht von der Bramegg auf die Pilatuskette
- Gedenkstein für den Sulzigjoggeli beim Hof Sulzig
- Klosteranlage Werthenstein

Übernachten, Gasthäuser
Schachen:
- Landgasthof Rössli (im Dorfzentrum);
- Ferien auf dem Bauernhof, Fam. Hofstetter-Burri, Tel. 041 497 12 36;

- Gasthaus Rengg: Di, Mi und jeden letzten So im Monat geschlossen;
- Restaurant Kloster;
Werthenstein:
- Gasthaus zur Emme, Tel. 041 490 12 06 (DZ: Fr. 65.– p.P.);
Wolhusen (per Bahn 2 Minuten, zu Fuß 30 Minuten von Werthenstein):
- Pizzeria August (Garten, großes Salat- und Antipastibuffet, am Sonntag Brunch), einfache Zimmer unter dem Dach, www.pizzeria-august.ch, Tel. 041 490 11 15 (DZ Fr. 60.– p.P.)

Karten
- 1149 Wolhusen (1:25 000)
- Wanderkarte Sörenberg–Entlebuch, Kümmerly+Frey (1:60 000)

**9
SCHACHEN–
WERTHENSTEIN**

Schachen, der Ausgangspunkt unserer Wanderung, war einst eine eigenständige Gemeinde. Doch die große Anzahl von armengenössigen Ortsbürgern, die das Dorf am Ende des 19. Jahrhunderts unterstützen musste, und die gleichzeitig immer kleiner werdende Anzahl von Steuerzahlenden trieben die Gemeinde in den Bankrott. 1888 wurde die Gemeinde Schachen per Beschluss des Großen Rates von Luzern aufgehoben und mit der Gemeinde Werthenstein fusioniert. Ein großer Teil der armen Ortsbürger wurde dabei an reichere Luzerner Gemeinden übergeben. Die Stadt Luzern, welche die größte Anzahl von Armengenössigen übernehmen musste, wehrte sich bis vor Bundesgericht gegen die Einbürgerung der armen Schachener. Erfolglos. Auch Werthenstein protestierte vergeblich gegen die zwangsweise Vereinigung, denn bereits 1853 hatte Werthenstein die Gemeinde Wolhusen-Markt aufgenommen, als sie wegen Überschwemmungen und einem Dorfbrand in eine finanzielle Notlage kam. Doch der Beschluss wurde trotz aller Proteste umgesetzt. Heute spricht man bereits von der nächsten Fusion. Eine Studie des Instituts für Betriebs- und Regionalökonomie der Hochschule Luzern schlägt den Zusammenschluss von Werthenstein und Wolhusen vor. In ersten Gesprächen mit der Bevölkerung wird zur Zeit die Akzeptanz getestet.

Vom Bahnhof **Schachen** (517 m) gehen wir wenige Meter Richtung Luzern, unterqueren danach die Bahnlinie und gelangen auf diese Weise an den Emmenuferweg. Hier müssen wir uns entscheiden, ob wir die kurze, flache Variante wählen, die uns dem Ufer der Kleinen Emme entlang nach Werthenstein bringt (nach links), oder den Weg über die Bramegg, der im Folgenden beschrieben wird (nach rechts). Der Weg über die Bramegg folgt für eine kurze Strecke der Kleinen Emme flussabwärts. Nach etwas weniger als einem Kilometer verlassen wir den Emmenuferweg bereits wieder, biegen auf einer kleinen geteerten Straße rechts ab, unterqueren nochmals die Bahnlinie und erreichen beim Weiler Ännigen die Hauptstraße. Obwohl auf der Wanderwegkarte eingezeichnet, ist der Weg von hier bis hinauf nach Diepoldsrüti schlecht ausgeschildert. Er wird im Folgenden deshalb etwas genauer beschrieben.

Wir folgen der Hauptstraße für wenige Meter nach links, biegen gleich darauf nach rechts ab, folgen der Straße bis zu einer kleinen Kapelle, bei der wir links abbiegen. Weitere 150 Meter später biegen wir rechts ab und erreichen einen Bauernhof, bei dem der sanfte Aufstieg beginnt, der uns über eine Wiese und weiter oben durch einen Obstbaumhain mit alten Apfel- und Birnbäumen in den intakten Weiler Holzguet führt. Ein Gemisch aus Apfel- und Birnenschnaps ist auch das entscheidende Extra für den hiesigen Kafi Träsch, den Entlebucher Kafi. Von hier rechts zum Waldrand, dem wir auf einem Feldweg folgen. Kurz vor dem Weiler Egg erreichen wir eine kleine geteerte Straße, die uns in etwa einer halben Stunde hinunter zur Rümligbrücke führt. Auf dem etwa halbstündigen Abstieg gibt sich uns immer wieder der Blick frei auf die Einzelhöfe auf der anderen Seite der Rümlig, wo sich einst im Farnbühlbad Rheuma- und

Gichtkranke mit dem Wasser der Heilquelle kurieren ließen. Quellen berichten, dass das Bad bereits um 1550 bestanden haben muss, seine Blütezeit erlebte es jedoch zwischen 1850 und dem Beginn des 20. Jahrhunderts, als das Kurhaus in 80 Zimmern 120 Gäste beherbergen konnte. Am 19. Dezember 1906 fiel das Kurhaus, ganz aus Holz gebaut, innert vier Stunden einem Brand zum Opfer, der von einem defekten Ofenkamin in einem Gästezimmer verursacht wurde. Im *Luzerner Tagblatt* wurde zwei Tage später der Anblick der »hoch gen Himmel aufsteigenden Feuersäule« als »schauerlich schön« beschrieben. Die Feuerwehrleute waren scheinbar rechtzeitig auf dem Platze, doch war die Feuerwehrspritze von Farnbühl eingefroren und für die anderen herbeigeführten Spritzen fehlte es an Wasser.

Auf der **Rümligbrücke** (570 m) überqueren wir die besonders im Frühjahr reißende Rümlig und betreten wieder Entlebucher Boden. Von hier zuerst auf einem Feldweg durch den Wald und danach, an einem Stall vorbei, auf einer Weide bergaufwärts zum Hof Unter Ror und weiter zu einer kleinen geteerten Straße. Wir folgen dem Sträßchen nur wenige Meter aufwärts, um nach der Querung eines kleinen Baches wieder rechts in einen Feldweg abzubiegen. Wir steigen auf der weiter oben ziemlich moorigen Weide weglos bis zum Waldrand hinauf, dem wir links, bis in den letzten Spickel der Lichtung, folgen. Im Wald ist der Weg nicht gleich zu finden. Sturm Lothar hat ihn mit umgeknickten Bäumen zugedeckt. Am besten gehen wir für wenige

▲ ▲ Das Kloster Werthenstein von Süden.

▼ Am Ausgang von Schachen dominieren Birnbäume das Landschaftsbild.

Meter geradeaus, um später auf einem kleinen Grat rechts zu halten.
Der danach gut erkennbare Waldweg führt uns hinauf nach **Diepoldsrüti** (931 m). Hier, wie auch auf jedem anderen Hof unserer Wanderung, werden wir von einem bellenden Hund empfangen. Ein gewisses Maß an Hundepsychologie kann in solchen Momenten nicht schaden. Am Hof Diepoldsrüti vorbei kommen wir nach Hohwald, wo wir einem geteerten Sträßchen abwärts folgen. Bei der zweiten Kehre biegen wir auf den Wanderweg ab, der uns hinunter zum Fischenbach führt. Von hier auf einem guten Weg bis hinauf zur Straße, auf die wir kurz vor dem roten, markanten Schulhaus einbiegen. Wir folgen der Straße aufwärts bis zur **Rengg** (959 m, Restaurant), dem höchsten Punkt des Überganges zwischen Schachen und Entlebuch.
Dem Bau der Straße über die Rengg ging ein langer Kampf voraus. Quellen aus dem 16. Jahrhundert belegen, dass es bereits zu dieser Zeit einen Saumweg von Schachen über die Bramegg nach Entlebuch gab. Dieser Weg war während Jahrhunderten die einzige Verbindung zwischen der Stadt Luzern und dem Entlebuch. Er wurde insbesondere von den Glasträgern und Grämplern genutzt, die ihre Ware nach Luzern trugen. Für den Hin- und Rückweg an einem Tag waren die Grämpler etwa 16 Stunden unterwegs. Als zu Beginn des 19. Jahrhunderts die Qualität des Saumweges immer mehr zu Wünschen übrig ließ, überbrachten die Grämpler und Wirte des Entlebuchs dem Rat der Stadt und Republik Luzern eine Petition, in der sie die Ausbesserung der Verbindung über die Bramegg forderten, sodass »es möglich ist den Weg bei Tag und Nacht zu passieren, ohne Gefahr zu laufen Hals und Bein zu brechen […] und über ein steiles Port oder in einen Graben zu stürzen«. Die Entlebucher wur-

den bald darauf von einigen Metzgern aus Luzern in ihrer Bitte unterstützt, »da die Kälber an einigen Orten fast unmöglich über die großen schroffen Steine hinschreiten können, sodass man nicht nur sich selber, sondern auch die armen Tiere und Hunde fast zu Tode martern muss«. Der Rat gab dem Drängen nach und beschloss 1824, die Straße über die Rengg zu bauen. Erst 1841 wurde die Talstraße von Wolhusen nach Entlebuch ausgebaut, worauf die Verbindung über die Rengg etwas an Bedeutung verlor.

◄ Wegkapelle beim Hof Grossstein.

9
SCHACHEN-WERTHENSTEIN

Hinter dem Gasthaus Rengg führt uns der Wanderweg weiter aufwärts bis zum Hof Höchi, dem höchsten Punkt unserer Wanderung. Vor unseren Augen bäumt sich in ihrer ganzen Länge die Pilatuskette auf, flankiert von der Rigi auf der linken und vom Schimbrig auf der rechten Seite. Bei Höchi gehen wir über die Weide bis zum Waldrand. Unmittelbar nach dem Betreten des Waldes zweigt links der schmale Wanderweg ab. Auch in diesem Waldstück hat Sturm Lothar große Schäden angerichtet, was das Auffinden des gelb markierten Weges erschwert. Wir steigen wenige Meter ab nach Zeugmoos, queren ein kleines Waldstück bis zur Lichtung von Oberwald, deren Rand wir folgen, um danach wieder in den Brameggwald einzutauchen. Bei einem Wegweiser kreuzen wir den alten Saumpfad von Luzern ins Entlebuch, der sich an dieser Stelle, der hohlen Gasse gleich, in den Waldboden einschneidet.

Wir gehen weiter durch den Tannenwald und erreichen später die weite Weide bei **Bleikimoos** (900 m). Von hier folgen wir der Straße abwärts bis zum Waldrand, bei

▼ Durch den Herbstwald gelangen wir nach Werthenstein.

dem wir rechts auf einen Feldweg abbiegen. Hinter dem kleinen Bauernhof mit angebautem Stall erreichen wir über die Weide weglos den Wald, wo der Weg wieder sichtbar wird, der uns durch den Chlosterwald führt. Beim Waldausgang gehen wir auf einem Sträßchen hinunter zum Hof Häntschen, um kurz danach rechts in einen Waldweg abzubiegen (Wegweiser: Grillstelle, Schlänggenbröggli). Im Wald behalten wir bei allen Abzweigungen die Höhe und erreichen auf diese Weise, zum Schluss auf einer geteerten Straße, den Hof Sulzig. Hier stand einst der Hof des Jakob Schmidlin, genannt Sulzigjoggeli, der wegen Ketzerei im 18. Jahrhundert zum Tod verurteilt wurde (s. Seite 138). Nach der Vollstreckung des Todesurteils wurde sein Hof abgebrannt und an dieser Stelle eine Schandsäule aufgestellt. Erst 1976 wurde auf der Sulzig wieder ein Wohnhaus errichtet. Heute erinnert ein Gedenkstein an den einfachen Mann, der wegen seines Glaubens verfolgt wurde.

Auf dem Weg nach Grossstein erblicken wir hinter dem Weiler die Kiesgrube Schwanden. Nach über 15 Jahren problemlosen Kiesabbaus haben die Anwohner die Gemeindebehörden auf diverse Rechtsverletzungen der Betreiber aufmerksam gemacht (Überschreitung der bewilligten Abbaumenge, zu steiler Abbauwinkel und keine etappenweise Rekultivierung). Daraufhin wurden im Sommer 2000 ein Abbaustopp und ein Verbot für den Abtransport von bereits aufbereitetem Material verfügt. Als im darauf folgenden Winter dennoch Kies abtransportiert wurde, haben die Anwohner die Anfahrtsstraße blockiert und Anzeige erstattet. Seither herrscht Ruhe in der Kiesgrube von Schwanden.

In Grossstein, mit seinem 400-jährigen Kornspeicher, biegen wir rechts ab. Wir folgen der zeitweise geteerten Straße bis nach Breitlehn, wo wir in einer klaren Linkskurve die Straße verlassen und geradeaus über Wiesen den Waldrand erreichen. Im Wald ist der Weg, der uns zur Straße hinunterführt, wieder klar erkennbar. Auf der Straße queren wir das Sulzigtobel und erreichen kurz darauf das **Kloster Werthenstein** (585 m) mit den umliegenden Häusern und dem Restaurant Kloster.

Ein alter Mann aus den Niederlanden, der an der Emme Gold wusch, hörte im Jahr 1500 eines Nachts von dem Felsen hinunter ein »gar herrlichs, lieblichs und süeßes Gesang«, sodass er die Anhöhe bestieg und »ein schönen Glantz von vilen hellen Liechtern da gesehen, welcher bald danach mit dem Gesang verschwunden«. Der Bruder, wie er im Volke genannt wurde, befestigte an einer Tanne ein Bildnis der Krönung Mariä. Im Verlauf der Jahre pilgerten immer mehr Leute zu der Tanne zum Gebet, und als im Jahre 1518 gleich zwei wunderbare Erhörungen vor dem Bildnis der Maria stattfanden, wurde an derselben Stelle eine kleine Kapelle errichtet. Der Pilgerstrom nahm stetig zu, und hundert Jahre später wurde die heutige Klosterkirche errichtet. Wenige Jahre später wurden der Kreuzgang und das Franziskanerkloster angefügt. Die beiden Kapellen rechts und links des Einganges wurden von den Gebrüdern Pfyffer aus Luzern gestiftet, da einer von ihnen auf der Überfahrt nach Tunis einen schweren Sturm überlebt hatte. Den Höhepunkt als Pilgerort erlebte Werthenstein im 18. Jahrhundert, als es pro Jahr von über 90000 Gläubigen besucht wurde. Das Kloster wurde 1838 aufgelöst und beherbergte danach eine Taubstummenanstalt, bis im Jahr 1908 die Missionare von der Heiligen Familie einzogen. Auch heute wird noch nach Werthenstein gepilgert. In den sechziger und siebziger Jahren war der Zustrom derart gross, dass das Ober- und Unterdorf an Pilgersonntagen von Hunderten von Autos überschwemmt wurde. Beim Abstieg vom Kloster zur Kleinen Emme kommen wir auf halber Höhe beim Gnadenbrünneli unserer lieben Frau von Werthenstein vorbei. Bereits im 17. Jahrhundert wurde die Quelle von den Franziskanern als mystischer Brunnen der Gnade und Symbol für die Mittlerin Maria bezeichnet. Der durstige Wanderer wird darauf hingewiesen, dass die Wasserqualität einwandfrei, die Wasserzusammensetzung jedoch unerklärlich ist. Zahlreiche Wunderzeichen sind bekannt.

Auf der gedeckten Holzbrücke überqueren wir die Kleine Emme und im Unterdorf die Hauptstraße. Von hier sind es nur noch wenige Meter bis zur Bahnstation von **Werthenstein** (553 m). Das Unterdorf Werthenstein, am linken Ufer der Emme, gehört übrigens zur Gemeinde Ruswil und nicht etwa zur Gemeinde Werthenstein, welche neben unzähligen Einzelhöfen und Weilern die Dorfteile Wolhusen Markt, Werthenstein Oberdorf (Kloster) und Schachen umfasst.

9 SCHACHEN-WERTHENSTEIN

▼ Die Pfyfferkapelle (rechts) und der Hallenumgang, der dem Umfang der Felskuppe folgt und in dem bis 1950 der Friedhof angelegt war.

SULZIGJOGGELI, DER LETZTE KETZER

Wer weiß, vielleicht war er einfach ehrlicher, aufrichtiger zu sich selbst, der Jakob Schmidlin, genannt Sulzigjoggeli. Bei der katholischen Kirche konnte er sein Seelenheil nicht finden, suchte weiter, fand bei den Pietisten seine Antwort und bezahlte seinen Glauben 1747 mit dem Tod.

Geboren wurde Jakob Schmidlin am 11. März 1699 in ärmlichen Verhältnissen. Die Kindheit verbrachte er mit seiner Familie auf dem Hof Staldig. Schon früh wurde er jedoch auf benachbarte Höfe als Ackerbub verdingt. Zum Beispiel nach Grossstein, in unmittelbarer Nähe zu seinem späteren Hof auf der Sulzig. Danach verdiente er sein Leben als Küfer und Fuhrmann für den Klosterwirt in Werthenstein. Bereits in seiner Jugend fiel er in eine Glaubenskrise. Im Prozess von 1739 sagte er aus, dass er als Siebzehnjähriger am Palmsonntag in Werthenstein gebeichtet und in der Pfarrkirche Wolhusen die Osterkommunion empfangen habe. Trotzdem habe er die innere Ruhe nicht gefunden. Er habe gezweifelt, ob der katholische Glaube der richtige sei und allein Ruhe und Frieden zu geben vermöge.

Seine Zweifel standen sicherlich auch mit der damals herrschenden Disziplinlosigkeit der Geistlichkeit zusammen. Der Pfarrer von Wolhusen stand wegen seines Hangs zum Trinken und zum Spielen in der Missgunst seiner Gemeinde. Und diese Kirche war zu jener Zeit die einzige Möglichkeit zur Bildung. Ein Gesuch des Abtes Bonaventura von Muri zur Gründung einer Volksschule wurde noch 1773 von der Luzerner Regierung mit der Begründung abgelehnt, dass die unruhigen Bauern ihre Bildung zu bösen Absichten und zum Ausbrüten von Umsturzplänen missbrauchen könnten. Der Bauernkrieg war noch nicht vergessen.

Doch Jakob Schmidlin suchte weiter und kaufte in Luzern eine ganze Bibel, die er sorgsam studierte (obwohl das Lesen der Bibel zu dieser Zeit verboten war). Er heiratete mit 23 Jahren, und in den folgenden Jahren kamen sechs Kinder zur Welt. 1932 zog er mit seiner Familie auf die Sulzig, wo seine Frau 1740 verstarb. 1745 heiratete er noch einmal und wurde Vater von zwei weiteren Kindern.

Bei seinen Weinfuhren ins Elsass kam er in Kontakt mit dem vornehmen Haus der Fattets in Basel, wo sich ein pietistischer Laienkreis zu Erbauungsstunden traf. Dieses Laienchristentum verzichtete auf das kirchliche

Lehramt und dogmatische Lehrsätze und suchte einen direkteren Weg zu Jesus Christus. Später traf er auch führende Pietisten in Schaffhausen, Zürich und Diessbach und wohnte Versammlungen in Trubschachen bei. Im Verhör von 1747 sagte er aus, er habe von diesen Leuten gehört, wenn einer nur an Christus glaube, so komme es auf die Religion nicht an. Es sei auch nicht nötig, die Messe zu hören.

Die Diessbacher Pietisten gaben ihm den Anstoß, auch im Luzernischen eine Gemeinschaft zu bilden, und so begann Jakob Schmidlin auch auf der Sulzig Versammlungen abzuhalten. Mit der Zeit dehnte er seinen Wirkungsbereich auf die ganze Region aus. An den Versammlungen wurde gebetet, es wurden Bibeltexte gelesen und interpretiert und Lieder gesungen. Die Sünden wurden einander anvertraut, und mit dem neutestamentlichen Bruderkuss ging man auseinander. Im Prozess wurde die Lehre Schmidlins in einem Gutachten unter anderem wie folgt definiert: Die sichtbare Kirche sei nur eine Erfindung des Menschen und mehr ein Hindernis als ein Beförderungsmittel des wahren Christentums. Christus könne nicht in Brot und Wein empfangen werden, sondern nur in rein geistigem Sinn, und zwar überall, wo er darum gebeten werde. Die große Gewalt katholischer Priester ist eine willkürliche Anmaßung. Die Priester können nicht von Sünden lossprechen, da sie selbst Sünder sind. Sie handeln nicht an Christi Statt, sondern lediglich aus eigener Habsucht und Bequemlichkeit. Es gibt kein Fegefeuer, und Feiertage sowie die Bilder der Heiligen soll man nicht achten.

Im Jahre 1738 teilte der beschöfliche Kommissar in einem Mahnschreiben der Luzerner

9
SCHACHEN-WERTHENSTEIN

▼ Jakob Schmidlin, genannt Sulzigjoggeli, wurde wegen seines Glaubens 1747 zum Tode verurteilt.

Kloster Wertenstein a.d. Emme.

Regierung mit, auf dem Wolhuser Gebiet würden falsche Lehren verbreitet. Aufgrund von Hinweisen aus der Bevölkerung wurden Jakob Schmidlin und vier seiner Gefolgsleute 1739 verhaftet und in Luzern im Turm eingesperrt. Sulzigjoggeli hat sich scheinbar derart geschickt verhalten, dass er und die anderen Inhaftierten nach einem dreiwöchigen Prozess mit der Mahnung entlassen wurden, sich ruhig zu verhalten und sich vor jeder Neuerung zu hüten. Doch nach diesem Prozess wurde die Zahl seiner Anhänger noch größer und die Erbauungsstunden zahlreicher.

Am 11. November 1746 erfuhr der Pfarrer von Wolhusen, dass die Pietisten ohne die Messe anzuhören auf die Sulzig hinaufgezogen seien. Der Pfarrer kürzte den Gottesdienst ab, indem er die Predigt ausließ, zog mit dem Weibel und einem Geschworenen auf die Sulzig und ertappte Jakob Schmidlin und seine Anhänger auf frischer Tat. Kurz darauf wurden die Verdächtigen verhaftet und in Luzern eingekerkert. Alle wurde aufgefordert, ihnen bekannte Irrgläubige anzugeben. Es fanden Hausdurchsuchungen statt, und über hundert Leute wurden einvernommen. Jakob Schmidlin und einige andere wurden bei den Verhören gefoltert.

28 Wochen nach der Verhaftung wurde über Jakob Schmidlin folgendes Urteil gefällt: »dass er an dem Hochgericht solle an einer Stud (Säule) erwürgt, sein Leib aber nebst den ketzerischen Büchern auf einem Scheiterhaufen vor dem Scharfrichter verbrennt, die Asche aber in das rinnende Wasser gestreut werden. Sein Haus solle auch durch die Hand des Scharfrichters verbrannt und eine ewige Schmachsäul dort aufgerichtet werden.«

70 weitere Personen, darunter viele Frauen und minderjährige Kinder, wurden ebenfalls verurteilt. In der Hofkirche mussten sie vor dem Kreuzaltar kniend den Irrglauben widerrufen und anschließend öffentlich schwören, »noch das Vaterland noch alle übrigen eidgenössischen Landschaft in das Künftige und die Zeit meines Lebens nicht mehr zu betreten. Sollte ich aber dieses Urphed treulos übertreten, müssen allsdann in solch begebendem Fall Hochgeacht gnädige Herren die ohne ferneres Urteil schon wirklich an mir beschlossene und in der Enthauptung bestehende Todesurteil ausüben.« Einige wurden zusätzlich zur ewigen Verbannung noch mehrere Jahre zum Dienst auf die Galeere geschickt.

Zu Beginn des Prozesses flehte Jakob Schmidlin noch: »Lasst mir doch meinen Glauben, ich lasse euch euren ja auch.« Doch zwei Wochen vor der Vollstreckung des Todesurteils hatte man auch ihn so weit gebracht, dass er seinen Glauben widerrief. Zwei Tage vor seinem Tod dankte er seinem Leutepriester für die Rückführung zum rechten Glauben. Am Tag der Hinrichtung bekannte er sich in jedem Punkt für schuldig, dankte den gnädigen Herren, dass man ihn wieder auf den rechten Weg gebracht habe, er könne den Dank nicht genug ausdrücken und sei nun zum Tode bereit. In der Nähe des jetzigen Bahnhofes Emmenbrücke wurde das Todesurteil, nachdem sein Widerruf öffentlich vorgelesen wurde, unter großem Zulauf des Volkes vollstreckt.

◄ Sulzigjoggeli war der Meinung, dass die sichtbare Kirche mehr ein Hindernis als ein Beförderungsmittel des wahren Christentums sei. Der Klerus des Klosters Werthenstein war an der radikalen Abkehr des Sulzigjoggeli von der Kirche wohl mitschuldig.

9
SCHACHEN–WERTHENSTEIN

GEGEN DEN STROM DER KLEINEN EMME NACH

EMMENUFERWEG: WOLHUSEN–ENTLEBUCH–SCHÜPFHEIM–FLÜHLI

Alles der Kleinen Emme nach führt uns diese familienfreundliche Wanderung von Wolhusen bis Flühli. Am klar ausgeschilderten Emmenuferweg weisen diverse Schautafeln auf Botanisches und Geschichtliches am Wegesrand hin.

10

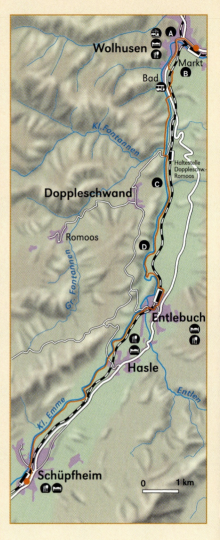

Wolhusen–Haltestelle Doppleschwand/
Romoos 1¼ **Std.**
Haltestelle Doppleschwand/
Romoos–Entlebuch 1¼ **Std.**
Entlebuch–Hasle ½ **Std.**
Hasle–Schüpfheim 1¼ **Std.**
Schüpfheim–Chlusboden ¾ **Std.**
Chlusboden–Chärdili ½ **Std.**
Chärdili–Flühli 1¼ **Std.**

Total: 6¾ **Std.**

Höhendifferenz: ↗ 370 m, ↘ 50 m

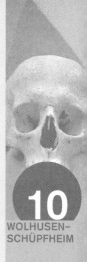

Charakter
Einfache Wanderung mit diversen Picknickmöglichkeiten und Spielplätzen, die an verschiedenen Stellen unterbrochen werden kann. Geeignet für Familien.

Varianten
- Der landschaftlich schönste Teil der Wanderung liegt zwischen der Haltestelle Bad am Ausgang von Wolhusen Markt und dem Dorf Entlebuch sowie zwischen Chlusboden und Flühli.
- Um das erste Wegstück der Straße entlang zu vermeiden, kann mit dem Postauto (Richtung Romoos) bis zur Haltestelle Bad (Zeitersparnis ½ Std.) oder Haltestelle Romoos/Doppleschwand (Zeitersparnis 1¼ Std) gefahren werden.
- Die Wanderung kann auch bereits an den Bahnhöfen von Entlebuch (Zeitersparnis 4¼ Std.), Hasle (Zeitersparnis 3½ Std.) oder Schüpfheim (Zeitersparnis 2½ Std.) beendet werden. Diese Bahnhöfe eignen sich auch als möglicher Startpunkt.

Beste Jahreszeit
Das ganze Jahr, sofern nicht zu viel Schnee liegt. Im Sommer kann in der Kleinen Emme gebadet werden.

Verkehrsmittel
→ Mit der Bahn nach Wolhusen (Schnellzughalt).
← Mit dem Postauto von Flühli nach Schüpfheim. Danach weiter mit der Bahn.

Sehenswertes
- Ⓐ Wolhuser Totenkapelle
- Ⓑ Kornspeicher bei Vorder Ämseren
- Ⓒ Flussbett aus Nagelfluh mit tiefen Rinnen
- Ⓓ Auenlandschaft an der Kleinen Emme
- Ⓔ Kapelle St. Niklaus Chlusboden
- Ⓕ Lammschlucht

Übernachten, Gasthäuser
Wolhusen:
- Pizzeria August (Garten, großes Salat- und Antipastibuffet, am Sonntag Brunch), einfache Zimmer unter dem Dach, www.pizzeria-august.ch, Tel. 041 490 11 15 (DZ Fr. 60.– p.P.)
- diverse Restaurants
- Wolhusen Markt: Hotel Krone, Tel. 041 490 11 23 (DZ: Fr. 50.– p.P.), Mo ab 14.00 Uhr und Di Ruhetag;

Entlebuch: siehe S. 271
Hasle:
- diverse Restaurants
- Hotel Engel, Tel. 041 480 13 68 (DZ: Fr. 54.– p.P.), Ruhetag Di Abend und Mi;

Schüpfheim: siehe S. 243
Flühli: siehe S. 187

Karten
1149 Wolhusen, 1169 Schüpfheim und 1189 Sörenberg (1:25 000)
oder Wanderkarte Sörenberg–Entlebuch, Kümmerly+Frey (1:60 000)
Das Faltblatt zum Emmenuferweg »Wasserweg Kleine Emme« ist an den Bahnschaltern von Wolhusen und Schüpfheim erhältlich oder kann beim Biosphärenzentrum (zentrum@biosphaere.ch) bestellt werden.

Literatur
- *Die Wolhuser Totenkapelle und ihr Totentanz,* Eigenverlag (erhältlich in der Totenkapelle)

Wer vor dem Frühjahr 2001 in **Wolhusen** (565 m) aus dem Zug stieg, lief Gefahr, von einer unangenehmen Duftwolke der Gelatineproduktion der Firma Geistlich, gleich vis-à-vis des Bahnhofs gelegen, eingenebelt zu werden. Während Jahren waren die Geruchsbelästigungen in Wolhusen ein Politikum, und auch der Einbau eines Biofilters brachte nur für kurze Zeit eine Besserung. Im Dezember 2000 entlud sich an der Gemeindeversammlung der angestaute Ärger, und der Gemeinderat wurde einstimmig beauftragt, mit einem offenen Brief an die Firma Geistlich klarzustellen, dass die Bevölkerung die Geruchsbelästigung nicht länger dulden wolle. Eine Mehrheit der Anwesenden sprach sich gar für eine Demonstration aus. So weit kam es dann aber nicht. Am 30. April 2001 wurde bekannt, dass die Gelatineproduktion eingestellt werde. 33 Personen wurden entlassen.

Durch die Talenge, in die sich die Kleine Emme, die Kantonsstraße und die Produktionsbetriebe der Firma Geistlich zwängen, gelangen wir entlang von Nagelfluhfelsen ins Dorf Wolhusen. An der Kreuzung, wo sich die Straße in die Richtungen Willisau oder Entlebuch/Bern verzweigt, ist für kunsthistorisch Interessierte ein kurzer Abstecher zur Wolhuser Totenkapelle zu empfehlen (5 Min. durch die steile Gasse bergauf, beim Friedhof). Die Kapelle ist berühmt für ihren Totentanz, bei dem all die Todesgestalten, die mit ihren Opfern tanzen und sie ins Grab zerren, mit echten Totenköpfen dargestellt sind.

Zurück an der Kreuzung, wo in einem Schaufenster, dem »Gästezimmer«, lokale Künstler ihre Installationen ausstellen, folgen wir der Straße Richtung Bern. Kurz darauf überqueren wir die Kleine Emme, die an dieser Stelle während rund 90 Tagen im Jahr kein Wasser führt, da es oberhalb der Brücke durch einen Kanal zur Stromproduktion der Firmen Walzmühle AG und Geistlich abgeleitet wird. Ein ökologisches Ärgernis, das in den nächsten Jahren behoben werden soll.

Erst jetzt, in Wolhusen Markt, betreten wir Entlebucher Boden und überschreiten damit auch eine Kulturgrenze. Der Dialekt ist anders im Entlebuch, und die Entlebucher Witze, mit denen sich die anderen Luzerner über die Entlebucher lustig machen, werden hier nicht mehr zum Besten gegeben. Wolhusen Markt, früher eine Zollstation und ein Marktplatz mit eigenem Recht und Gericht, ist heute mehrheitlich ein Industriequartier ohne besonderen Reiz. Ein wenig verloren steht die Kapelle Hl. Kreuz am Anfang des Dorfes. Sie wurde an der Stelle erbaut, wo der Ochs, der das Kreuz nach Heiligkreuz trug, sich ausruhte. Die Legende ist auf einem Bild im inneren der Kapelle dargestellt (siehe auch Seite 250).

Wir folgen weiter der Hauptstraße, die hier parallel zur Bahnlinie verläuft. Der 150 Meter lange Tunnel, der bei Wolhusen Markt durch den Berg führt, kam trotz der Kürze nicht problemlos zustande. Als sich die Tunnelbauer in der Mitte hätten treffen sollen, ergab sich eine seitliche Differenz von vier Metern (beim Gotthardtunnel waren es wenige Zentimeter). Der nach der Überlieferung verliebte Ingenieur hatte sich offenbar verrechnet. Er wurde fristlos entlassen.

Am Ausgang des Dorfes – leicht zu übersehen, da versteckt hinter dem Hof Vorder Ämseren – steht der schönste Kornspeicher des Entlebuches. Eine zierliche Blockkonstruktion. Kurz hinter dem Hof verlässt der durchwegs mit »Emmenuferweg« signalisierte Wanderweg die Hauptstraße. Nachdem wir zwei Mal die Bahnlinie unterquert haben, folgen wir danach unter Nagelfluhfelsen erstmals dem Lauf der Kleinen Emme, die in diesem Bereich mit verschiedenen Verbauungen, u. a. so genannten Schwellen, gebändigt wurde. Die Verbauungen wurden nötig, da mit der Abholzung der Entlebucher Wälder die Hochwasserschäden zugenommen haben. Pfarrer Schnider schreibt um 1781: »Die Wildwasser richten oft großen Schaden an. Daran sind aber auch zum guten Teil die Entlebucher selber schuld…«

Vermehrt werden heute auch die negativen ökologischen Folgen der Verbauungen wahrgenommen. Da Schwellen über 70 Zentimeter für Forellen unüberwindbar sind, verunmöglichen sie die Fischwanderung und somit eine durchgehende Fischpopulation. Für die 21 hohen Schwellen der Kleinen Emme fordert das Amt für Umweltschutz des Kantons deshalb den Bau von Fischtreppen. Für die Wanderer wurden die Treppen auf dem schmalen Weg errichtet. Dieser entfernt sich später ein wenig von der Kleinen Emme, um an einem idyllischen Ort die goldreiche Fontannen zu überqueren. Ein steiler Stutz bringt uns zu einem kleinen Hügel (linkerhalb des Weges), auf dem noch wenige Überreste der Ruine der ehemaligen Vorburg Kapfenberg zu finden

▲ ▲ Bei der Auenlandschaft der Ämmenmatt sucht sich die Kleine Emme immer wieder ein neues Bett.

10
WOLHUSEN–SCHÜPFHEIM

▼ Der Kornspeicher beim Hof Vorder Ämseren.

sind. Unterhalb der Ruine, beim Zusammenfluss von Fontannen und Kleiner Emme, bietet sich eine gute Picknickmöglichkeit. Wir überqueren später die Kleine Emme auf der Straße, die nach Romoos und Doppleschwand führt (**Haltestelle Doppleschwand/Romoos** 600 m), und folgen ihr danach auf ihrer rechten Seite. Beim Chalchloch hat sie das bunte Mosaik von Nagelfluhfelsen freigelegt und in langer Arbeit enge Rinnen durch den Fels gegraben. Kurz danach erkennen wir auf der anderen Flussseite die Kläranlage, die 1996 die Entlebucher Talschaft als letzte Region der Schweiz an ein Abwasserreinigungssystem anschloss.

Bei der Ämmenmatt gelangen wir zu einer der letzten intakten Auenlandschaften im Kanton Luzern und in der Schweiz überhaupt. Überall wurden die Flüsse in der Schweiz in ein enges Korsett gezwängt. Die Stellen, an denen sich der Fluss immer wieder ein neues Bett schafft, wie hier in der Ämmenmatt, sind rar geworden. Aufgrund der gegensätzlichen Lebensbedingungen bilden Auenlandschaften den Lebensraum für eine große Anzahl von Pflanzen und Tieren. Wollkraut, Erdrauch und Schachtelhalm, später auch Weiden und Erlen sind die Pioniere, die sich nach Überschwemmungen als Erste auf den kargen Kiesbänken ansiedeln. Doch Flussauen haben auch eine wichtige Funktion für den Menschen. Bei Hochwasser wird durch die üppige Vegetation der Wasserfluss verlangsamt und durch die Überflutung brachliegender Auengebiete ein Großteil des Wassers zurückgehalten. Somit werden tieferliegende Regionen vor Hochwasserschäden verschont. Führt der Fluss große Wassermengen, schiebt er große Steine mit sich mit, die so genannten »Ämmäböllä«. Vor Entlebuch bietet ein Rastplatz mit Tischen und Wasser eine Picknickmöglichkeit für gehobene Ansprüche. Von hier sieht man bereits den modernen Neubau der Firma Ackermann, des größten Versandhauses der Schweiz und zugleich des größten Arbeitgebers im Entlebuch (s. Seite 272). Wie von einem fremden Stern wirkt das Hightech-Versandzentrum mit einem Gebäudevolumen von 250 Einfamilienhäusern in dieser Landschaft. 15 000 Pakete werden hier durchschnittlich pro Tag verschickt.

Wer vom Wandern genug hat, kann bereits beim Bahnhof **Entlebuch** (684 m) in den Zug steigen. Die Schnellzüge halten hier jedoch nicht, oder zumindest sehr, sehr selten. Zum Beispiel 1945, als der Stationslehrling Helmut Hubacher, später langjähriger Nationalrat und Präsident der SP Schweiz, das Signal zu früh von Grün auf Rot stellte und den Schnellzug somit zu einer Notbremsung zwang. Dummerweise war auch der Lehrlingsinspektor in diesem Zug unterwegs … Der Eröffnung dieser Bahnlinie von Bern nach Luzern am 11. August 1875 ging ein längeres Ringen voraus. Bereits 1857 machten die Berner den Vorschlag für den Bau dieser Linie, doch wurde der notwendige Kredit vom Luzerner Parlament abgelehnt. 1870 stimmte das Luzerner Parlament einer Beteiligung am Bahnprojekt zu, doch musste das Geschäft noch dem Volk vorgelegt werden. Obwohl sich 2890 Stimmberechtigte gegen und bloß 598 für die Kantonsbeteiligung aussprachen, erlangte der Parlamentsbeschluss Rechtskraft, da mit 3488 Abstimmenden das damals nötige Quorom von 13 000 Bürgern (von insgesamt 27 679) klar nicht erreicht wurde. Auch nach der Eröffnung 1875 wurde die Bahnlinie im Entlebuch

◀ Der Zusammenfluss der Fontannen mit der Kleinen Emme ist ein guter Ort für eine Rast und bietet die Möglichkeit, sich in der Emme abzukühlen.

10
WOLHUSEN–
SCHÜPFHEIM

▼ Bei der Nagelfluh handelt es sich um 10 Millionen Jahre alte Ablagerungen mit Steinen unterschiedlichster Herkunft.

nicht überall positiv aufgenommen. Gastwirte, die Reisende beherbergten und für ihre Pferde sorgten, bangten um ihr Geschäft. Ebenso Wagner, Pferdezüchter und Fuhrunternehmer. Das günstige Getreide aus dem Ausland überschwemmte den Markt und drohte die Preise zu zerstören. Doch selbst bei den privaten Bahnunternehmern gab es wenig Anlass zur Freude. Nur 6 Monate nach der Eröffnung musste die Gesellschaft aufgrund der Kostenüberschreitungen beim Bau und des hohen Betriebsdefizits ihren Konkurs anmelden. Das Bundesgericht verfügte die Liquidation. An der Versteigerung im Januar 1877 erwarb der Kanton Bern als Hauptgläubiger die Bahn für 8,5 Mio. Franken. Der Weiterbetrieb war somit gesichert. Doch auch die SBB, welche die Linie 1903 übernahm, hat ihre Probleme. Um die Ausgaben zu reduzieren, hat sie vor kurzem beschlossen, dass die meisten Stationen im Entlebuch in Zukunft ohne Personal und Schalterbedienung auskommen sollen.

Auf einer gedeckten Holzbrücke überqueren wir die Entlen. Kurz darauf kommen wir bei einer zweiten Holzbrücke, der 1854–1856 erstellten Obflüebrücke, vorbei. 250 Baumstämme wurden für deren Bau verwendet. Wir bleiben jedoch am rechten Ufer der Emme. Das Tal weitet sich, und immer weiter wird der Blick auf die umliegenden Hügelzüge. Kurz vor Hasle dann ein reich dotierter Rast- und Spielplatz. Auf einer der ältesten Holzbrücken des Entlebuchs, der Grabenbrücke aus dem 17. Jahrhundert, überqueren wir dann die Emme, um wenige Minuten später wieder auf die rechte Flussseite zurückzukehren. Von hier ist der Bahnhof **Hasle** (694 m) in sieben Minuten erreichbar. Wir folgen weiter der Emme, deren Ufer wir nur vor einem Kieswerk nochmals kurz verlassen müssen. Die neu erstellte Zinggenbrück, gleich hinter dem Kieswerk, zeigt, dass der lokale Baustoff Holz auch heute noch für den Brückenbau sinnvoll eingesetzt werden kann. Auf dem letzten Teilstück ist die Kleine Emme, die hier durch eine fruchtbare Ebene fließt, wieder stärker kanalisiert. Zum Baden eignet sie sich hier nicht mehr. Wer dennoch eine Erfrischung sucht, kann sich in der Badi von Schüpfheim, unmittelbar an der Kleinen Emme gelegen, ins kühle Nass begeben. Am Eingang des Dorfes folgen wir den Gleisen und erreichen den Bahnhof **Schüpfheim** (715 m), die einzige Bahnstation des Entlebuchs, an der die Schalterbedienung auch für die Zukunft gesichert ist. Wir besteigen den Schnellzug, der seit 1999 auch in Schüpfheim hält.

2002 wurde die Verlängerung des Emmenuferwegs bis Flühli fertig gestellt. Wer diese letzte Wegstrecke unter die Füße nehmen will, welche nochmals eine ganz andere, wildere Seite des Emmenlaufs zeigt, folgt beim Bahnhof Schüpfheim den Wegweisern »Emmenuferweg« und »Flühli«. Die erste halbe Stunde der Wegstrecke, bis zum Kieswerk, ist identisch mit dem Beginn der Wanderung 12 auf die Beichlen (Siehe Seite 180). Beim Kieswerk überqueren wir die Waldemme (von der Quelle bis nach Schüpfheim wird die Kleine Emme Waldemme genannt) jedoch nicht, sondern folgen ihrem rechten Ufer noch für einige Meter, um dann über die Wiese zum Hof **Chlusboden** (760 m) zu gelangen. Über einen steilen »Stutz« gelangen wir auf einem asphaltierten Fahrweg zur Kapelle Chlusstalden. Über Chlusstalden führte auch der Jahrhunderte alte Saumweg von Schüpfheim

◄ Haben Sie schon einmal das Innenleben eines Flusses gehört? Am Wasserweg Kleine Emme stehen dazu Hörstecken zur Verfügung (zwischen Ämmenmatt und Entlebuch).

10
WOLHUSEN–
SCHÜPFHEIM

▼ Das ultramoderne Versandhaus der Ackermann AG erscheint nach einem Tag an der Emme beinahe unwirklich.

nach Flühli und weiter über den Sattelpass nach Obwalden. Um den zunehmenden Transportbedürfnissen der Glaserindustrie im Waldemmental zu entsprechen wurde der Saumweg 1846 in eine fahrbare Straße umgebaut. Doch das Trassee am rechten Flussufer wies Steigungen bis 18 Prozent auf und war oft in schlechtem Zustand. Mit dem Aufblühen des Kurwesens in Flühli folgte der Ruf nach einer besseren Verbindung, sodass bereits um die Jahrhundertwende eine Straße durch die Lammschlucht projektiert wurde. 1916 konnte das neue Straßenstück eröffnet werden und wurde sogleich in das Fremdenverkehrskonzept von Flühli integriert. Die Anfahrt durch die kurvenreiche Schlucht in erhabener Höhe vermittelte dem Fremden Naturschönheit und Schluchtenromatik. Eines des imposantesten Bauwerke des Abschnittes ist die Lammbrücke »ganz in Mauerwerk und Beton« gleich am Eingang der Schlucht. Um den Beitragsleistungen für den Bau der neuen Straße nachzukommen musste die Gemeinde Flühli sämtliche Gemeindegüter verpfänden.

In Klusstalden wurde bereits am 7. August 1500 eine Kapelle dem heiligen Nikolaus von Myra, dem Beschützer der Holzflößer, geweiht. Die Kapelle diente als Bittort für die gefährliche Arbeit der Holzflößer in der Lammschlucht (mehr zur Flößerei auf Seite 32 ff). Der heutige Bau stammt aus dem Jahr 1833 und enthält im Innern ein Bild von einem Ertrinkungsfall in der Schlucht der Waldemme.

Nachdem wir 500 Meter nach der Kapelle auf einer Brücke den Staubbach, einst für seinen Forellenreichtum bekannt, überquert haben, verlassen wir die Fahrstraße und folgen rechts dem neu angelegten Wanderweg. Immer wieder wird der Blick frei hinunter zu der noch jungen Emme. An Nagelfluhblöcken vorbei, in stetigem

Auf und Ab, gelangen wir nach **Chärdili** (830m), wo wir die Emme auf einer neuen Fußgängerbrücke überqueren.

◄ Auf einer Fußgängerbrücke überqueren wir die Lammschlucht an ihrem oberen Ende. Die Waldemme zwängt sich an dieser Stelle durch einen meterbreiten Spalt.

Zu Beginn des 20. Jahrhunderts gab es gleich mehrer Projekte für einen Stausee in der Lammschlucht. Mehrere Unternehmen bewarben sich um eine Konzession. Das Baudepartement des Kantons Luzern prüfte die Eingaben und kam 1909 zum Schluss, dass die Projekte aufgrund der oft für längere Zeit ungenügenden Wasserführung, sowie dem vielen Geschiebe der Emme, welche das Stauvolumen bald einschränken würde, kaum rentabel wären. Auch die Einheimischen waren gegen einen Stausee, und ihrem Widerstand ist es zuzuschreiben, dass auch spätere Projekte zu Fall gebracht wurden.

Wir folgen der Straße für wenige Meter, bis sie über einem hohen Bogen die Emme überquert. Hier, am oberen Ende der Schlucht, wurden während des Straßenbaus diverse Nagelfluhblöcke weggesprengt, da die Lammschlucht bei Gewittern die anfallenden Wassermengen nicht schlucken konnte und es deshalb oft zu Überschwemmungen kam. Wir überqueren die Emme nicht, sondern gelangen über eine kurze Treppe zur Waldemme hinunter, deren linker Uferböschung wir folgen. Nun weitet sich das Tal wieder und der Blick auf die umliegenden Berge wird frei. Kurz vor Flühli wechseln wir nochmals die Flussseite und gelangen nach einer letzten Steigung zur Kirche von **Flühli** (883 m) und ins Dorf.

10
WOLHUSEN–
SCHÜPFHEIM

▼ Das Bild der Lammbrücke wurde in den 50er-Jahren für die Tourismuswerbung verwendet.

153

DER LETZTE KRIEG DER EIDGENOSSEN

Es ist noch nicht allzu lange her, dass sich eidgenössische Truppen mit Kanonen und Scharfschützen durch das Entlebuch kämpften. Sie waren unterwegs, um mit anderen Divisionen die Regierung in Luzern, das militärische Zentrum des Sonderbundes, zu stürzen. Es ist gut möglich, dass unsere Großmütter noch Augenzeugen dieser kriegerischen Zeit in der Mitte des 19. Jahrhunderts gekannt hätten. Doch um den Konflikt zu verstehen, müssen wir einige Jahre zurückblättern.

1814 erstürmten einige ehrgeizige Herren mit Arbeitern als Gehülfen die Kaserne und das Zeughaus in Luzern, ließen die damalige Regierung einkerkern und erklärten sich als neue Regierung. Diese Putschisten wurden erst 1830 von der Macht verdrängt. Es kam eine neue Verfassung zustande, die festlegte, dass 80 Mitglieder des Großen Rates durch das Volk, andere 20 durch diese 80 Delegierten gewählt wurden. In dieser Zeit entstanden die beiden Pole der luzernischen Politik: die Radikalen (Liberalen) und die Konservativen (Katholiken). Die Konservativen erzielten bei den Wahlen einen knappen Erfolg, da jedoch das Ergebnis eines konservativen Wahlkreises nicht gezählt wurde, waren es die Radikalen, die mit hauchdünner Mehrheit die 20 zusätzlichen Ratsmitglieder wählen und somit den Rat klar beherrschen konnten. Die Konservativen übten in den Folgejahren insbesondere am Ausbildungswesen der Liberalen Kritik. Die Professoren der Theologie an der höheren Lehranstalt in Luzern waren für sie inakzeptabel: Der eine war mit der Kirche im Streit, der andere brachte seine Konkubine samt Kindern mit nach Luzern. Der Bischof weigerte sich, Absolventen der Lehranstalt in Luzern zum Priester zu weihen. Ein weiterer Schlag für die Katholiken war die Zustimmung der Luzerner Regierung zu den so genannten Badener Artikeln, welche die katholische Kirche unter weltliche Macht stellten und alle Verordnungen des Papstes oder der Bischöfe und Priester von der Genehmigung der Regierung abhängig machten.

All dies führte dazu, dass die mehrheitlich katholische Bevölkerung des Kantons 1841 einer Verfassungsrevision zustimmte. Die neue Verfassung festigte die Stellung der Kirche und legte fest, dass alle Mitglieder des Rates alle vier Jahre von der Bevölkerung gewählt werden. Der neue Rat beschloss, die bei den Radikalen verhassten

Jesuiten an die höhere Lehranstalt nach Luzern zu berufen.

Von den Radikalen in der ganzen Schweiz wurden seitdem revolutionäre Pläne geschmiedet, die konservativen Regierungen in der Schweiz zu entmachten. Zudem sollte die Bundesverfassung aus dem Jahr 1815 abgeändert werden, welche allen Kantonen an der Tagsatzung (dem nationalen Parlament) zwei Standesstimmen zusprach – unabhängig von der Zahl der Einwohner. Den großen reformierten Kantonen erschien diese Gleichbehandlung als ungerecht. Es bildeten sich Freischarenzüge, die versuchten, die Luzerner Regierung zu stürzen.

Am 8. Dezember 1844 schlug ein erster Versuch fehl, und der zweite Freischarenzug vom 31. März/1. April 1845, bei dem angeblich an die 6000 Mann aus dem Aargau in den Kanton Luzern einmarschierten, blieb ebenfalls ohne Erfolg. Die Radikalen suchten andere Mittel. Ein bezahlter Meuchelmörder erschoss den Führer der Luzerner, Josef Leu von Ebersol, in seinem Bett. Die Luzerner wurden wirtschaftlich isoliert. Als drei Luzerner auf einem Markt in Aarau entdeckt wurden, schlug man sie blutig und jagte sie zur Stadt hinaus.

Weil die katholischen Kantone Luzern, Uri, Schwyz, Unterwalden, Zug, Freiburg und Wallis von der Tagsatzung und den radikalen Kantonen gegen die Freischaren und andere Übergriffe keine Hilfe bekamen, entschlossen sie sich, eine Allianz zu gründen, um sich gemeinsam gegen die Angriffe zu wehren. Die radikalen Kantone nannten diesen Zusammenschluss Sonderbund und forderten an der Tagsatzung mit Erfolg dessen Auflösung und zugleich die Wegweisung der Jesuiten. Die katholischen Kantone weigerten

10
WOLHUSEN-
SCHÜPFHEIM

▼ Der spätere Bundesrat Ulrich Ochsenbein führte die Berner Truppen durch das Entlebuch. Als er von General Dufour den Befehl zum Angriff bekam, schrieb der überglückliche Oberst seiner Frau: »Denke dir Emilie, dein Ulrich zieht mit seiner Division gegen das verdammte Jesuitennest. Diesmal aber werde ich nicht eher zurückkommen, bis Luzern gefallen ist; zähl darauf.«

(Oberst Ochsenbein.)

sich, diesen Beschluss umzusetzen, worauf die Tagsatzung den Militäreinsatz anordnete. Der Sonderbundskrieg begann.

Beide Seiten mobilisierten ihre Truppen, wobei die Radikalen mit ihren 95 000 Mann unter General Dufour den katholischen Kantonen mit insgesamt 30 000 Mann deutlich überlegen waren. Am 14. November 1847 wurde Freiburg ohne viel Gegenwehr von Dufours Truppen besetzt, worauf der Kanton auf den Sonderbund verzichtete. Auch Zug zog sich darauf von der katholischen Allianz zurück.

Als Nächstes konzentrierte sich General Dufour auf den Sturz von Luzern, um dem Sonderbund sein politisch-militärisches Zentrum zu entreißen und den Krieg mit einem Schlag zu beenden. Der Hauptstoß sollte von Norden, zwischen Reuss und Zugersee, nach Luzern erfolgen. Lange blieb offen, ob die Eidgenossen auch durch das Entlebuch, welches den Verteidigern ein gutes Terrain bot, nach Luzern einmarschieren sollten. Der spätere Bundesrat, Oberst Ulrich Ochsenbein, der bereits bei den Freischarenzügen dabei war, doch nun von Dufour nur für die Überwachung der Pässe im Berner Oberland eingesetzt wurde, übermittelte dem General, dass seine Truppen darauf brennen würden, nach Luzern zu marschieren. Der General gab ihm den Auftrag, mit seiner Division den Weg über das Entlebuch zu nehmen.

Am Morgen des 22. November marschierte Ulrich Ochsenbein mit 10 000 Mann ins Entlebuch ein. Die Hauptmacht über Wiggen, wo sie kaum auf Widerstand stieß, eine Kolonne über die Risisegg und das Bockshorn. Die 3000 Mann der Konservativen, die das Vordringen der Eidgenossen durch das Entlebuch unter der Führung von Major Franz Limacher, einem Schneider aus Schüpfheim, verhindern sollten, waren an diesem Morgen nicht einsatzbereit und auf das ganze Entlebuch verteilt. Die zahlenmäßig völlig unterlegene Truppe, die in Escholzmatt nun von zwei Seiten angegriffen wurde, musste bald kapitulieren. Die Eidgenossen zogen weiter Richtung Schüpfheim, wo es am Abend und am nächsten Morgen zu größeren Gefechten kam. Dabei war auch die Kampfeslust unter den Eidgenossen nicht allzu groß, wie in einem Rapport von einem Johann Philipp Becker zu lesen ist: »Da meiner wiederholten Aufmunterung, doch wieder vorzurücken, Niemand Folge leisten wollte, so ging auch ich über den Hügel zurück.«

Eine Augenzeugin, die damals 12-jährige Marie Glanzmann, schildert den Kampf um Schüpfheim von der anderen Seite der Front: »Abends um 5 Uhr erscholl Kriegsgeschrei. In Schüpfheim befanden sich nur 800 Soldaten mit 2 Kanonen. Da man nicht glaubte, dass die ganze Armee durchs Entlebuch ziehen werde, gingen die meisten über Mittag Heim zum Essen und zum Schlafen. [...] Es wurde elf Uhr (am nächsten Morgen) und kein Teil wollte und konnte nachgeben. Der Knecht unseres Pfarrers Elmiger suchte die Kirche zu erreichen, stieg in den Turm hinauf und hisste die weiße Fahne. Vom gleichen Augenblick an schwiegen die Geschütze. Die Soldaten aber gingen auf die Kirche zu und nahmen die Glockenklöppel in Beschlag, damit man nicht mehr läuten könne (er wurde 14 Tage später im Abort des Hotel Rössli wiedergefunden). General Ochsenbein kam auf den Dorfplatz. Die Frauen umringten ihn und baten ihn unter Tränen, die schöne Pfarrkirche zu verschonen, was ihnen auch gewährt wurde. Die Häuser aber wurden mit Gewalt geöffnet und geplündert. Unvorsichtige Leute schossen auf die Soldaten aus den Fenstern; diese Häuser wurden alle

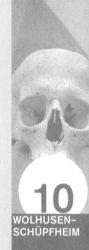

◀ Der Rapport von Johann Philipp Becker über die Kampfhandlungen der eidgenössischen Truppen im Entlebuch zeigt die menschliche Seite des Krieges: Ein Hauptmann, der einen Befehl nicht ausführen wollte, entgegnete: »Es sei ihm nicht wegen der Gefahr, er wolle nur nicht dahin gehen, wohin sonst Niemand hätte gehen wollen; seine Leute hätten ohne dies an diesem Tage die härteste Tour gehabt und hätten überdies keinen Mundvorrath mehr und wären müde und hungrig.« [...] »Als sie (eine Jägercompagnie) auf mein wiederholtes Vorwärtsrufen sich immer noch nicht rühren wollte, so drohte ich, durch unsere Scharfschützen hinaufschießen zu lassen. Diese Drohung hatte nun leider die entgegengesetzte Wirkung, so dass diese Compagnie mit einer Wendung links vollständig in den Wald flüchtete.«

10 WOLHUSEN–SCHÜPFHEIM

▼ Die kirchenfreundliche Politik der Luzerner Katholiken zog den Groll der reformierten Schweizer Kantone auf sich.

Der Berner im Entlibuch.

angezündet und die Leute mit Bajonetten ›behandelt‹. Im Kapuzinerkloster wurde vieles geschändet. Die Soldaten verkleideten sich in Kapuziner und handelten brutal. Um 12 Uhr begann der Abzug.«

Auf ihrem weiteren Zug durch das Entlebuch waren die Eidgenossen nur mit wenig Gegenwehr konfrontiert. Major Limacher musste sich immer mehr zurückziehen. Auch die starke Stellung auf der Bramegg wurde am Abend des 23. November aufgegeben, da ein Befehl den Rückzug nach Luzern gebot. Am nächsten Tag kapitulierte das umzingelte Luzern und kurz darauf auch alle weiteren katholischen Kantone. Im Entlebuch fielen dem Krieg 23 Personen zum Opfer.

Die Sieger setzten daraufhin ihre politischen Forderungen vollumfänglich durch. Die Jesuiten wurden aus dem Land gewiesen, die konservativen Großräte in Luzern verloren das aktive Bürgerrecht. Im neu gewählten Rat gab es unter den 100 Abgeordneten noch einen Konservativen. Die Tagsatzung änderte die Verfassung, bildete einen Stände- und einen Nationalrat (mit einem Mitglied pro 20 000 Einwohner), wodurch die großen, reformierten Kantone an Macht gewannen.

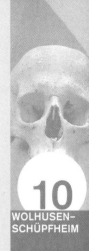

◀ Die Berner Truppen plünderten auf ihrem Marsch durch das Entlebuch auch Häuser der Zivilbevölkerung.

10
WOLHUSEN–SCHÜPFHEIM

DURCHS CENTOVALLI DES NORDENS

DOPPLESCHWAND–OBER HETZLIG–BRAMBODEN–TURNER–ESCHOLZMATT

Durch das Napfgebiet mit seinen Hunderten von Tälern wandern wir, an Köhlerplätzen vorbei, in zwei Tagen von Doppleschwand nach Escholzmatt. Am ersten Tag gehts durch die Wälder im Tal der Grossen Fontannen bis zum kleinen Weiler Bramboden mit seinem sympathischen Hotel. Am zweiten Tag über den aussichtsreichen Grat bis Escholzmatt.

11

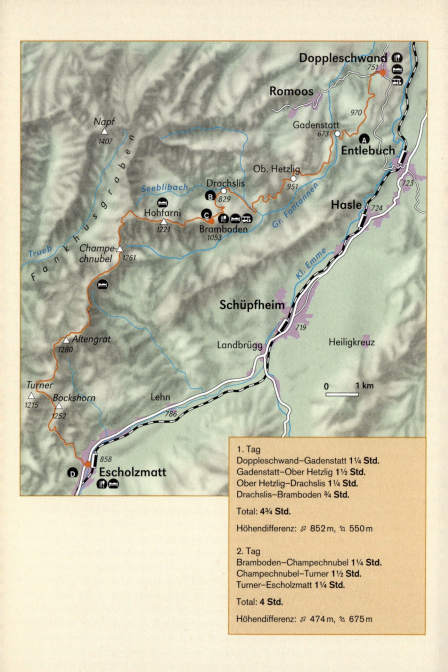

Charakter
1.Tag: Einfache Wanderung auf teilweise wenig begangenen Pfaden
2.Tag: Einfache Gratwanderung auf guten Wegen

Variante
- Es ist auch möglich, nur eine der beiden Tagesetappen zu wandern. In diesem Fall Ab- resp. Anfahrt von/nach Bramboden mit dem Bus vom Bahnhof Hasle an der Bahnlinie Luzern–Bern. Die Kurse (4 bis 5 täglich) verkehren nur auf telefonische Voranmeldung. Tel. 041 484 11 71 (wenn möglich am Vortag).

Beste Jahreszeit
Mitte April bis Mitte November

Verkehrsmittel
- Mit dem Zug bis Wolhusen, von dort mit dem Bus nach Doppleschwand
- Escholzmatt liegt an der Bahnlinie Bern–Luzern

Sehenswertes
- Kapelle Oberhüseren
- Köhlerplätze bei Drachslis
- Weiler Bramboden
- Dorf Escholzmatt

Übernachten, Gasthäuser
Doppleschwand (www.doppleschwand.ch):
- Landgasthaus Linde, www.linde-doppleschwand.ch, Tel. 041 480 13 82 (DZ: Fr. 70.– p.P.), Ruhetage Di und Mi Morgen.

Bramboden:
- www.bramboden.ch, Hotel Bergruh, Tel. 041 484 26 08 (DZ: Fr. 85.– p.P., moderne Panoramazimmer Fr. 103.–). Für Gruppen werden zahlreiche Programme angeboten (Goldwaschen, Käsen, Besichtigung von Köhlerplätzen).
- Bio-Hof Hohfarni (ca. 30 Gehminuten nach Bramboden, wenig abseits der 2. Tagesetappe), Schlafen im Stroh, Mahlzeiten, Fam. Thalmann-Bertschinger, Tel. 041 484 23 35

Chnubelsegg:
- (wenig abseits des Gratweges bei Chrüzboden), Ferienwohnung oder Schlafen im Heu, Fam. Aeschlimann, Tel. 041 486 20 52

Escholzmatt:
- info: Tel. 041 486 12 47, www.escholzmatt.ch;
- Hotel Löwen, Tel. 041 486 12 06 (DZ: Fr. 65.– p.P.), (www.mypage.bluewin.ch/hotel.loewen);
- Hotel Krone, Tel. 041 486 11 10 (DZ: Fr. 50.– p.P.);
- Hotel Bahnhof, Tel. 041 486 11 07 (DZ: Fr. 45.– p.P.), Mi und Do bis 17 Uhr Ruhetag;
- Restaurant Rössli, Tel. 041 486 12 41, www.gasthofroessli.ch ist mit seiner kreativen Küche der Tipp zum Essen. Das Rössli hat keine Zimmer mehr im Hause, der Wirt vermittelt jedoch gerne Zimmer in nahe liegenden Bauernhöfen.

Karten
1149 Wolhusen, 1169 Schüpfheim, 1168 Langnau i.E. (1:25 000)
234 (T) Willisau, 244 (T) Escholzmatt (1:50 000)
oder Wanderkarte Sörenberg–Entlebuch, Kümmerly+Frey (1:60 000)

Weitere Informationen und Führungen zur Köhlerei
- Paul Duss, Romoos, Tel. 041 480 19 85 oder unter www.romoos.ch
- Im Dachgeschoss des Feuerwehrgebäudes Pfarrpfrund von Romoos gibt es eine Ausstellung zur Köhlerei. Anmeldungen zum Besuch der Ausstellung sind in an Paul Duss oder die Gemeindekanzlei Romoos (Tel. 041 480 13 73) zu richten.

1. Tag: Doppleschwand–Gadenstatt–Ober Hetzlig–Drachslis–Bramboden

Bei **Doppleschwand Post** (751 m), im Dorfkern der kleinen Entlebucher Gemeinde, steigen wir aus dem Bus. Das Dorfbild wird von der überraschend großen Kirche beherrscht. Ein Vorgängerbau wurde bereits 1275 erwähnt. Mit Fahrstraßen erschlossen wurde das durch steile Flanken isolierte Dorf aber erst 1849.

Wir wandern die Straße abwärts Richtung Romoos. Wer noch keinen Proviant im Rucksack hat, sollte die Chance nicht verpassen, sich in der Dorfkäserei mit Käse zu versorgen. Die »Dorf-Chäsi« gehört der 1892 gegründeten Käsereigenossenschaft. Eine der ältesten noch produzierenden Käsereigenossenschaften der Zentralschweiz. Sie produziert in erster Linie immer noch Emmentaler (96 000 kg jährlich), doch nimmt der Absatz von Käsespezialitäten stetig zu. Der initiative Käser George Hofstetter erhielt in den vergangenen Jahren für seine Kreationen gleich mehrere Preise. Der Entlebucher Schwingerkäse erhielt an der internationalen Käsiade in Österreich die Goldmedaille. Sein Entlebucher Schnittlauchkäse gewann 2001 den Swiss Cheese Award.

Wer sich im Laufe des Tages im Goldwaschen versuchen will, kann im Goldwasch-Shop, bei der Avia-Tankstelle am Ausgang des Dorfes, noch die notwendigen Utensilien besorgen. Eine Chance auf Erfolg ist durchaus vorhanden (s. Seite 128). 200 Meter vom Dorfausgang zweigt der markierte Wanderweg links von der Straße ab. Ein kleiner Fußpfad mit Treppen führt uns durch den Wald. Weiter oben verläuft der Weg für 100 Meter auf einem Fahrweg, um danach wieder auf einem Pfad steil aufwärts zu führen. Auf dem kleinen Grat halten wir nach links. Bei einer Kreuzung geradeaus erreichen wir einen bewaldeten Grat, dem wir auf seiner ganzen Länge bis zur Brunegg-Kapelle Oberhüseren folgen. Bei der einfachen Kapelle folgen wir der Straße nach rechts. Nach 100 Metern biegen wir links ab und erreichen mit vielen Kehren durch den Tannen-Buchen-Wald, die letzten Meter auf einem Wiesenweg, **Gadenstatt** (673 m) am Lauf der Grossen Fontannen. Wir überqueren den Fluss auf einer Brücke, gelangen nach 50 Metern auf einen Fahrweg, dem wir nach links folgen. Von hier an ist der Weg nicht mehr markiert. Bei der ersten Lichtung (nach ca. 150 m) queren wir unterhalb eines Hauses die Wiese und folgen dem Waldrand nach links, bis rechts ein kleiner Pfad in den Wald abzweigt. Der Pfad ist erst im Wald gut erkennbar. Vor allem bei schönem Wetter gleicht das Eindringen von der sonnendurchfluteten Wiese in den Wald dem Eintauchen in eine andere, stillere Welt. Der Pfad ist schmal und wenig begangen. Nach einer kleinen Hütte folgen wir am unteren Ende einer Lichtung dem Weg geradeaus (und nicht links hinunter) bis zu einem markanten Nagelfluhfelsen, über den ein kleines Rinnsal hinunterplätschert. Wir folgen dem Weg, welcher der Höhenlinie folgt, nach links. Später kreuzen wir einen Wanderweg. Wir gehen aber weder links hinunter noch rechts hinauf, sondern immer geradeaus (weiterhin unmarkiert).

Beim Hof Unter Hetzlig (Verkauf von Bio-Gemüse und Würsten ab Hof) folgen wir der geteerten Straße, von der wir später nach links abbiegen und den Hof **Ober Hetzlig** (951 m) erreichen. Hinter dem Hof geht der Weg weiter, der uns nach Ober Grossegg führt. 100 Meter nach der Ober Grossegg biegen wir links auf den gelb markierten Wanderweg ein, um zum Seeblibach zu gelangen. In der Nähe der Brücke stand zwischen 1741 und 1781 eine Glasersiedlung mit 10 Wohnhäusern, einer Kapelle und einer Schenke. Spuren der ehemaligen Glasproduktion sind heute keine mehr auszumachen (s. Seite 264).

Dem Seeblibach folgen wir aufwärts auf gutem Weg. Nach ca. 500 Metern fließt von rechts der Goldbach in den Seeblibach. Der Name weist auf die geringen Goldvorkommen in den Napfgewässern hin. All die Gräben und Täler des Napfgebietes wurden ausschließlich von den Napfbächen geformt. Ein reines Erosionsgebiet. Deshalb auch die steilen Hänge und Kanten. Im Gegensatz zu den von Gletschern abgeschliffenen sanften Hügeln des Emmentals war das Napfgebiet nie von einer Eisschicht bedeckt.

Kurz nach **Drachslis** (829 m) erreichen wir einen Köhlerplatz. Mit etwas Glück können wir hier einen brennenden Kohlenmeiler bewundern (s. Seite 170). Von Drachslis geht es dann steil hinauf nach Bramboden. Für ein kurzes Zwischenstück müssen wir dafür noch einmal kurz auf der Straße wandern, biegen dann links ab und erreichen auf dem Grat das Hotel Bergruh in **Bramboden** (1053 m). Im Hotel Bergruh kann bei weiter Aussicht auf die Berner Alpen und die Entlebucher Höhenzüge vorzüglich gespeist

▲▲ Wald und Wiesen prägen das Landschaftsbild des Napfgebietes.

11
DOPPLE-SCHWAND–ESCHOLZMATT

▼ Beim Abstieg zur Grossen Fontanne kommen wir an der Brunegg-Kapelle vorbei.

werden. Die Weinkarte lässt keine Wünsche offen.

2. Tag: Bramboden–Champechnubel–Turner–Escholzmatt

Der Weiler Bramboden mit der Kirche, dem Pfarrhaus und dem Sigristenhaus, in dem auch die Schule, die Bäckerei, die Gaststube und ein Lebensmittelladen untergebracht waren, entstand um 1920. Die Kirche ist mit viel Holz ausgekleidet, dem Baumaterial, das im Napfgebiet immer in Hülle und Fülle vorhanden war. Vor dem Bau der Kirche dauerte der Kirch- und Leichenweg nach Romoos für die umliegenden Einzelhofsiedlungen über zwei Stunden. Bei viel Schnee wurde der Besuch des Gottesdienstes gar unmöglich. Die Gründung einer Pfarrei auf Bramboden 1926 entsprach somit einem echten Bedürfnis. In den letzten Jahren wurde der Service Pubic in Bramboden jedoch arg zusammengestrichen. 1976 wurde die Schule geschlossen, 1994 der Verkaufsladen liquidiert und am 1. Dezember 2001, nach 112-jährigem Bestehen, die Poststelle aufgehoben.

Von **Bramboden** folgen wir alles dem Grat, zuerst auf einer kleinen geteerten Straße, später auf einem guten Fußweg. Bei der Hängelenflue, wo der Kern des Napfgebietes, die Nagelfluh, zum Vorschein kommt, treffen wir auf die Trimle, den Grat, der zum Napf führt. Wir biegen an dieser Stelle aber in die entgegengesetzte Richtung nach Escholzmatt ab. 25 Minuten nach der Abzweigung gelangen wir auf den **Champechnubel** (1261 m), den höchsten Punkt unserer zweitägigen Wanderung. Eine gute Stelle für eine Rast. Der kleine Chnubel, wenige Meter abseits des Weges, erhebt sich zwar nur wenige Meter über den Grat, aber die Aussicht schweift weit in die Ferne. Über Wiesen und durch Wälder geht es weiter dem Grat entlang Richtung Süden. Der Grat bildet hier die Kantonsgrenze zwischen Luzern und Bern. Auch die Sprachgrenze verläuft hier messerscharf. Die Truber reden ganz anders als die Leute von Escholzmatt.

◄ Immer wieder treten im Napfgebiet unverhofft steile Nagelfluhfelsen hervor, wie hier zwischen Gadenstatt und Unter Hetzlig.

Der kleine Pfad verläuft bis zum Turner oftmals genau auf dem Grat, die meiste Zeit durch einen Tannenwald. Vom **Turner** (1215 m), ebenfalls ein Aussichtspunkt, biegen wir nach Bock ab, wo es zwei Möglichkeiten gibt, um nach Escholzmatt abzusteigen. Wir wählen diejenige, die rechts am Bockshorn vorbeiführt und dem Wiesenpfad folgt. Der Name Bockshorn kommt übrigens nicht von jenem Horn, in das wir uns ab und zu jagen lassen, sondern von Bocken respektive Bottich oder Bütti, mit dem die Erosionskessel am Fuße des Hügels gemeint sind.

11
DOPPLE-
SCHWAND–
ESCHOLZMATT

Bei der Rotenflue beginnt der Abstieg. Der mit erklärenden Schautafeln beschilderte Wiesenpfad führt uns über blumenreiche Magerwiesen hinunter nach Escholzmatt. Die Vielfalt der Magerwiesen bleibt nur bestehen, wenn sie erst spät im Jahr gemäht und nicht gedüngt werden. Diese Bewirtschaftung hat für die Bauern Einkommenseinbußen zur Folge, die aber vom Kanton entschädigt werden.

▼ Die Berg-Flockenblume ist in den Alpen auf basenreichen Böden weit verbreitet.

Auf dem Talboden kommen wir kurz vor Escholzmatt am Grabenhof, einer der bedeutendsten bäuerlichen Gebäudegruppen des Entlebuchs, vorbei. Das breite Wohnhaus stammt aus der ersten Hälfte des 17. Jahrhunderts. Der zweigeschossige Getreidespeicher von 1664 hat ein Holzschloss, welches durch ein seitliches Armloch bedient werden konnte.

Beim Dorfeingang von Escholzmatt emp-

fiehlt es sich, die rechts verlaufende Gasse, die enge Schmiedgasse, zu nehmen. Sie führt uns ins Mettlenquartier, welches viel von seinem ursprünglichen Charakter bewahren konnte. Bei der Hauptstraße gelangen wir auf den Dorfplatz von **Escholzmatt** (858 m). Geprägt wird er von der Kirche, aber auch von den stattlichen Gasthäusern. Am ältesten und eindrucksvollsten das Hotel Löwen.

Das Entlebucher Landrecht besagte 1491, dass es im Entlebuch nur drei Wirtschaften geben darf. Alle drei bestehen auch heute noch. Die Drei Könige in Entlebuch, der Adler in Schüpfheim und der Löwen in Escholzmatt. Ab 1571 war in Urkunden immer wieder vom »Rote Löien« die Rede. Bei der Renovation im Jahr 2000 wurde deshalb der bis anhin goldene Löwe, der seit 100 Jahren die Hausfassade bewacht, rot gestrichen.

Ein ebenfalls repräsentativer Bau in Escholzmatt muss wohl das alte Gasthaus Rössli gewesen sein, das aber 1941 vollständig niederbrannte. Im heutigen Neubau wirtet Stefan Wiesner. Obwohl ein hochgepriesenes Gourmet-Lokal (16 Gault-Millau-Punkte), ist das Rössli auch eine Dorfbeiz geblieben. Stefan Wiesner kocht im besten Sinne kreativ und schreckt vor keinen noch so gewagten Kombinationen zurück. Er legt Wert darauf, seine Zutaten aus der Region, dem Biosphärenreservat, zu beziehen. Für die Küche von Stefan Wiesner sind dies aber nicht nur Fleisch oder Milchprodukte, sondern auch Gold, Steine, Holz oder Heu. Für Genießer und Gwundrige empfiehlt sich das Überraschungsmenü, für das man sich aber telefonisch voranmelden sollte.

Die Krone, früher Drei Könige genannt, wenige Schritte Richtung Bahnhof, ist das dritte gastliche Wirtshaus am Platz. Es gehörte einst der gleichen Familie wie der Löwen. Den gemeinsamen Besitz teilten

1828 zwei Brüder per Losentscheid untereinander auf. Der eine erhielt den Löwen, der andere die Drei Könige. Seit 1843 war der Gasthof, der ziemlich genau auf der Wasserscheide liegt, die Wechselstation für die Pferdepost von Luzern nach Bern. Eine Fahrt, die zu dieser Zeit 9½ Stunden dauerte. Nochmals wenige Meter weiter, bei der Abzweigung zum Bahnhof, steht links das im Schweizerhausstil erbaute Chalet Jenny. Dies war einst die Dependance des Löwen. Sie wurde um 1900 von den Kurgästen bezogen, als der Löwen oft ausgebucht war und Escholzmatt eine touristische Blüte erlebte. Ob sie mit dem Biosphärenreservat wiederkommt?

◄ Über die weite Hügellandschaft des Napfgebietes reicht der Blick an schönen Tagen bis zu den Berner Hochalpen.

11
DOPPLESCHWAND-ESCHOLZMATT

▼ Ein Kohlenmeiler bei Drachslis gegen Schluss des Aufbaus.

DIE LETZTEN KÖHLER DER SCHWEIZ

Im Napfgebiet, auf dem Gebiet der Gemeinde Romoos, zu der auch der Weiler Bramboden gehört, wird immer noch mit der gleichen Methode wie vor zweihundert Jahren Holzkohle hergestellt.

Die Blütezeit erlebte die Holzköhlerei von Romoos zwischen 1820 und der Eröffnung der Eisenbahnlinien um 1875. Als das Napfgebiet mit Fahrwegen noch kaum erschlossen und der Holztransport mit großer Mühsal verbunden war, konnte mit der Verkohlung das Gewicht auf ein Viertel reduziert werden. Die wichtigsten Abnehmer waren zu jener Zeit die Eisenwerke, zum Beispiel diejenigen der Von Roll in Gerlafingen und Klus, die Gold- und Kupferschmiede sowie die Glättereien,

wo man die Wäsche mit Kohleeisen glättete. Mit der Eisenbahn kam später ausländische Holzkohle und Steinkohle ins Land und verdrängte dank tieferer Preise das einheimische Produkt. Um die vorletzte Jahrhundertwende kam die Köhlerei beinahe zum Erliegen. Erst während des Ersten und dann während des Zweiten Weltkrieges nahm die Nachfrage wieder zu. Die nun zu einem Köhlerverband zusammengeschlossenen Köhler produzierten in den Kriegsjahren 1939–1945 rund 1100 Tonnen Holzkohle für gewerbliche und industrielle Zwecke.

1975 wurden aufgrund von Sparmaßnahmen die Preisausgleichsbeiträge des Bundes zur Erhaltung der Holzköhlerei gestrichen. In die Bresche sprang die Industrie-Leasing AG mit freiwilligen Beiträgen und ab 1981 der Gebirgshilfefonds des Kantons Luzern mit einem Beitrag von 30 Rappen pro Kilogramm Holzkohle. Geliefert wurde zu dieser Zeit immer noch an die Industrie. Von 1959 bis 1980 in erster Linie an die Georg Fischer AG in Schaffhausen, von 1981 bis 1985 ausnahmslos an die Moos Stahl AG in Emmenbrücke.

Als auch hier mit dem Kauf eines neuen Walzwerkes von Kohle auf Strom umgestellt wurde, kam es zu einem entscheidenden Wendepunkt für die Romooser Köhler. Sie entschlossen sich, auf Grillholzkohle umzustellen, und fanden mit Otto's Warenposten einen Verteiler, der bereit war, die Napfkohle in sein Sortiment aufzunehmen. Der Absatz bereitete keine Probleme, und aufgrund des tiefen Holzpreises ist die Produktion in den letzten Jahren sogar wieder angestiegen. Im Jahr 2000 wurden in Romoos 72 Tonnen Grillholzkohle produziert. Von den um 1850 über 100 Köhlerplätzen sind noch 8 in Be-

▶ Rauchender Kohlenmeiler bei Drachslis.

11
DOPPLE-
SCHWAND-
ESCHOLZMATT

trieb. Die Köhlerei ist für die Landwirte nicht ein Hobby, sondern ein willkommener Nebenverdienst.

Im Frühling zwischen Heuet und Emdet sowie im Herbst hat man gute Chancen, um Bramboden herum rauchende Kohlenmeiler zu sehen. Sie werden seit Urzeiten mit der gleichen Methode hergestellt. Am Boden erstellt man einen kreisförmigen Holzrost, auf dem man um einen Holzmast von 4 Meter Länge und 15 Zentimeter Durchmesser mit rund einen Meter langen Spälten aus Tannen- oder Buchenholz den Meiler aufbaut. Den Meiler deckt man mit Tannenreisig und darüber mit einer luftdichten, rund 20 Zentimeter dicken Schicht aus angefeuchteter Löschi (Kohlengries) ab. Man zieht den zentralen Mast (Füllibaum) heraus und füllt den offenen Raum (Füllihus) mit glühender Kohle auf. Daraufhin verschließt man das Füllihus luftdicht und stößt am Kopf des Meilers Luftlöcher durch den Löschimantel. Weißer

Rauch, der aus den Luftlöchern dringt, zeigt an, dass die Verkohlung ihren Gang nimmt. 14 bis 18 Tage braucht ein Meiler, bis das Holz in seinem Innern zu Kohle umgewandelt ist. Bei einem Meiler von 40 Klafter Holz (1 Klafter = 1 Holzbeige von 3x1x1m. Entspricht nach Abzug der Hohlräume 2,25 Kubikmeter Holz) werden dabei rund 30 000 Liter Wasser verdampft. Trockene Destillation nennt sich dieser Vorgang. Der Meiler muss bei diesem Vorgang ständig von einem Köhler überwacht werden, der Luftlöcher sticht und wieder zustopft und alle zwei Stunden Füllikohle nachschüttet. Die Kunst des Köhlers besteht darin, durch geschicktes Öffnen und Schließen der Luftlöcher ein Verbrennen des Holzes zu verhindern und die Temperatur so tief zu halten, dass nur das Wasser entweicht.

◀ Die kleinen Kohlenreste werden zum Füllen des Füllihus verwendet (Foto von Ernst Brunner, Fontannental, 1940).

11
DOPPLE-
SCHWAND-
ESCHOLZMATT

▼ Aufbaus eines Kohlenmeilers:
1 Bodenrost
2 Spälten und Rugel
3 Füllihus
4 Füllibaum
5 Reisigmantel
6 Löschimantel
7 Zuglöcher
8 Luftlöcher
9 Meilersicherung mit Spälten und Drahtseilen

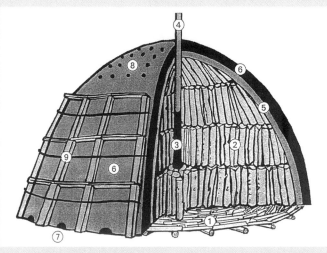

EIN LIKÖR AUF DIE AUSSICHT

SCHÜPFHEIM–BEICHLEN–ESCHOLZMATT

Die Tageswanderung führt uns, alles dem Grat nach, auf die aussichtsreiche Beichlen. Durch dunkle Tannenwälder gelangen wir nach Escholzmatt, dem Geburtsort des Bauernführers Christian Schybi. Kurz vor dem Ziel können wir unseren Durst bei einer Degustation der lokalen Studer-Liköre stillen.

12

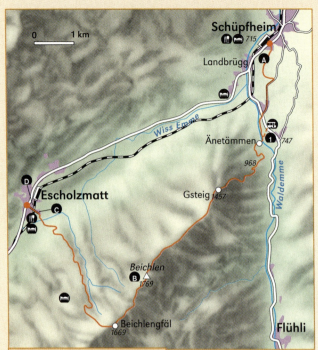

Schüpfheim–Änetämmen ¾ **Std.**
Änetämmen–Gsteig 1¾ **Std.**
Gsteig–Beichlen 1¼ **Std.**
Beichlen–Beichlengfäl ½ **Std.**
Beichlengfäl–Escholzmatt 1½ **Std.**

Total: **5¾ Std.**

Höhendifferenz: ↗ 1070 m, ↘ 930 m

Charakter
Einfache Gratwanderung im teilweise steilen Gelände.

Variante
Die ersten zwei Kilometer der Wanderung können mit dem Postautokurs Richtung Flühli/Sörenberg abgekürzt werden. Aussteigen bei der Haltestelle Chlusstalden (Zeitersparnis 30 Minuten).

Beste Jahreszeit
Anfang Mai bis Ende Oktober

Verkehrsmittel
→ Mit der Bahn nach Schüpfheim an der Strecke Bern–Luzern (in Schüpfheim hält auch der Schnellzug)
← SBB-Station Escholzmatt an der Strecke Bern–Luzern

Sehenswertes
- Kapelle St. Wolfgang in Schüpfheim
- Aussicht von der Beichlen
- Distillerie Studer & Co. (Verkauf ab Produktion, Mo–Fr 07.30–12.00 Uhr und 13.30–17.30 Uhr. Besichtigungen auf Anfrage (Tel. 041 486 12 04).
- Schibi-Denkmal und Pfarrkirche St. Jakob in Escholzmatt

Übernachten, Gasthäuser
Schüpfheim (www.schüpfheim.ch):
- Hotel Adler, Tel. 041 484 12 22 (DZ: Fr. 65.– p.P.), Di, Mi Ruhetag;
- Hotel Kreuz, Tel. 041 484 12 64 (DZ: Fr. 60.– p.P.), Mo Ruhetag;
- diverse Restaurants
- Bauernhof Chnubel: Ferienwohnung und Schlafen im Stroh, kleine Verpflegung auf Voranmeldung; Familie Studer, Tel. 041 484 23 50

- Keine Einkehrmöglichkeit unterwegs
- Eigrat (beim Abstieg von der Beichlen auf 1100 m), Zimmer auf Bauernhof, Fam. Schöpfer-Stadelmann, Tel. 041 486 21 81

Escholzmatt:
- Info: Tel. 041 486 12 47, www.escholzmatt.ch
- Hotel Löwen, Tel. 041 486 12 06, www.mypage.bluewin.ch/hotel.loewen (DZ: Fr. 65.– p.P.);
- Hotel Krone, Tel. 041 486 11 10 (DZ: Fr. 50.– p.P.);
- Hotel Bahnhof, Tel. 041 486 11 07 (DZ: Fr. 45.– p.P.), Mi und Do bis 17.00 Uhr Ruhetag;
- Das Restaurant Rössli ist mit seiner kreativen Küche der Tipp zum Essen. Das Rössli hat keine Zimmer mehr im Hause, der Wirt vermittelt jedoch gerne Zimmer in nahe liegenden Bauernhöfen.

Karten
- 1169 Schüpfheim und 1189 Sörenberg (1:25 000)
- 244 (T) Escholzmatt (1:50 000)
- Wanderkarte Sörenberg-Entlebuch, Kümmerly + Frey (1:60 000)
- Wanderkarte Escholzmatt-Marbach, Hrsg. Verkehrsvereine Escholzmatt und Marbach (1:25 000)

Literatur
- André Meyer, *Die Pfarrkirche St. Jakob in Escholzmatt,* Schweizerische Kunstführer, hrsg. von der Gesellschaft für Schweizerische Kunstgeschichte, 1985 (erhältlich in der Kirche)

SCHÜPFHEIM–ESCHOLZMATT

Auf dem Bahnhofvorplatz von **Schüpfheim** (715 m) ist unser Tagesziel, die bewaldete, am Gipfel mit Felsen durchsetzte Beichlen, bereits sichtbar. Gut vier Stunden Aufstieg stehen vor uns. Da wir auf der Gratwanderung nur wenige Wasserquellen vorfinden werden, sollte man die Gelegenheit nutzen und sich am Bahnhof mit genügend Tranksame eindecken. Dann gehts los, zuerst den Gleisen entlang Richtung Bern, nach 100 Metern, den Wegweisern folgend, links ab. Am Ortsrand von Schüpfheim hockt auf einem kleinen Hügel die Kapelle St. Wolfgang und schaut auf die Landschaft hinaus. Die Kapelle sieht zwar aus wie neu (die Restauration wurde 1998 beendet), doch kann sie auf eine 300-jährige Geschichte zurückblicken. Ein Vorgängerbau wurde bereits im Jahre 1523 schriftlich erwähnt. Hinter Schüpfheim geht es zuerst über Wiesen, später auf einer schmalen, geteerten Straße der Beichlen zu. Für eine kurz Strecke müssen wir der Hauptstraße Richtung Sörenberg folgen, bevor wir bei einer Schreinerei an die Waldemme gelangen. Nach einem Kieswerk überqueren wir die Emme und kreuzen auch die Transitgasleitung Holland–Italien (s. a. Seite 60). Da im Jahr 2000 neue, größere Rohre verlegt wurden, zog sich zu dieser Zeit ein breiter, brauner Strich mit Aushubmaterial durch die Landschaft. Heute ist davon kaum noch was zu sehen.

In **Änetämmen** (772 m) folgen wir den Wegweisern Richtung Beichlen, verlassen nach 100 Metern jedoch den breiteren Weg und gehen geradeaus über einen kleinen Bach. Über einen nur schwer erkennbaren Wiesenweg, später durch den Wald erreichen wir in steilem Aufstieg den Rücken der Beichlen, dem wir nun, zuerst rechts dem Waldrand entlang, bis auf den Gipfel folgen werden. Beim zweiten Hof (Ober Lammberg, Trinkwasser) verlassen wir die Fahrstraße und gehen auf der Mitte des Grates weglos über eine blumenreiche Wiese, später durch den Tannenwald bergan. Nach dem schweißtreibenden Aufstieg erreichen wir das Stallgebäude bei **Gsteig** (1458 m). Bis ins 19. Jahrhundert nannte man den ganzen Bergrücken nicht Beichlen, sondern »das Gsteig«. Gsteig wird im Alpengebiet oft für steile Berghänge oder steile Berge überhaupt verwendet. Der heutige Namen »Beichlen«, eine Ableitung vom Wort »Bank«, welche in Berggebieten oft Terrassen oder Felsbänke bezeichnet, war einst der Name einer Alp in der Nähe des Kulminationspunktes. Weiter dem nun ausgeprägten Grat entlang, an Nagelfluhfelsen und Heidelbeeren vorbei, gelangen wir nach einer weiteren Stunde auf den Vorgipfel mit Gipfelkreuz und Gipfelbuch und über ein letztes Nagelfluhband auf den Hauptgipfel der **Beichlen** (1770 m). Joseph Xaver Schnyder von Wartensee, von 1776 bis 1784 Pfarrer in Schüpfheim und Verfasser etlicher naturwissenschaftlicher Schriften und Zeichner der ersten Karten des Amtes Entlebuch, nannte die Aussicht von der Beichlen »[...] die schönste in Entlibuch, und einer der schönsten, so man nur finden kann. Unbeschreiblich ist die Gestalt der enthusiastischen Gegend ! [...] Glückliche Auen! – Glückliches Volk in den Auen! – Wenn es nur will!« Der Ausblick hat auch heutzutage nichts von seinem Reize verloren: Im Hintergrund schweift der Blick von den Eismassen des Titlis und Dammastockes bis hin zu den großen »Bernern«: Wetterhorn, Schreckhorn sowie Eiger, Mönch und Jungfrau. Davor

▲ ▲ Blick vom Beichlengrat Richtung Osten zur Pilatuskette und ins Mittelland.

◀ Blick von der Beichlen Richtung Schafmatt.

12
SCHÜPFHEIM-ESCHOLZMATT

▼ Von Ober Lammberg steigen wir steil über eine blumenreiche Wiese zum Gsteigwald hinauf.

erheben sich der Hohgant, die Schrattenfluh, das Brienzer Rothorn und der Pilatus. Im Norden sieht man hinter dem Napf bis in den Schwarzwald.

Rund 250 Meter vom Gipfel entfernt Richtung Osten (in der flacheren Flanke) begannen im extrem regenreichen Juni 1980 umfangreiche Erd- und Gesteinsmassen talwärts zu rutschen. Am Sonntag, dem 22. Juni, wurden am Morgen während eines Älplergottesdienstes auf Unter Schwarzenberg sonderbare Bodenbewegungen beobachtet, und ein unterirdisches Grollen war zu vernehmen. Am Nachmittag alarmierte der Älpler der Alp Spittel den Gemeindepräsidenten von Flühli: »Hörst du, wies knackt und tost«, rief er aus, indem er den Hörer weit zum Fenster hinausstreckte. Die gefährdeten Alpen wurden evakuiert. Eine Million Kubikmeter Erde und Geröll flossen unaufhaltsam talwärts. Am nächsten Morgen hatten sie den Hellschwändbach erreicht, am Nachmittag die Waldemme, die durch die Geröllmasse und durch mitgeführte Baumstämme gestaut wurde und die Straße überschwemmte. Trotz großem Einsatz von Menschen und Maschinen beruhigte sich die Lage wegen der anhaltenden Regenfälle nur langsam. Der Schaden an Straßen, Kulturland und Gebäuden war enorm und erinnerte an die große Unwetterkatastrophe vom September 1936, als bei Schüpfheim ein Hof und eine siebenköpfige Familie unter Erdmassen begraben wurden. Was im Fernsehzeitalter kaum mehr vorstellbar ist: Damals wurde das Katastrophengebiet von Schaulustigen überschwemmt. Mehrere Extrazüge und unzählige Autos brachten am Wochenende nach dem Ereignis rund 40000 Personen nach Schüpfheim. Die Völkerwanderung zum Unglücksort, der Emmenegg, brach in den nächsten zehn Tagen nicht ab.

Wir setzen unsere Gratwanderung Richtung Südosten fort. Nach 5 Minuten werden wir bei einem kleinen Sattel mit einem Wegweiser auf eine (karge) Wasserquelle aufmerksam gemacht. Im Hochsommer ein willkommener Hinweis. Kurz nachdem wir einen breiten Fahrweg erreicht haben, verlassen wir bei **Beichlengfäl** (1650 m) den Grat und wandern auf gutem, jedoch steilem Pfad durch den Tannenwald Richtung Escholzmatt. Später überqueren wir bei Zigerhüttenboden eine asphaltierte Alpstraße. Wir gehen weiter bergab, nun weniger steil, zuerst über Wiesen, später auf einem Wanderweg, für kurze Strecken auch auf der asphaltierten Straße.

Am Eingang von Escholzmatt kommen wir an den stattlichen Gebäuden der Distillerie Studer & Co. vorbei. Seit über 100 Jahren wird hier in alter Familientradition Hochprozentiges gebrannt, welches bereits C. G. Jung zum Verhängnis wurde (s. Seite 182).

Nach wenigen Minuten stehen wir vor der hochaufragenden neugotischen Kirche von **Escholzmatt** (858 m). Die letzte Bastion des katholischen Luzernerlandes vor dem reformierten Bernbiet wurde 1894 fertig gestellt und beeindruckt mit einem weiträumigen Innenraum. Unmittelbar vor der Kirche steht das Schibi-Emmenegger-Denkmal, das an die Führer des Bauernaufstandes von 1653 erinnert (s. Seite 234). Den Bahnhof erreichen wir von hier in 3 Minuten.

◀ Im Gegensatz zu den bewaldeten steilen Flanken in Gratnähe, sind die unteren Lagen der Beichlen bewirtschaftet. Im Bild der Hof Zigerhütten. Im Hintergrund der Napf.

12
SCHÜPFHEIM–
ESCHOLZMATT

▼ Der Beichlengipfel mit seiner charakteristischen Felsstruktur.

HOCHPROZENTIGES AUS ESCHOLZMATT

Als die vier Brüder Studer 1883 von ihren Wanderjahren zurückkamen, die sie unter anderem auch nach Bordeaux und Cognac führten, gründeten sie in Escholzmatt die Liqueur und Confiseriefabrik Gebrüder Studer. Sie produzierten Liqueure nach französischen Rezepten und Bitter mit heimischen Kräutern. Bei einer Degustation holte sich 1888 der Psychoanalytiker C.G. Jung, als er in Entlebuch zur Kur (!) weilte, mit 14 Jahren seinen ersten Rausch. Als 83-Jähriger hat er dieses Erlebnis in seiner Autobiografie festgehalten: »Bei einer dieser Gelegenheiten besuchten wir eine Distillerie, wo wir zu einer Kostprobe eingeladen wurden. In wörtlicher Erfüllung des klassischen Wortes: Nun aber naht sich das Malör, denn dies Getränk ist Likör […] fand ich die verschiedenen Gläschen so begeisternd, dass ich mich in einen mir ganz neuen und unerwarteten Bewusstseinszustand versetzt fühlte: Es gab kein Innen und kein Außen, kein Ich und die Anderen, kein Nr. 1 und Nr. 2, keine Vorsicht und Ängstlichkeit mehr. – Die Erde und der Himmel, die Welt und alles, was darin ›kreucht und fleucht‹, rotiert, aufsteigt und herunterfällt, war eins geworden. Ich war schamerfüllt und triumphbeglückt betrunken. Ich war wie in einem Meer seliger Nachdenklichkeit ertrunken und hielt mich infolge heftiger Meeresbewegungen mit Augen, Händen und Füßen an allen soliden Gegenständen fest, um mein Gleichgewicht auf wogender Straße und zwischen sich neigenden Häusern und Bäumen zu wahren. Großartig, dachte ich, nur gerade leider etwas zu viel. – Das Erlebnis fand zwar ein etwas jammervolles Ende, blieb aber eine Entdeckung und Ahnung von Schönheit und Sinn, die ich nur infolge meiner Dummheit leider verdorben hatte.« (C.G. Jung, *Erinnerungen, Träume, Gedanken*, Walter Verlag, Olten 1984)

Nicht nur C.G. Jung war von den Produkten angetan. Das Geschäft der Studers florierte, und die Produktionsanlagen wurden in den ersten Jahren zweimal innert kurzer Zeit vergrößert. Die mit Frankreich, Italien und England Handel betreibende Fabrik brachte neue Impulse in die bis anhin reine Bauerngemeinde.

Auch heute noch ist die Distellerie in Familienhänden und feiert Erfolge. Zu ihren Kunden gehören Prinz Charles, Bill Gates und die Rolling Stones. Käthi und Ivano Friedli-Studer, das heutige Besitzer-Ehepaar, wurden erst kürzlich für ihren Kirsch Vieux, ihren

Williams und ihre Löhrpflaume mit Medaillen ausgezeichnet, die kunstvollen Glasflaschen wurden in New York prämiert. Ein Grund für ihren Erfolg ist sicherlich die behutsame Auswahl der verwendeten Rohstoffe. Aufgrund einer freiwilligen Verpflichtung verwenden sie für ihre Produkte nur Schweizer Früchte. Wenn die Qualität einer Ernte nicht gut genug ist, wird in diesem Jahr diese Sorte nicht gebrannt.

Weitere Informationen zu Geschichte und Produkten: www.distillery.ch

12 SCHÜPFHEIM-ESCHOLZMATT

▼ Das repräsentative Fabrikationsgebäude mit der integrierten Direktorenwohnung, 1900 erstellt, wurde bereits 1922 ein Raub der Flammen. Das heutige Gebäude steht noch an derselben Stelle.

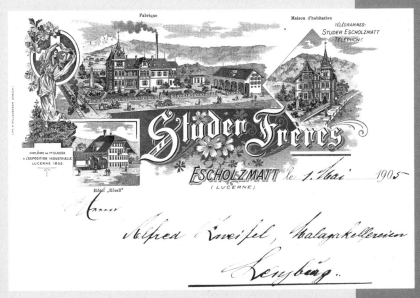

SCHRATTENKALK

HIRSEGG–SCHIBENGÜTSCH–HENGST–STRICK–FLÜHLI

Auf den Spuren von Pfarrer Schnyder von Wartensee wandern wir über Weiden, später durch den Wald, der sich mehr und mehr lichtet, in das ausgedehnte Karstgebiet der Schrattenfluh. Eine unwirtliche Gegend mit vielen Schlünden und Höhlen. Dem Grat folgen wir von Gipfel zu Gipfel, um am Schluss nach Flühli abzusteigen.

13

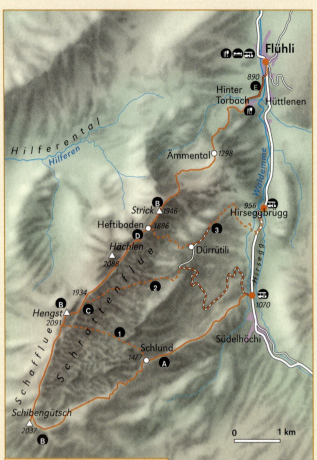

Hirsegg–Schlund **1½ Std.**
Schlund–Schibengütsch **1¾ Std.**
Schibengütsch–Hengst **1 Std.**
Hengst–Heftiboden **1¼ Std.**
Heftiboden–Strick **¼ Std.**
Strick–Ämmental **1¼ Std.**
Ämmental–Flühli **1 Std.**

Total: **8 Std.**

Höhendifferenz: 1240 m, 1427 m

Charakter
Lange Bergwanderung für konditionell starke Wanderer. Beim Auf- und Abstieg zum Strick im leicht ausgesetzten Gelände. Diverse Abkürzungen sind möglich (siehe Varianten).

Varianten
① Von Schlund direkt zum Hengst aufsteigen und den Schibengütsch auslassen. (Zeitersparnis 1 Std.)
② Vom Heidenloch direkt zur Hirsegg (Postautohaltestelle) absteigen. Eine Variante, bei der über eine große Strecke das eigentliche Karstgebiet durchwandert wird. (Zeitersparnis 1¾ Std.).
③ Vom Heftiboden zur Hirseggbrügg absteigen und auf den Strick verzichten. (Zeitersparnis ¾ Std.)
● Die Varianten können auch kombiniert und dadurch die Wanderzeiten nochmals verkürzt werden (Aufstieg mit Variante 1 und Abstieg mit Variante 2 oder 3).

Beste Jahreszeit
Mitte Juni bis Ende Oktober

Verkehrsmittel
→ Mit dem Zug bis Schüpfheim (an der Linie Bern–Luzern). Von hier mit dem Postauto bis Hirsegg (Postautolinie nach Sörenberg)
← Mit dem Bus nach Schüpfheim (an der Linie Bern–Luzern)

Sehenswertes
Ⓐ Torfmoos-Bergföhrenwald bei Schlund
Ⓑ Aussicht vom Schibengütsch, Hengst und Strick
Ⓒ Schrattenkalkformationen unterhalb des Hengst
Ⓓ Die Felsformationen der Hächlenzähnd
Ⓔ altes Glaserhaus

Übernachten, Gasthäuser
🏠 SAC-Hütte Heftiboden: unbewartet, Massenlager; Info und Reservation bei der Hüttenwartin Fränzi Marti, Tel. 031 711 45 36, Schlüsseldepots bei Theo Rentsch und im Bahnhof Schüpfheim, Schlüsselabgabe nur nach vorheriger Reservation.
Flühli:
🛈 Verkehrsbüro (Sörenberg), www.fluehli.ch, Tel. 041 488 11 85
🍴 Restaurant Thorbach (etwas außerhalb des Dorfes beim Skilift)
🏨 Kurhaus Flühli: www.kurhaus-fluehli.ch, Tel. 041 488 11 66 (DZ: 85.– p. P.);
🏨 Hotel Sonne, Tel. 041 488 11 10 (DZ: 60.– p. P.), Mi, Do Ruhetag

Karten
● 1189 Sörenberg (1:25 000)
● 244 (T) Escholzmatt (1:50 000)
● Wanderkarte Sörenberg–Entlebuch, Kümmerly+Frey (1:60 000)

13 HIRSEGG–FLÜHLI

»Niemandem rate ich, selber ohne einen guten, bewanderten, starken und beherzten Führer zu durchwandern«, riet Pfarrer Joseph Xaver Schnyder von Wartensee in seinen Beschreibungen der Berge des Entlebuchs Ende des 18. Jahrhunderts für Wanderungen auf die Schrattenfluh. Diesen Rat lassen wir, angesichts des mittlerweilen verbesserten Wanderwegnetzes, außer Acht. Einen anderen Hinweis nehmen wir uns aber zu Herzen: »Manchem sogar, der viele Berge bereiset, dürfte die Schrattenfluh mühsam und ermüdernder, als fast jede andere, vorkommen; und bis er allerorten sich durchgearbeitet, zu Schaffen machen.«

Wir laufen deshalb früh genug von der **Hirsegg** (1070 m), wo uns das Postauto abgeladen hat, los. Wir überqueren die junge Waldemme auf einer Brücke, gehen danach links, um nach weiteren 100 Metern rechts auf den weiß-rot-weiß markierten Bergweg abzubiegen. Über Weiden steigen wir zu Beginn steil bergan. Wenn das Gelände auf einem asphaltierten Fahrweg flacher wird, sehen wir einen großen Teil der Wanderung bereits vor uns. Links der Schibengütsch mit dem Gipfelkreuz, rechts die charakteristischen Hächlenzähnd. Über einen flachen Grat, teilweise weglos, erreichen wir einen halb offenen Torfmoos-Bergföhrenwald, ein Hochmoor von nationaler Bedeutung. Wasser führende Schlenken wechseln mit hohen Torfrücken ab. Während früher das ganze Moor beweidet wurde, was Trittschäden zur Folge hatte, ist heute das Kerngebiet eingezäunt.

Kurz vor dem **Hof Schlund** (1477 m) biegen wir links auf einen Fahrweg ab. Der Fichtenwald, zuerst noch dicht und hochstämmig, wird immer lichter. Immer mehr kommt das Kalkgestein zum Vorschein. Bei der Alp Chlus haben wir die Waldgrenze dann vollends hinter uns gelassen. Hier besteht auch die einzige Möglichkeit, Wasser nachzufüllen.

▲▲ Blick vom Strick zum Hächlengipfel, dem zweithöchsten Punkt der Schrattenfluh.

Der Bergkopf hinter der Alp (Richtung Osten) heißt Böli. Man könnte diesen Namen leicht von »Bolle« (kleine Erhöhung) ableiten. Was die Sprachforscherin Erika Waser aber stutzig machte: Die Ansässigen gebrauchten für den Bergkopf immer die weibliche Form »d Böli« oder »i der Böli obe«, was im Widerspruch zur Deutung mit »Bolle« stand. Durch einen Zufall entdeckte sie eine historische Namenform, die »Böri« hieß. Sie kommt aus dem Mittelhochdeutschen und bedeutet »Höhe, Erhebung«. Das Wort Empore, der höher gelegene Raum in der Kirche, ist mit dem Wort verwandt. Aus Böri wurde später Böli, wobei das weibliche Geschlecht erhalten blieb. Wenn wir uns die Böli betrachten, müssen wir zugeben, dass es eher eine Böri als ein Bolle ist.

◀ Aufstieg aus dem Tal der Waldemme in den frühen Morgenstunden.

Am Fuß der Böli liegt der Eingang zur Neuenburger Höhle. Von den über 180 Schächten, Schloten und Höhlen, die im Gebiet der Schrattenfluh bereits erforscht wurden, ist es die interessanteste und auch die längste; 7,5 Kilometer sind bereits erkundet worden, doch der größere Teil ist immer noch unbekannt. Die Höhlen der Schrattenfluh wurden seit 1959 von Höhlenforschern aus Neuenburg erkundet, deshalb der Name. In der Höhle, die von kleinen Bächen durchflossen wird, wur-

13

HIRSEGG–
FLÜHLI

den seltene Tierarten entdeckt: Doppelfüßer, Köcherfliegen, Käfer, Spinnen oder auch Fledermäuse. Auch so genannte Pseudoskorpione wurden gefunden. Die Erkundung der Höhlen konnte auch noch eine andere Frage lösen. Wohin fließen die schätzungsweise 25 Millionen Kubikmeter Wasser pro Jahr, welche auf die Schrattenfluh niederregnen? Ein Färbversuch in einer Höhle bei Schlund im Jahre 1970 schaffte Klärung. Man vermutete den Austritt des Wassers in der Nähe, beim Südelbach oder beim Bärselbach, und postierte an den wahrscheinlichen Stellen Beobachter. Die Färbung wurde schließlich aber von einem Unbeteiligten entdeckt. 38 Stunden nach dem Beginn des Versuches wurde das gefärbte Wasser bei Sundlauenen am Thunersee entdeckt. Das Wasser der Schrattenfluh unterquert also den Graben der Grossen Emme und verbindet sich mit dem Höhlensystem des Hohgant und der Sieben Hengste.

Nur mit Glück konnte im Jahr 2000 verhindert werden, dass die Neuenburger Höhle von einer Trekkingfirma aus Zürich aufgekauft, durch ein Eingangstor verschlossen und zur privaten Touristenhöhle ausgebaut wurde. Theo Schnider, der ehemalige Kurdirektor von Sörenberg, kam den Zürchern zuvor: »Wir haben es geschafft, dass eine allfällige Vermarktung kontrollierbar wird und eine mögliche Wertschöpfung durch die touristische Nutzung der Höhle in unserer Gemeinde bleibt. Es war eine deutliche Initiative gegen die Verlockung des schnellen und reinen Kommerzes.« Für alle Interessierten bietet das Tourismusbüro in Sörenberg Führungen in die Höhlenwelt der Schrattenfluh an.

Von der Alp Chlus gibt es verschiedene Möglichkeiten, um den letzten Aufschwung zum Schibengütsch zu meistern. Eine südliche, dem Grat entlang, eine mittlere, die zuerst der südlichen folgt und nachher rechts abzweigt, und eine über das Türstenhäuptli. Um die Strecke, die wir hin- und zurücklaufen, möglichst kurz zu halten, empfiehlt sich, die erste oder zweite (weniger steile) Variante zu wählen.

»Welche Aussicht! Wie ungemein schön! Wie ausgebreitet!«, schildert Pfarrer Schnyder von Wartensee den Blick vom **Schibengütsch** (2037 m, Gipfelkreuz). Und seine Gefühle, die er kurz zuvor auf der Böli beschrieben hat, würde er sicher auch für hier oben gelten lassen. »In arkadischen Gefilden, mitten im Aufenthalte der Feen atmen wir frei in der reineren Luft; entzückende Seltsamkeiten und romantische Aussichten stellen dem bezauberten Auge sich dar, indessen von einer beliebten Melancholie wir stöhnend da stehen. [...] Erhabene Szenen! Prächtige, beides, Anmut und Entsetzen eindrückende Bilder – nahe und ferne – in ungewöhnlichem Lichte und Schatten.«

Wir folgen nun alles dem Grat der Schrattenfluh. Die Flora ist vielfältig, und selbst Adler bauen auf der Schratten ihren Horst. Aus dem Jahr 1947 ist die folgende Geschichte überliefert: Ein »allwissender Herr aus Zürich« erzählte dem Entlebucher Wildhüter, dass er einst einen Adler, ein »Prachtskerl«, auf seinem Horstrand sitzend heruntergeholt habe. Der Wildhüter publizierte die Geschichte in einer Fachzeitschrift, worauf das Statthalteramt Entlebuch den Adlerschützen verurteilte und mit einer Buße bestrafte. Er hatte sich ja beim Wildhüter selbst angeklagt. Obwohl der Schütze die Tat im Nachhinein verneinte, bezahlte er schließlich die Strafe, um »endlich wieder Ruhe zu ha-

◀ Das Türstenhäuptli ragt wie ein großer Furunkel aus dem Grat der Schrattenfluh hervor. Im Hintergrund der Gipfel des Schibengütsch.

▼ Zwischen Heftiboden und Strick gibt es eine kurze, aber gut gesicherte steilere Stelle zu meistern.

ben«. Da man im nächsten Jahr den Horst wieder voll besetzt vorfand, war klar, dass die Geschichte des Schützen bloß Aufschneiderei war.

Nach wenigen Minuten kommen wir zum Türstenhäuptli, einer Felsformation wie von einem fremden Stern, die so gar nicht in das Kalkgestein der Schrattenfluh passen will. Der Weiterweg verläuft ebenaus auf grünen Matten über den Grat. Ein letzter, felsiger Aufschwung bringt uns auf den **Hengst** (2092 m, Gipfelkreuz), den höchsten Punkt des Gebirgszuges. Wir überblicken von hier das ganze Gebiet der Schrattenfluh, das 1978 bis zur Waldemme hinunter vom Kanton unter Schutz gestellt wurde. Es dürfen seither keine neuen Gebäude erstellt, keine Pflanzen gepflückt und die Karstformationen nicht verändert werden. Die Jagd ist im Rahmen der gesetzlichen Bestimmungen erlaubt. Nur von 1911 bis 1944 war sie auf der Schratten verboten.

Der Abstieg vom Gipfel führt uns über ausgeprägte Karstformationen. Auf der unwirtlichen Unterlage breitet sich der moosartige Steinbrech aus. Pfarrer Schnyder von Wartensee konnte sich die Entstehung der »zerschrundenen, zerspaltenen, zerhackten, zerrissenen, zerborstenen, zerlöcherten« Schrattenfluh auch nicht recht erklären, doch er war sich sicher, dass die Meinung derer, die meinten, sie sei ein verbrannter Berg, falsch war. Er vermutete eher ein Erdbeben oder »meinetwegen sogar ein, jedoch nur so einstweiliger, Feuerausbruch«, womit er wohl einen Vulkan umschreiben wollte. Bereits 50 Jahre später brachte der Berner Geologe Bernhard Studer Klarheit. Er konnte beweisen, dass die Karsterscheinungen auf die Löslichkeit des Kalkes durch das kohlensäurehaltige Regenwasser zurückzuführen seien. Da er seine Studien an der Schrattenfluh ausführte, bekam dieses Kalkgestein den Namen »Schrattenkalk«.

Beim Wegweiser Heidenloch nehmen wir den Weg Richtung Heftiboden. Zurück auf dem Grat, bemerken wir eine vom Militär ausgebaute Kaverne. 1943, während des Zweiten Weltkrieges, errichtete die Schweizer Armee vom Hohgant bis zur Schrattenfluh die Sperrstelle Bumbachtal mit zahlreichen Maschinengewehrständen. Dabei wurden oft bereits vorhandene Karsthöhlen umfunktioniert und möglichst billig, ohne Betonverkleidungen ausgebaut. Hier beim Heidenloch wurden ein Maschinengewehrstand und eine Mannschaftskaverne eingerichtet. Die Bauten sind heute als militärhistorische Objekte von nationaler Bedeutung geschützt.

◀ Wer beim Abstieg nach Flühli den Weg nicht mehr findet, dem können auch die Schafe nicht mehr weiterhelfen.

13
HIRSEGG-
FLÜHLI

Nach einem kurzen Anstieg weichen wir auf die rechte Flanke des Hächlen aus und wandern durch eine Steinwüste, in der eine seltsame Ruhe herrscht. Die Steine der Schrattenfluh umschreibt Pfarrer Schnyder von Wartensee als »viele durchlöchert, viele schneiden fast wie Messer, dass man im Darübergehen sehr sorgfältig aufzutreten hat, und leicht den Krampf bekommt; auch wer nicht sehr gute Sohlen an Schuhen hat, selbe bald durchgehet und zerhauet.«

Kurz nach den Hächlenzähnd, von Kletterfreunden geliebte Felstürme, kommen wir zur unbewarteten SAC-Hütte beim Heftiboden (Schlafraum für 12 Personen, Kochgelegenheit, aber kein fließendes Wasser). Vom **Heftiboden** (1886 m) folgen wir auf Pfadspuren (unmarkiert) dem zuerst noch mit Gras bewachsenen Grat, weichen einer ersten Erhöhung rechts, einer zweiten links aus. Gleich danach wechseln wir auf die rechte Seite des Gra-

▼ Die Steinnelke, welche trockene, felsige Hänge liebt, findet auf der Schrattenfluh ideale Verhältnisse vor.

tes, wo ein Stahlseil eine steilere, leicht exponierte Stelle sichert. Danach wieder dem Grat nach auf den **Strick** (1946 m).
Beim Abstieg vom Gipfel (wieder weiß-rot-weiß markiert) müssen wir noch einmal die Hände zu Hilfe nehmen, um ein steileres Stück zu meistern. Wir kommen wieder auf den Grat zurück, den wir aber bei der Ober Gummenegg definitiv verlassen. Der Abstieg von der Gummenegg ist mühsam und schlecht markiert. Man sollte dabei nicht den Schafspuren nach den Hang queren, sondern auf nur teilweise sichtbarem Pfad, leicht rechts haltend, abwärts gehen. Von einem Geländerücken biegen wir rechts ab in einen steinigen Talkessel, der »In der Not« genannt wird.
Weiter unten kommen wir auf einen guten Fahrweg, der uns bei der Alp **Ämmental** (1298 m) vorbei bis zur Bergstation des Skiliftes führt. Dort biegen wir links ab. Der Pfad führt uns durch den Wald auf einen weiteren Fahrweg, auf dem wir bis zur Talstation des Skiliftes wandern (Abkürzung im unteren Teil über die Piste möglich). Der Skilift wurde 1945 gebaut und kämpft seit 1948 mit roten Zahlen. 1958 wurde gar darüber diskutiert, ob man den Lift nicht besser ins Schrattengebiet dislozieren sollte. Es stand zu dieser Zeit ein Lift von der Hirsegg bis zum Grat zur Diskussion. Die Idee wurde nie verwirklicht. Heute kann die Touristik AG Flühli den Lift dank der guten Ertragslage des Campingplatzes am Leben erhalten.
Von der Talstation folgen wir der Straße. Nach dem Campingplatz kommen wir an den ehemaligen Wohngebäuden der Glaserfamilien vorbei. Sie sind einer der letzten verbliebenen Zeugen der Glaserei-Epoche von Flühli (s. Seite 264). Neben den Wohnhäusern stand früher die große Glashütte, in der von 1837 bis 1869 Glaswaren hergestellt wurden. Kurz darauf überqueren wir auf einer Brücke die Waldemme.

Während der Glaserzeit mussten die Benützer der Brücke für deren Unterhalt aufkommen. Zu diesem Zweck wurde zwischen der Glasfabrik und den Güterbesitzern ein Verteilschlüssel festgelegt. Als die Güterbesitzer die von den Glasern getätigte Reparatur nicht mitfinanzieren wollten, setzten die Glasfabrikanten durch, dass es den Zahlungsverweigerern untersagt war, die Brücke zu benützen. Statt zu bezahlen, bauten nun aber die Güterbesitzer eine eigene Brücke. Als kurz darauf die Brücke der Glaser von einem Hochwasser zerstört wurde, belegten die Güterbesitzer ihre Brücke ihrerseits mit einem Durchgangsverbot für die Glaser, sodass nun auch jene eine zweite Brücke, unmittelbar neben der bestehenden, bauen mussten.

Hinter der Brücke spazieren wir durch die Ahornallee, die kurz nach 1900 von Leo Enzmann II, dem Besitzer des Kurhauses in Flühli, für seine Gäste angelegt wurde. Flühli war zu dieser Zeit ein beliebter Kurort und das Kurhaus so gut besucht, dass gleich zwei Dependancen errichtet wurden. Nach 1978 stand das Hotel leer. Seit 1988 ist es, zum Glück, wieder offen und sehr zu empfehlen.

Gleich neben dem Kurhaus ist die Post von **Flühli** (883 m) und die Postautohaltestelle.

◀ Das Kurhaus von Flühli ließ der Begründer der Flühler Fremdenindustrie, Leo Enzmann I, von 1899 bis 1904 anstelle des Kurhauses zur Kreuzbuche erbauen. Leo Enzmann I, ein ehemaliger Glaser, war als Hotelier äußerst erfolgreich. Obwohl das neu erbaute Kurhaus 70 Betten hatte, vermochte es bald nicht mehr alle Gäste zu beherbergen, worauf in Flühli zwei Dependancen eingerichtet wurden.

13
HIRSEGG-FLÜHLI

▼ Kurz nach der vorletzten Jahrhundertwende ließ der Besitzer des Kurhauses in Flühli, Leo Enzmann II, die Ahornallee entlang der Waldemme pflanzen. Der Nutzen für die Gäste von Leo Enzmann II war eher gering. Heute ist ein Spaziergang in der schattigen Allee ein Genuss.

DER TEUFEL WARS

Als die Wissenschaft die Entstehung der Schrattenfluh noch nicht deuten konnte, versuchte man ihre Entstehung mit Sagen zu erklären. Es erstaunt nicht, dass für diesen öden Landstreifen der Teufel persönlich zur Verantwortung gezogen wurde. Diese musste der arme Teufel bereits beim größten Karstgebiet der Schweiz, der Silberen, übernehmen, wo ihm nachgesagt wird, er hätte die Landschaft mit einem Riesenpflug und Feuergäulen traktiert.

Oft erzählt wird die Sage vom blinden Älpler, der von seinem Bruder und dessen stolzer Tochter um das beste Land betrogen wurde. Als dem Blinden die Versetzung der Marchsteine zu Ohren kam, bat er den Teufel, die Alp des Bruders mit seinen Krallen zu zerstören. Und so geschah es. Der Bruder wurde darauf in ein tiefes Loch bei der Alp Chlus verbannt, die hochmütige Tochter in eine Höhle am Schibengütsch gesperrt.

Weniger bekannt ist die Sage von Ingur und dem Schrattenmädchen.

Vor mehr als tausend Jahren, als die heidnischen Bewohner des Tales mittels Jagd und Viehzucht ein kümmerliches Leben führten, sah man in der Umgebung des Gebirges ab und zu das Schrattenmädchen. Sein Aussehen war von allen Leuten des Tales verschieden, und manche hielten es für ein Kind des Satans. Es war stets in Felle gehüllt und mit Speer und Bogen bewaffnet. Seine Gesichtszüge waren schön, aber ernst. Niemand wusste, wo es wohnte.

Seit ein Glaubensbote des heiligen Beat die Bewohner des Tales zum christlichen Glauben bekehrte, ließ sich die Jungfrau nicht mehr blicken. In der armen Familie des Ingur ließ sich das Weib vom Boten im neuen Glauben unterrichten. Ingur aber huldigte immer noch dem Götzendienst.

Nun jagte er einmal auf den Höhen der Schratten. Die Familie war hungrig, seine Jagd verlief jedoch erfolglos. Er fluchte über das Christentum, weil sich die Götter seines Hauses durch die Besuche des Christen beleidigt fühlten und ihn deswegen mit Unglück und Mangel verfolgten. Als er murrend an einem Felsen lehnte, stand plötzlich das Mädchen der Schratten vor ihm und winkte, dass er ihr folgen solle. Sie führte ihn an den Eingang einer Höhle, ging allein hinein und brachte ihm zwei erlegte Rehe zum Geschenk. Dann zog sie einen schwarzen Ring vom Finger und sprach: »Solang du diesen Ring am Finger trägst, wird dich keine Not treffen. Doch sollst du ihn nicht eher daran stecken, als bis dein Pfeil des fremden Christen Herz getroffen hat.«

Ingur wollte etwas sagen, doch das Mädchen war verschwunden. Er eilte zurück zu seinem Hause, wo er hoffte den Glaubensboten zu treffen. Doch er war fort, wieder zurück über die Alpen an die Gestade des Brienzersees. Erzürnt, dass seine Hoffnung fehlgeschlagen, eilte er hinaus in die Wälder, immer noch den Ring in der Hand. Unüberwindbar war seine Begierde, den Ring an den Finger zu stecken. Noch um Mitternacht schweifte Ingur durch die Wälder, zuhause weinten die Kinder, und seine Frau betete zum Christengott. Da ergriff Ingur große Wut, er zögerte nicht länger und steckte sich den Ring an den Finger.

Da erschallte ein lauter Donner, die Erde bebte, und Ingur sank tot dahin. Die Schratten wankten und zitterten, und viele Leute wollten den Satan gesehen haben, wie er sich abmühte, Felsstücke ins Tal zu schleudern. Vergeblich. Noch heute kann man jedoch die Spuren seiner Krallen in den Felsen sehen.

Der Familie des Ingur aber geschah kein weiteres Unglück, und sie wurde die eifrigste Christenfamilie des Tales. Das Schrattenmädchen hat man über Jahrhunderte nicht mehr gesehen. Nur um Mitternacht soll es noch manchmal am Eingang der Höhle stehen, wo man sie in Schmerz und Verzweiflung mit aufgelöstem Haar vom Tal aus erblicken kann.

13
HIRSEGG–FLÜHLI

▼ Der Teufel wars, der mit seinen Krallen die Spuren in den Felsen der Schrattenfluh hinterließ.

OH SCHAURIG IST'S ÜBERS MOOR ZU GEHEN

SÖRENBERG–HAGLEREN GIPFEL–BLEIKENCHOPF–BLEIKENBODEN–SÖRENBERG

Die Wanderung führt uns über den Hagleren Gipfel ins Bergföhrenhochmoor der Hagleren. Die kleinwüchsigen Föhren und die nassen Schlenken vermitteln das Bild einer arktischen Landschaft. Beim Rückweg nach Sörenberg wandern wir über die Gloggenmatt, ein Moor, das seit langer Zeit von Menschen bewirtschaftet wird.

14

Sörenberg–Satz ¾ **Std.**
Satz–Hagleren Gipfel **1** ½ **Std.**
Hagleren Gipfel–Bleikenchopf ¾ **Std.**
Bleikenchopf–Bleikenboden ¾ **Std.**
Bleikenboden–Sörenbärgli **1 Std.**
Sörenbärgli–Sörenberg ½ **Std.**

Total: **5** ¼ **Std.**

Höhendifferenz: ↗ 990 m, ↘ 990 m

Charakter
Einfache, aussichtsreiche Bergwanderung mit botanischen Höhepunkten.

Varianten
① Von Bleikenboden auf markierten Wegen nach Flühli absteigen (Zeitersparnis ¾ Std.)

Beste Jahreszeit
Ende Mai bis Anfang November

Verkehrsmittel
➜ ← Postauto von Schüpfheim an der Bahnlinie Luzern–Bern (Schnellzugshalt)

Sehenswertes
Ⓐ Aussicht vom Hagleren Gipfel
Ⓑ Bergföhren-Hochmoor Hagleren
Ⓒ Moor Gloggenmatt

Übernachten, Gasthäuser
Sörenberg:
Info: Tel. 041 488 11 85, www.soerenberg.ch
Panorama Sporthotel, im Zentrum, mit Hallenbad und Sauna, www.panorama-soerenberg.ch, Tel. 041 488 16 66 (DZ: Fr. 105.– p.P.);
Hotel Rischli, 1 km vom Zentrum, www.hotel-rischli.ch, Tel. 041 488 12 40 (DZ: Fr. 65.– p.P.);
Hotel Cristal, 1 km vom Zentrum, Tel. 041 488 00 44 (DZ: Fr. 75.– p.P.), Di Ruhetag;
Hotel Bäckerstube, im Zentrum, www.baeckerstube.ch, Tel. 041 488 13 61 (DZ: Fr. 65.– p.P.);
Go-In, im Zentrum, www.go-in.ch, Tel. 041 488 12 60 (DZ: Fr. 58.– p.P.), auch Massenlager;
Pension Wicki, beim Hallenbad, Tel. 041 488 16 93 (DZ: Fr. 60.– p.P.);

Birkenhof: Kleine Verpflegung, Ferienwohnung und Schlafen im Stroh, Familie Schnider, Tel. 041 488 13 77, www.birkenhof.ch

Karten
● 1189 Sörenberg (1:25 000)
● 244 (T) Escholzmatt (1:50 000)
● Wanderkarte Sörenberg–Entlebuch, Kümmerly+Frey (1:60 000)

14
SÖRENBERG–
HAGLEREN–
SÖRENBERG

Von der Post **Sörenberg** (1159 m) gehen wir zurück Richtung Flühli bis zur Kirche. Als hier 1661 eine Kapelle errichtet wurde, war vom Dorf Sörenberg noch nichts zu sehen. Das abgeschiedene Tal war aber für die Alpwirtschaft wichtig und deshalb im Sommer stark bevölkert. Bald gesellte sich zur Kapelle ein Häuschen für die Kapuzinerpatres und hundert Jahre später ein Wirtshaus. Erst ab 1900 entstand um diesen Kern nach und nach das Dorf Sörenberg.

Der Legende nach hat ein Glasträger zur Zeit der Reformation im Thunersee eine Marienstatue schwimmen sehen. Er nahm sie heraus, lud sie auf sein Tragräf und brachte sie über den Brienzergrat nach Sörenberg, wo er ihr ein »Helgenstöckli« errichtete. An derselben Stelle wurde später die Kapelle gebaut. Das hintere Tal der Waldemme nennt man seither auch Mariental. Die Votivtafeln im Innern der Kirche, mit denen für erhörte Gebete der Dank ausgesprochen wurde, zeigen, dass die Kirche Maria Himmelfahrt seit jeher auch ein Wallfahrtsort war.

Nach der Kirche biegen wir rechts ab und folgen der geteerten Straße bis zur Alpweid. Nachher auf einem Fahrweg bis zur Abzweigung bei Alpweid Stall, wo wir rechts Richtung Teufimatt Sattel abbiegen. Nach der Alp Satz (1425 m) wird der Weg, der dem Anschein nach mehr von Kühen als von Wanderern begangen wird, schmaler (weiß-rot-weiß markiert). Der nun deutlich steilere Pfad führt uns am Rand des Bergsturzgebietes (s. Seite 40) von 1910 vorbei. Nach vielen Kehren durch den mit Weiden durchsetzten Fichtenwald erreichen wir den Teufimatt Sattel. Kurz darauf überschreiten wir die Waldgrenze und gelangen danach mühelos, durch Heidelbeeren und Heidekraut, auf den **Hagleren Gipfel** (1949 m, Gipfelkreuz).

Die Rundsicht vom Gipfel hat Pfarrer Joseph Xaver Schnyder von Wartensee vor über 200 Jahren als »etwas eingeschränkt, doch ungemein malerisch« beschrieben. Diese »eingeschränkte« Sicht reicht aber immerhin von den Berner Hochalpen zum Titlis und bis zur Rigi und lässt sich zudem auf einer Sitzbank bequem genießen. Wäre die einst geplante Bergbahn von Sörenberg auf die Hagleren gebaut worden, hätten wir uns die Schweißtropfen ersparen können. Dennoch ist die Ruhe der heutigen Wanderung einem erschlossenen Gipfel wohl vorzuziehen. Der Name des Berges stammt laut Schnyder von Wartensee vom Hagelwetter, das sich hier oft sammelt. Ein alter Grenzstein zeigt an, dass sich hier auch die Grenze zwischen den Kantonen Luzern und Obwalden befindet. Eine Grenze, die zwischen Fürstein und Rothorn sehr sonderbar in die Landschaft gelegt wurde. Durch Zwergwacholder und Alpenrosen, an Heidel-, Preisel- und Moosbeeren vorbei, gelangen wir auf den Dählenboden. Der Weg wird nun weichtrittig. Wir betreten das Hochmoorgebiet. Die kleinen vernässten Schlenken und die kleinen Erhebungen um die kleinwüchsigen Bergföhren, die Bülten von Torfmoosen und Beeren sind typische Merkmale eines unbewirtschafteten Hochmoores. Die Einmaligkeit dieser Landschaft und ihrer Flora wurde bereits früh erkannt. Der Schweizerische Bund für Naturschutz (heute Pro Natura) kaufte bereits 1946 dieses Gebiet und stellte es unter Schutz. Später wurde es in das Inventar der Hochmoore von nationaler Bedeutung aufgenommen.

▲▲ Gipfelkreuz auf dem Haglerengipfel. Blick hinüber zum Brienzer Rothorn und zu den Berner Alpen.

14
SÖRENBERG–HAGLEREN–SÖRENBERG

◀ Im Bergföhren-Hochmoor der Hagleren.

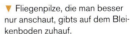

▼ Fliegenpilze, die man besser nur anschaut, gibts auf dem Bleikenboden zuhauf.

Es muss hier schon dicker Nebel liegen, damit wir das Unheimliche der Moore, wie es in der Literatur oft geschildert wurde, nachvollziehen können. Zum Beispiel in der ersten Strophe des Gedichtes *Der Knabe im Moor* von Annette von Droste-Hülshoff:

O schaurig ist's übers Moor zu gehn,
Wenn es wimmelt vom Heiderauche,
Sich wie Phantome die Dünste drehn
Und die Ranke häkelt am Strauche,
Unter jedem Tritte ein Quellchen springt,
Wenn aus der Spalte es zischt und singt,
O schaurig ist's übers Moor zu gehn,
Wenn das Röhricht knistert im Hauche!

Ganz sanft absteigend wandern wir auf dem Grat am Rande des Moores entlang, vor uns der Doppelspitz des Fürstein und die weite Talmulde des Grönbachs. Kurz vor dem Bleikenchopf passieren wir einen Weidezaun. Schlagartig ändert sich die Vegetation. Ein Hinweis, wie groß der Einfluss der Bewirtschaftung auf die Flora ist.

Vom **Bleikenchopf** (1681 m) an wird der Abstieg steiler. Bei der Alp Rohr gehen wir scharf links, nun auf schmalem Pfad durch den Wald und später über blumenreiche Flachmoore zum **Bleikenboden** (1168 m).

Durch Bewirtschaftungsverträge mit dem Staat Luzern ist auch die Erhaltung dieser Flachmoore gesichert. Beim Bleikenboden gibt es die Möglichkeit, in 50 Minuten nach Flühli abzusteigen. Wir folgen aber der Straße nach links. Bei der ersten Rechtskurve der Straße biegen wir links ab. Beim Vorder Steinbödili, dem zweiten Hof nach der Abzweigung, biegen wir rechts in einen ungeteerten Fahrweg ab (Waldstraße, nicht als Wanderweg markiert). Der Weg führt uns hinunter zu einem Bach (kleiner Wendeplatz). Durch ein wenig Ufergebüsch gelangen wir zum

Bach, überqueren ihn und folgen auf der anderen Seite einem Wiesenpfad, der uns rechts haltend auf den Wiesengrat führt. Das Wollgras weist darauf hin, dass wir uns wieder in einem Moorgebiet befinden.

Auf dem markierten Wanderweg queren wir die Gloggenmatt in ihrer ganzen Länge. Die Telefonstangen weisen uns die Richtung nach Sörenberg. Von Junkholz geht es über Weiden und durch den Wald hinunter zu einem größeren Fahrweg. Kurz danach erreichen wir den Birkenhof im **Sörenbärgli** (1103 m). In einem kleinen Laden werden Hofprodukte verkauft. Die Spezialität des Hauses sind die diversen Produkte aus Erd- und Heidelbeeren, zum Beispiel der Erdbeerwein »Montes«. Während der Wandersaison werden auch Getränke ausgeschenkt. An den Erdbeerfeldern der Familie Schnider vorbei wandern wir weiter.

Hinter dem Campingplatz erreichen wir die Hauptstraße, der wir für wenige Minuten bis nach **Sörenberg** (1159 m) folgen.

◀ Vorder Steinbödili, ein typisches Entlebucher Bauernhaus, mit einer Heubühne, die oberhalb des Wohnhauses hervorspringt.

14
SÖRENBERG-
HAGLEREN-
SÖRENBERG

DAS MOOR

Nirgendwo ist die Konzentration von Mooren so groß wie im Entlebuch. Gut ein Viertel der Fläche des Biosphärenreservates ist von Moorlandschaften von nationaler Bedeutung bedeckt. Die Moore geben der Landschaft der Region ein eigenes, charakteristisches Gepräge.

Moore sind nasse Lebensräume, die auf einer undurchlässigen, möglichst ebenen Unterlage mit erschwertem Wasserabfluss entstehen. Dazu braucht es ein feucht-nasses Klima. Die Bildung eines typischen Hochmoores ist ein Prozess, der Jahrtausende dauert. Pflanzenreste, die sich wegen des Sauerstoffmangels nicht vollständig zersetzen, werden in einem langsamen Prozess zu Torf umgewandelt. Da die Produktion von organischem Material in Mooren größer ist als ihr Abbau, wachsen sie mit einer Geschwindigkeit von einem Millimeter pro Jahr mit der Zeit über den Grundwasserspiegel hinaus. Somit entstehen Hochmoore mit einer gewölbten Oberflächenform und einer Torfmächtigkeit von bis zu vier Metern.

Man unterscheidet zwischen Hochmooren und Flach- oder Niedermooren. Hochmoore zeichnen sich dadurch aus, dass sie ausschließlich von Regenwasser versorgt werden. Bei den Hochmooren unterscheidet man zusätzlich noch primäre und sekundäre Moore. Primäre Hochmoore konnten in einer naturnahen, ungenutzten Form erhalten und sollten deshalb auch in Zukunft von äußeren Eingriffen möglichst geschützt werden. Ein Fünftel der primären Hochmoorflächen der Schweiz liegt auf dem Gebiet der Gemeinde Flühli. Sekundäre Moore werden extensiv landwirtschaftlich genutzt. Der Wasserhaushalt wurde durch eine künstliche Wasserabsenkung gestört. Damit sie vor Verbuschung geschützt bleiben, sollten sie auch weiterhin schonend bewirtschaftet werden.

Flachmoore sind im Gegensatz zu den Hochmooren bis zur Oberfläche mit Hang- oder Grundwasser vernässt, was eine große Auswirkung auf den Säuregehalt und somit auch auf die vorherrschenden Pflanzen hat.

Typisch für Moore ist das Vorhandensein von so genannten Bulten (Quadratdezimeter bis mehrere Quadratmeter große, 5 bis 20 Zentimeter hohe Erhebungen) und Schlenken (vernässte Vertiefungen). Teilweise entstehen auch Moorseen, die bräunlich gefärbt sind. Im Gebiet des Biosphärenreservates gibt es mehrere Bergföhrenhochmoore mit einem lichten, kleinwüchsigen Föhrenbestand und oft auch vielen Heidel- und Moorbeeren. Für Laien ist das Wollgras ein guter Hinweis auf ein Moor. Die weißen Wollbüschel sind kaum zu übersehen.

Auf den sauerstoff- und nährstoffarmen Böden siedeln sich nur spezialisierte Pflanzen an, welche dem hohen Säuregrad besonders gut angepasst sind. Die meisten dieser Pflanzen können nur in Mooren gedeihen. Verschwindet dieser Lebensraum, verschwinden auch die betreffenden Pflanzen. Es erstaunt deshalb nicht, dass mehrere Hochmoorpflanzen auf der »Roten Liste« der gefährdeten Arten stehen. Ein Beispiel dafür ist der fleischfressende Sonnentau, der seinen Stickstoffbedarf durch die Insekten deckt, die er mit seinen klebrigen Blättern fängt. Doch auch für Tiere, zum Beispiel Großschmetterlinge, sind Moore ein wichtiger Lebensraum.

Durch den Mangel an Sauerstoff werden in den Mooren alle Ablagerungen konserviert. Seien dies Holzstämme, Werkzeuge oder gar Menschenleichen. Die Moorarchäologie kann damit unzählige Fakten zur Natur- und Menschheitsgeschichte gewinnen. Intakte Moore werden aber auch herangezogen, um den Verlauf von Umweltbelastungen, zum Beispiel durch Schwermetalle, zu eruieren.

Bis zum Zweiten Weltkrieg war der Nutzen insbesondere wirtschaftlicher Art. Der Torf wurde gestochen und als Brennmaterial oder Dünger verkauft. Ansonsten waren die Moore mehr ein Hindernis für die Ausbreitung von landwirtschaftlichen Nutzflächen. Der Plan Wahlen für die Anbauschlacht während des Zweiten Weltkrieges sah in den Mooren vor allem »Neuland«, das durch Melioration und Entwässerung einer landwirtschaftlichen Nutzung zuzuführen war. Dies

14
SÖRENBERG-
HAGLEREN-
SÖRENBERG

▼ Selbst auf Wanderwegen bergen Moore noch Gefahren. Im Bild das Moor bei Schwendi Kaltbad (Wanderung 2).

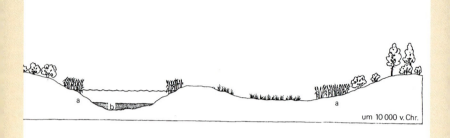
um 10 000 v. Chr.

um 6000 v. Chr.

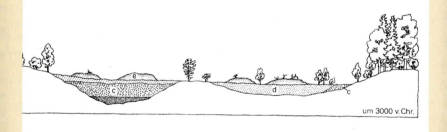
um 3000 v. Chr.

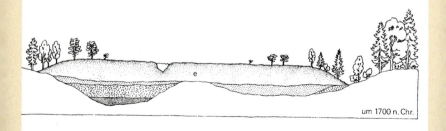
um 1700 n. Chr.

führte dazu, dass in der Schweiz in erster Linie die Moore im Flachland verloren gingen, viele Moore in höheren Lagen aber immer noch bestehen.

Bereits kleine externe Einflüsse können einem Moor langfristigen Schaden zufügen. Eine künstliche Entwässerung verdrängt die natürlichen Torfmoose und verhindert somit das weitere Wachstum des Moores. Bei einer starken Entwässerung zersetzen sich die Moorschichten gar. Ebenso schädlich ist eine Düngung, sei sie direkt, durch Einwaschung aus nahe liegendem Kulturland oder gar aus der Atmosphäre. In allen Fällen werden die spezifischen Moorpflanzen durch weit verbreitete Arten verdrängt. Beim Schutz der Hochmoore ist es daher wichtig, dass auch die Umgebung des Moores geschützt wird. Obwohl im Gegensatz zur Düngung und Entwässerung auf kleinere Flächen begrenzt, führen auch Trittschäden durch Weidetiere oder den Menschen zu bleibenden Schäden.

Die Hochmoorflächen der Schweiz sind von ursprünglich 10 000 Hektaren um etwa 80 bis 90 Prozent reduziert worden. Sie bedecken heute noch rund 1400 Hektaren oder 0,035 Prozent der Landesfläche. Die größten Moorgebiete der Schweiz sind die sekundären Hochmoore bei Rothenthurm (Kanton Schwyz) und Les Ponts-de-Martel im Kanton Neuenburg. Am meisten primäre Hochmoore findet man im Gebiet zwischen Pilatus und Thunersee in den Kantonen Obwalden, Luzern und Bern.

Um einen Waffenplatz im zweitgrößten Hochmoor der Schweiz zu verhindern, wurde die so genannte Rothenthurm-Initiative lan-

◄ Entstehung eines Hochmoores in vier Entwicklungsschritten. Auf dem wasserundurchlässigen Boden (a) können sich die Pflanzen nur unvollständig zersetzen. Über einer Grundschicht von Faulschlamm (b) werden so im Laufe der Jahrtausende verschiedene Torfarten abgelagert: Schilf- und Seggentorf (c), Bruchwaldtorf (d) und Hochmoortorf (e) aus abgestorbenen Torfmoosen.

14
SÖRENBERG–
HAGLEREN–
SÖRENBERG

ciert, die am 6. Dezember 1987 überraschend von einer Mehrheit der Stimmbevölkerung und von allen Kantonen angenommen wurde.

Der neue Artikel der Bundesverfassung lautet seitdem: »Moore und Moorlandschaften von besonderer Schönheit und nationaler Bedeutung sind Schutzobjekte. Es dürfen darin weder Anlagen gebaut noch Bodenveränderungen irgendwelcher Art vorgenommen werden. Ausgenommen sind Einrichtungen, die der Aufrechterhaltung des Schutzzweckes und der bisherigen landwirtschaftlichen Nutzung dienen.«

Als die Moorlandschaften von nationaler Bedeutung, die ein viel größeres Gebiet als die eigentlichen Hochmoorflächen beinhalten, ausgeschieden wurden, kam es an vielen Orten der Schweiz, so auch im Entlebuch, zu Protesten. Theo Schnider, der damalige Kurdirektor von Sörenberg, verkleidete sich als Indianer, um medienwirksam auf die Gefahren einer zu weit reichenden Unterschutzstellung in Sörenberg hinzuweisen. Im Vollzug wurden dann die Härtefälle, das Skigebiet von Sörenberg und das Areal des geplanten Golfplatzes bei Flühli, aus dem Perimeter entlassen.

Die vier Moorlandschaften von nationaler Bedeutung, welche ganz oder teilweise auf dem Gebiet des Biosphärenreservates liegen, bedecken aber immer noch ein Viertel seiner Fläche. Es sind dies die Gebiete Habkern-Sörenberg (u.a. mit dem Hochmoor Laubersmadghack), Hilfernpass, Glaubenberg (u.a. mit den Hochmooren Hagleren und Gross Schlierental) und Klein Entlen.

Einen Einblick in diese Moorlandschaften erhält man zum Beispiel auf den Wanderungen Nr. 2 (Glaubenberg), Nr. 5 (Habkern–Sörenberg), Nr. 14 (Glaubenberg) und Nr. 16 (Klein Entlen). Eine weitere Moorlandschaft von nationaler Bedeutung (Rotmoos-Eriz) durchstreifen wir bei Wanderung Nr. 6.

◄ Hinter Schwendi Kaltbad führt ein atraktiver Wanderweg durch ein Moorgebiet der Grossen Schliere entlang. (Moorlandschaft Glaubenberg, Wanderung 2)

14
SÖRENBERG–HAGLEREN–SÖRENBERG

▼ Im Mettilimoos (Wanderung 19).

ÜBER DIE STEILE FLUE ZUM BADE

FLÜHLI–WASSERFALLENEGG–SCHIMBRIG (BAD)–GFELLEN

Über die steilen Felsriegel der Schwändeliflue gelangen wir von Flühli zur Wasserfallenegg. Auf dem sagenumwobenen Übergang wurde einst mit Drachen gekämpft und erklingt aus dem Boden Musik. Durch eine ausgedehnte Moorlandschaft wandern wir zum ehemaligen Schimbrig Bad mit seiner Schwefelquelle.

15

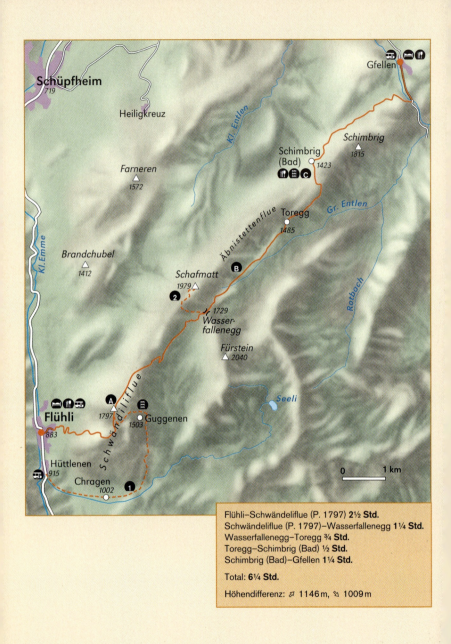

Charakter
Zu Beginn steiler Aufstieg im abschüssigen Gelände (bei Nässe wird von einer Begehung abgeraten. Kann mit Variante 1 umgangen werden). Danach angenehme Wanderung auf guten Pfaden durch das Moorgebiet.

Varianten
① Der steile Aufstieg auf die Schwändeliflue kann auch umgangen werden: Mit dem Postauto bis Hüttlenen fahren (von Schüpfheim kommend, die zweite Haltestelle nach Flühli, Post). Anschließend dem Rotbach entlang bis kurz nach Chragen, wo der Wanderweg Richtung Schwändeliflue abzweigt. Bei Vorder Rüchi, nach der ersten Steilstufe, entweder via Rüchiwald (links) oder der Alp Guggenen (geradeaus) auf die Schwändeliflue. (ca. ¼ Std. länger als Normalvariante).
② Von der Wasserfallenegg Abstecher auf die Schafmatt (1979 m), den höchsten Gipfel der Kette (hin und zurück 1 Std.)
③ Es ist auch möglich, die Tour auf zwei Tage zu verteilen und auf der Alp Guggenen oder in der Alpwirtschaft Schimbrig zu übernachten.

Beste Jahreszeit
Mitte Juni bis Ende Oktober

Verkehrsmittel
→ Mit dem Zug bis Schüpfheim (an der Linie Bern–Luzern). Von hier mit dem Postauto bis Flühli, Post.
← Von Gfellen mit dem Bus zur Bahnstation Entlebuch (an der Linie Bern–Luzern). Achtung: Rufbusbetrieb (das heißt, der Bus muss mindestens 60 Minuten vor der Fahrt bestellt werden. Tel. 041 480 23 30)

Sehenswertes
Ⓐ Aussicht von der Schwändeliflue
Ⓑ Moorgebiet bei Lanzigen
Ⓒ Ehemaliger Standort des Schimbrig Bad (Heilquelle noch vorhanden)

Übernachten, Gasthäuser
Flühli:
① Verkehrsbüro (Sörenberg), www.fluehli.ch, Tel. 041 488 11 85
② Kurhaus Flühli, www.kurhaus-fluehli.ch, Tel. 041 488 11 66 (DZ: Fr. 85.– p. P.);
③ Hotel Sonne, Tel. 041 488 11 10 (DZ: Fr. 60.– p. P.), Mi, Do Ruhetag;

④ Alp Guggenen, Tel. 041 488 12 76, Massenlager Fr. 24.– p. P., auf Wunsch einfaches Nachtessen möglich;
⑤ Alpwirtschaft Schimbrig, Tel. 041 480 36 60 (wenn keine Antwort: 041 480 10 80), Massenlager;
⑥ Hotel und Restaurant Gfellen, www.a-o.ch/6162-Gfellen, Tel. 041 480 15 65; einfache DZ: Fr. 45.– p. P., auch Massenlager

Karten
● 1189 Sörenberg und 1169 Schüpfheim (1:25 000)
● 244 (T) Escholzmatt (1:50 000)
● Wanderkarte Sörenberg–Entlebuch, Kümmerly+Frey (1:60 000)

Literatur
● Flühli–Sörenberg 1836–1986, Heimatkunde Flühli, Band 3, Eigenverlag, 1986

15 FLÜHLI–GFELLEN

Wir starten unsere Wanderung in **Flühli** (883 m), der flächenmäßig größten Gemeinde des Kantons Luzern, zu der auch Sörenberg gehört. Da das Gemeindegebiet erst 1836 von Schüpfheim und Escholzmatt abgetrennt wurde, ist Flühli auch die jüngste Gemeinde des Amtes. Links am Kurhaus vorbei beginnt der Weg (weiß-rot-weiß markiert) auf die Schwändeliflue. Das Gipfelkreuz ist bereits von hier sichtbar und auch der schmale Waldstreifen, das Rüchiloch, der uns durch die Felsen einen direkten Zugang auf den Grat erlaubt. Bei einer ersten Abzweigung halten wir nach rechts. Wo die Straße eine Linkskurve macht, folgen wir einem Bachlauf über Wiesen weglos steil aufwärts. Bei der zweiten Brücke, die den Bach überquert, weist uns der Wegweiser den Weg nach rechts. Abwechselnd auf Fahrstraßen, Wegen oder über Weiden steigen wir stetig hoch, mehr oder weniger der Falllinie folgend.

Nach rund 300 Höhenmetern erreichen wir den Schwändeliwald. Der steile Wald wird an verschiedenen Stellen von Schnee- und Lawinenrunsen durchbrochen. Für seine Nutzung haben sich die Waldeigentümer zu einer Waldpflegegenossenschaft zusammengeschlossen, die zum Transport des geschlagenen Holzes im unwegsamen Gelände jeweils Stahlseile spannt. Im Wald nimmt der hochtrittige Weg noch an Steilheit zu. An einer Stelle ist er mit einem Seil gesichert. In einer Waldlichtung im oberen Teil des Aufstieges wurde ein so genannter Wieser-Zaun aufgestellt. Das pyramidenförmige Rohrgerüst schützt eine Fläche von 10 Quadratmetern gegen Steinschlag oder Wildverbiss und dient zur Beobachtung des natürlichen Jungwuchses. Der Weg schlängelt sich an Kalkfelsköpfen vorbei weiter hinauf. Auf dem Grat, am oberen Ende des Rüchilochs, wird der Weg wieder flacher.

In einer halben Stunde erreichen wir von hier den Gipfel der **Schwändeliflue** (Gipfelkreuz, 1797 m), der uns eine weite Aussicht aufs Entlebuch erlaubt. Besonders beeindruckend der massige Felsen der Grönflue auf dem gleichen Grat weiter nördlich und die Karstlandschaft der Schrattenflue. Wer Glück hat, kann von hier auch Gämsen oder gar Adler beobachten. Nach einem kurzen Abstieg hält der Weg etwa die Höhe, quert steile Hänge und die großflächigen Schuttfelder unterhalb der Grönflue, um später in einen Fahrweg zu münden. In der Talsenke ein lichter Bergföhrenwald.

Der Brunnen bei der Alp Hurbelen ist die erste und zugleich auch beste Möglichkeit, um Wasser nachzufüllen. Die Alp, von der ein ehemaliger Bewohner berichtete, dass hier manchmal das Spinnrad zu laufen begann, ohne dass jemand daran saß, wurde bereits 1433 im Hochwaldmarchbrief erwähnt. Der heutige Besitzer, er kommt seit 43 Jahren mit rund 60 Rindern, 50 Schafen und einigen Ziegen auf die Alp, hat aber in dieser ganzen Zeit nie was von unerklärlichen Erscheinungen bemerkt.

Von der Alp Hurbelen erreichen wir durch einen lichten Wald in wenigen Minuten die **Wasserfallenegg** (1729 m), ein Übergang, der den Feuerstein zur rechten Seite mit der Schafmatt (links) verbindet und die Grenze zwischen den Gemeinden Flühli und Hasle darstellt.

▲▲ Die Alp Hurbelen am Fuße der Grönflue. Auch hier soll es einst gespukt haben.

15
FLÜHLI–GFELLEN

In der Kirchturmschrift von Flühli aus dem Jahr 1822 steht geschrieben, dass hier einst ein Dorf samt zwei Wirtshäusern gestanden sein soll. Historiker sind dieser Spur nachgegangen, haben aber weder auf alten Landkarten noch in anderen Quellen eine Bestätigung für dieses geheimnisvolle Dorf gefunden. Allenfalls könnte an dieser früher wohl öfter begangenen Wegkreuzung eine einfache Herberge gestanden haben. Und an einer wenige hundert Meter Richtung Osten gelegenen Stelle, die auf den heutigen Karten immer noch Müliport bezeichnet ist, eine kleine handbetriebene Hafermühle – obschon auch das, fernab jeglicher Zivilisation, ein wenig sonderbar anmutet. Was mit Sicherheit auf der Wasserfallenegg gestanden hat, war eine sonderbare Mauer, die eine quadratische Fläche von 15 mal 15 Meter einschließt. Der Sage nach soll auf der Wasserfallenegg einst ein Drache die schöne Scheckkuh von der Alp Hurbelen getötet haben. Der Älpler erlegte den Drachen im Kampf. Dabei floss ihm aber Drachenblut auf den nackten Arm, worauf er starb. Drache und Kuh, nach anderer Auslegung auch der Älpler, wurden am Ort der Auseinandersetzung begraben. Weil das Vieh, das an dieser Stelle gefressen hatte, verendete, wurde der Ort mit einer Mauer umgeben. Joseph Xaver Schnyder von Wartensee, im 18. Jahrhundert Pfarrer in Schüpfheim, sagte sich, die Geschichte könnte etwas Wahres an sich haben, und begann innerhalb des Gemäuers zu graben. Seine Hoffnungen, die Gerippe irgendeines ungeheuren Bären oder eines anderen gewaltigen Raubtiers zu finden, wurden je-

▼ Ein kleiner Teich beim Aufstieg zur Schwändeliflue.

doch nicht erfüllt. In den Blättern für Heimatkunde äußert Dr. Hans Portmann 1936 die Vermutung, die Mauer könnte eine alte Schafscheide sein, die dazu diente, Schafe nach der jeweiligen Herkunft abzusondern. Ganz sicher scheint er seiner These jedoch nicht zu sein. Am Schluss seines Artikels schreibt er: »Mittlerweilen, diese Zeilen waren schon geschrieben, taucht im Berner Oberland, in der Nähe von Meiringen der Stollenwurm, in Deutschland und Österreich auch Tatzelwurm genannt, von neuem auf und erregt, als drachenartiges Tier, unser Interesse. Der Stollenwurm, eine Art Rieseneidechse wurde bisher ausschließlich im Alpengelände beobachtet.« Portmann schildert danach diverse Augenzeugenberichte, unter anderem von einem tödlichen Überfall, und schließt: »Sollte in Wirklichkeit auf der Wasserfallenegg ein drachenähnliches Ungeheuer sich aufgehalten haben und erlegt worden sein, so würde die Annahme, dass es sich um einen Stollenwurm handelt, kaum fehl gehen.«

Durch die zahlreichen militärischen Bauten bei der Wasserfallenegg sind heutige Passanten gut vor allfälligen Drachenoder Stollenwurmangriffen geschützt. Ob es den Soldaten wohl ist hier oben, insbesondere wenn auf dem Spielbödeli bei der Alp Wasserfallen wieder die geheimnisvolle Musik ertönt, ist eine andere Frage. Eine Frau Schnyder-Bucher berichtete, die Musik im Boden sei immer wieder gehört worden, »und zwar von intelligenten, nüchternen und vorurteilsfreien Leuten«. Man hat das Phänomen auf einen unterirdischen Wasserlauf und bestimmte äußere Luftströmungen zurückgeführt.

Vom Sattel folgen wir den Wegweisern Richtung Schimbrig. Der Weg führt uns durch das einzigartige Moorgebiet von Lanzigen. Alpenrosen, Föhren und im Herbst golden leuchtende Wiesen. Nur einzelne vom Militär liegen gelassene Patronenhülsen trüben ein wenig das Naturerlebnis. Ab Chlusmätteli – die Armee hat hier eine kurze Schienenstrecke installiert – gehen wir nicht mehr weiter das Tal der Grossen Entlen hinunter, sondern queren den Hang und erreichen bei der **Toregg** (1485 m) einen kleinen Sattel. Unter einem nahe gelegenen Erdhügel wurden in der ersten Hälfte des letzten Jahrhunderts Heidengräber vermutet.

Es gibt von hier zwei Möglichkeiten, nach Schimbrig Bad zu gelangen. Wir wählen die kürzere, die uns ohne weiteres Auf und Ab zur Looegg führt. Hier wechseln wir vom Tal der Grossen Entlen ins Tal der Kleinen Entlen und erreichen 10 Minuten später **Schimbrig Bad** (1423 m).

Der grosse ebene Platz zeigt uns den Standort des ehemaligen Kurhotels (s. Seite 220). Die einfache Gastwirtschaft beherbergte früher die Kegelbahn und die Stromgeneratoren des Kurhotels. Nach wenigen Minuten auf dem Weg Richtung Gfellen kommen wir an einem unschönen Betonunterstand vorbei. Hier stand einst die Trinkhalle. Wer sich vom Gestank nach faulen Eiern nicht abgestossen fühlt, kann sich hier an der Schwefelquelle laben, von der sich einst die Kurgäste des Schimbrig Bads Heilung erhofften. Es soll gesund sein! Wenig später verlassen wir den Fahrweg und steigen über Weiden, teilweise auf der alten Strasse des Kurhotels, bis zur Brücke an der Grossen Entlen hinab.

Der Strasse entlang erreichen wir das Hotel/Restaurant und die Bushaltestelle **Gfellen** (1020 m).

◄ Blick über das Tal des Grönbachs zum Fürstein.

15
FLÜHLI–GFELLEN

▼ Die Alp Unter Stettili, die von den Felsen des Schimbrig überragt wird.

DAS SCHIMBERGBAD – ABGEBRANNT UND VERGESSEN

Im Entlebuch gibt es eine große Zahl von mineralischen Heilquellen. Bereits im 16. Jahrhundert wurde im Kragenbad bei Flühli zu Heilzwecken gebadet. Zur selben Zeit waren auch bereits das Bad in Wolhusen, das Farnbühlbad zwischen Schachen und der Bramegg und vermutlich auch das in Badschachen bei Schüpfheim in Betrieb. Später kamen das Salwydenbad in Sörenberg und das Schärligbad bei Marbach hinzu. Neben dem Bade waren jeweils auch die Höhenluft und die Ziegenmilchkuren ein Anziehungspunkt.

Das Schimbergbad, das größte und berühmteste Bad im Entlebuch, wurde jedoch erst in der Mitte des 19. Jahrhunderts, in einer Boomzeit der Heilbäder in der Schweiz, erstellt. Am Fuße des Schimbrigs (auf alten Karten Schimberg genannt) entspringt die stärkste Natrium-Schwefelquelle der Schweiz sowie eine eisenhaltige Quelle. Peter Thalmann aus Schüpfheim kaufte 1854 die beiden Quellen und begann sogleich mit dem Bau des ersten Kurhauses. Aufgrund fehlender finanzieller Mittel gelang es ihm aber nicht, das Kurgebäude fertig zu stellen. Dem nächsten Käufer erging es genauso.

1860 übernahm eine Aktiengesellschaft die halbfertigen Gebäude sowie Quellen, Grund und Boden und vollendete den Bau 1862. 60 Gäste konnten nun beherbergt werden. Es gab 6 Badezimmer, in denen täglich rund 30 Bäder bereitet wurden, eine Trinkhalle sowie eine Laube mit Kegelbahn, mit der sich die Gäste bei schlechtem Wetter die Zeit vertreiben konnten. Für die Damen wurde ein Damensalon mit Pianino und für die Herren ein Konversations- und Rauchsalon eingerichtet. Das Publikum war außerordentlich gemischt. Einfache Bäuerinnen und Dorflehrer tafelten am selben Tisch wie elegante junge Herren aus der Stadt oder Mitglieder der obersten Bundesbehörde.

Der Aufschwung des Bades wurde nach der Übernahme durch das Ehepaar Schiffmann aus Luzern im Jahr 1872 noch verstärkt. Im Kaufvertrag verpflichteten sie sich, einen soliden Weg von Stilaub (an der Grossen Entlen) nach der Kuranstalt zu erstellen und das vom Kurbetrieb nicht benutzte Wasser verhältnismäßig billig an arme Kranke aus dem Kanton Luzern abzugeben. Das Kurhaus wurde modernisiert und ausgebaut. 93 beheizbare Zimmer konnten nun 150 Gäste beherbergen, doch der Ansturm war manchmal so groß, dass die Bediensteten auf dem Boden und das Ehepaar Schiffmann auf Kanapees schliefen, um den Gästen ihr Schlafzimmer abzutreten. Als das Bad eine führende Stellung unter den Schweizer Bädern einzunehmen begann, wurde es am 6. Juni 1885, an einem schönen Sommermorgen zu Beginn der Saison, innert zwei Stunden ein Raub der Flammen. Auch die Kegelbahn brannte nieder. Vom Mobiliar konnten nur wenige Betten und das Klavier gerettet werden. Brandursache war wohl aus dem Kamin steigende Glut, die das Schindeldach in Brand setzte.

Die Schiffmanns konnten den Elan für einen Neuanfang nicht mehr aufbringen und verkauften den Boden, die Quelle und die verschont gebliebenen Gebäude (das Badhaus und eine Scheune) an eine Aktiengesellschaft, die 1889 das Kurhaus samt Kegelbahn in einem etwas reduzierten Umfang (87 Zimmer für 110 Gäste) wieder aufbaute.

15 FLÜHLI-GFELLEN

▼ Mit dieser Postkarte aus Schimberg Bad bestätigte der Hotelier Fridolin Fallegger die Reservation eines Prof. Wicki aus Zürich. Die Karte zeigt die Anlage nach dem Neubau von 1889. Unterhalb des Hotels die Badehäuschen. Rechts die Kapelle und das Gebäude mit der Kegelbahn (am Ort der heutigen Gastwirtschaft).

In den folgenden Jahren wurde das Kurhaus ein Objekt von Spekulationen. Ein Fridolin Fallegger von Flühli, Besitzer des Café de Lausanne in Lausanne und später Hotelier und Besitzer des Grand Hotel Eden in Montreux, verdiente sich mit dem Handel eine goldene Nase. Er kaufte das Schimbergbad 1897 mit sämtlichem Inventar für 110 000 Franken, um es 1904 für 178 000 Franken an G.B. Genelin, Hotelier in Deutschland, weiterzuverkaufen. Bereits 1911 kauft es Fallegger von Genelin für 120 000 Franken zurück, um es ein Jahr später für 170 000 Franken an die Gebrüder Boss in Bern zu verkaufen. Bereits vier Jahre später machten die neuen Besitzer Konkurs. Bevor sich Fallegger das Kurhaus ein drittes Mal unter den Nagel reißen konnte, schnappte es ihm Otto Enzmann vom Hotel Port in Entlebuch für den günstigen Kaufpreis von 70 000 Franken vor der Nase weg.

Enzmann investierte, und das Kurhaus blühte noch einmal auf. An der Vorderfront des Hotels wurde eine gläserne Wandelhalle erstellt, und neben der Kegelbahn richtete man einen Croquetplatz ein. Eine Turnlehrerin organisierte täglich Übungen im Freiluftturnen und in Gymnastik-Rhythmik (heute würde man dies wohl Aerobic nennen). Auch Wanderungen in die nähere Umgebung, auf den Fürstein oder nach Heiligkreuz, waren beliebt. Am Abend wurde zum Tanz aufgespielt. Und falls noch Zeit blieb, wurde auch gekurt. Besonderen Zuspruch fand das Heilwasser für Magen- und Darmbeschwerden, die durch übermäßigen Alkoholgenuss hervorgerufen wurden.

Bereits 1892 wurde im Kurhaus eine Postablage mit eigenem Stempel eingerichtet. Ein Zweispännerwagen verband Schimbergbad täglich mit Entlebuch. Doch auch dies war den noblen Gästen nicht Service genug. Aus dem Jahr 1900 ist eine Reklamation erhalten, in der sich ein Gast beschwert, dass er das Morgen-, Mittag- und Abendblatt der *Neuen Zürcher Zeitung* miteinander statt nacheinander erhalte.

1933 wurde der Kurbetrieb an Frau Meili-Frank aus Luzern verkauft, die es auch für den Wintersportbetrieb öffnen wollte. Doch so weit ist es nie gekommen. Am 17. November 1933 wurde das Kurhaus ein weiteres Mal ein Raub der Flammen. Die Feuerwehr von Hasle musste den Anstieg zum Brandherd in der Nacht durch den tiefen Schnee machen; eine Spritze dort hinaufzuschaffen, war unmöglich. Die Feuerwehrleute waren gegenüber dem Feuer machtlos.

Ein Neuaufbau wurde zwar in Erwägung gezogen, aber nie verwirklicht. In der ehemaligen Dependance mit Kegelbahn werden heute aber immer noch müde Wanderer verköstigt.

◀ Die helle Glashalle an der Vorderfront des Hotels wurde erst nach 1924 erstellt.

15 FLÜHLI-GFELLEN

EIN LANGER ABSTIEG ZUM TOTENTANZ

GFELLEN–GRUND–SCHIMBRIG–SCHWARZENBERGCHRÜZ–HASLE

Von Gfellen erklimmen wir den aussichtsreichen Schimbrig von seiner steilen Sonnenseite. Beim langen Abstieg queren wir das Tal der Kleinen Entlen, eine geschützte Moorlandschaft. Am Zielort, dem kleinen Entlebucher Dorf Hasle, werden wir im Beinhaus an unsere eigene Vergänglichkeit erinnert.

16

Gfellen–Grund **1 Std.**
Grund–Schimbrig (Gipfel) **1¾ Std.**
Schimbrig (Gipfel)–Schimbrig (Bad) **¾ Std.**
Schimbrig (Bad)–Schwarzenbergchrüz **1½ Std.**
Schwarzenbergchrüz–Hasle **1¾ Std.**

Total: **6¾ Std.**

Höhendifferenz: ↗ 1052 m, ↘ 1378 m

Charakter
Zu Beginn steiler Aufstieg auf kleinen Pfaden. Danach angenehme, aber lange Wanderung auf guten Wegen

Variante
🔄 Von Schimbrig Bad via Unter Stettili nach Gfellen zurückkehren (Rundwanderung, Zeitersparnis 2 Std.)

Beste Jahreszeit
Anfang Juni bis Ende Oktober

Verkehrsmittel
→ Von der Bahnstation Entlebuch (an der Linie Bern–Luzern) mit dem Bus nach Gfellen. Achtung: Rufbusbetrieb (das heißt, der Bus muss mindestens 60 Minuten vor der Fahrt bestellt werden. Tel. 041 480 23 30)
← Der Bahnhof Hasle liegt an der Bahnstrecke Bern–Luzern.

Sehenswertes
Ⓐ Kapelle bei der Brüederen Alp
Ⓑ Aussicht vom Schimbrig
Ⓒ Moorlandschaft Kleine Entlen
Ⓓ Beinhaus in Hasle

16
GFELLEN–
HASLE

Übernachten, Gasthäuser
🛏 Hotel und Restaurant Gfellen, www.a-o.ch/6162-Gfellen, Tel. 041 480 15 65; einfache DZ: Fr. 45.– p. P., auch Massenlager
🛏 Alpwirtschaft Schimbrig, Tel. 041 480 36 60 (wenn keine Antwort: Tel. 041 480 10 80), Massenlager
🍴 Alpwirtschaft Neuhütte (nur Verpflegung, keine Übernachtungsmöglichkeit)
Hasle:
🛏 Hotel Engel, Tel. 041 480 13 68 (DZ: Fr. 54.– p. P.), Ruhetag Di Abend und Mi;
🍴 Diverse Restaurants

Karten
● 1169 Schüpfheim (1:25 000)
● 244 (T) Escholzmatt (1:50 000)
● Wanderkarte Sörenberg–Entlebuch, Kümmerly+Frey (1:60 000)

Literatur
📖 Heinz Horat, *Hasle im Entlebuch,* Schweizerische Kunstführer, herausgegeben von der Gesellschaft für Schweizerische Kunstgeschichte, 1984
📖 Urs Hostettler, *Der Rebell von Eggiwil* (Geschichte des Bauernkrieges in Reportagenform mit Schwerpunkt Emmental), Zytglogge Verlag, 1991

Von **Gfellen** (1020 m), der kleinen Ferienhaussiedlung mit Gasthaus und Skilift, wandern wir los, überqueren den Eibach (s. Hinweis Seite 258) und erreichen nach weniger als einer halben Stunde die Brüederen Alp.

In diesen verlassenen Winkel zogen sich am Ende des 14. Jahrhunderts, zur gleichen Zeit wie in Heiligkreuz, Eremiten zurück, um in wilder Einsamkeit Gott zu dienen. Sie errichteten eine einfache Kapelle, ein schlichtes Haus und lebten von der Alpwirtschaft. Der Heilige Bruder Klaus von Obwalden hat die Eremiten offenbar mehrere Male besucht, als er nach Witenbach (dem heutigen Heiligkreuz) wallfahrtete. Als der letzte Eremit von Brüederen wegzog oder starb (Genaueres ist nicht bekannt), übergab der Freiherr von Wolhusen den Besitz an die Pfarrei in Entlebuch. Diese verpachtete das Anwesen an Entlebucher Familien, aber immer mit der Auflage, dass die Alp zurückzugeben sei, falls sich Eremiten entschließen sollten, auf Brüederen zu leben. Dies war jedoch nie mehr der Fall. Trotzdem wurde die Kapelle, die leider stets geschlossen ist, 1725 neu erbaut. Mit dem Junkerhaus, dem Kässpeicher (18. Jahrhundert) und dem Weidstall bildet die Brüederenalp eine der schönsten Siedlungen des Tales. Wir folgen weiter dem Wanderweg, der in einer Rechtskurve das Fahrsträßchen verlässt, überqueren den Älleggbach und gleich darauf die Grosse Entlen auf einer hohen Brücke. Wir folgen der Straße bergauf und zweigen nach 300 Metern, kurz bevor die Straße nochmals die Entlen überquert, auf den markierten, leicht sumpfigen Wanderweg ab. Am Fuße des Schimbrig folgen wir der Entlen, welche sich hier ein breites Bett geschaffen hat und viel Geschiebe mit sich bringt, bis nach **Grund** (1120 m). Hinter dem Bauernhaus biegen wir rechts ab und gehen, stetig steigend, in die Richtung zurück, aus der wir hergekommen sind. Der Weg (weiß-rot-weiß markiert) wird mit der Zeit immer schmaler und windet sich durch einen Fichtenwald die steile, felsdurchsetzte Flanke des Schimbrig hinauf. Wir erreichen die Alp Schafschimbrig, auf der auch heute noch 400 Schafe gesömmert werden.

1934 und 1935 wurde vom Besitzer der Alp eine Schadenforderung an die Regierung der Stadt Luzern gestellt, weil ein Adler angeblich Lämmer geraubt habe, 1935 rund 35 Stück. Zudem wurde der Abschuss des geschützten Raubvogels verlangt. Ein Ornithologe, der für ein Gutachten den Hang während drei Sommermonaten 1937 überwachte, konnte zwar viele Adler beobachten (deren Horst scheinbar in der Schrattenfluh liegt), aber nie wurde ein Lamm von einem Adler gerissen oder gar geraubt. Vielmehr kämen die Lämmer an den steilen rutschigen Hängen durch Absturz zu Tode. In der Folge wurden die Entschädigungsforderungen und der Abschuss der Vögel durch die Regierung abgewiesen, was in der Presse im Nachhinein zu kontroversen Kommentaren führte.

Von der Schimbrighütte, die vor wenigen Jahren von einer Lawine zerstört und auf eine solche Weise wiederaufgebaut wurde, dass nun die Lawinen über das Gebäude hinwegfegen können, halten wir nach rechts. Der weiterhin steile Weg verläuft hier für kurze Zeit in der Nähe des Grates. Die südexponierten Kalkfelshänge des Schimbrig sind bekannt für ihren Pflanzenreichtum. Raritäten wie die Blasse Orchis (ein gelb blühendes Knabenkraut), der blutrote Storchenschnabel

▲▲ Blick zurück zum Schimbrig.

◀ Von Schimbrig Bad her ist der Gipfel auch für Wesen mit kürzeren Beinen problemlos machbar.

16
GFELLEN–HASLE

▼ Heuet bei Grund im Tal der Grossen Entlen.

oder die astlose Graslilie kommen hier vor. Eine alte Quelle berichtet, dass der großen Fluhnelken wegen schon mancher Jüngling sein Leben in den Schlünden und Abgründen verloren hat.

Über Weiden, später durch ein kleines Tälchen geht es weiter bergan. Die Flanke querend erreichen wir, mit einigen Schweißtropfen, den **Gipfel des Schimbrig** (Gipfelkreuz, 1815 m). Pfarrer Schnyder von Wartensee, der empfiehlt, den Gipfel sorgsam zu bewandern, da er schon so manchen das Leben gekostet hat, schildert im 18. Jahrhundert die Aussicht vom Schimbrig auf den Mont-Blanc. Er muss einen ganz guten Tag erwischt haben. Er beschreibt das herrliche Schauspiel eines Nebelmeeres, das er, vor der beißenden Kälte »zwischen zahlreichen Maulwurfhügeln in der fetten Erde« auf dem Rasen Schutz suchend, noch nie so »ungewöhnlich wunderseltsam, so schönschrecklich« wie auf dem Schimbrig erlebt hat.

Wir wandern auf dem sich langsam senkenden Grat weiter Richtung Westen. Vor uns die natürliche Verlängerung der so genannten Vorderen Flue, mit der Schafmatt als höchstem Punkt. Zu Zeiten des Schimbergbad konnten sich Gäste gegen das Entgelt von 40 Franken mit Tragsesseln von vier jungen Männern auf den Schimbrig tragen lassen. Ein willkommener Zustupf für die Träger. Doch auch für die Selberlaufenden ist der Abstieg auf dem guten Weg gemütlich, und nach einer kurzen Strecke durch den Wald erreichen wir die Gastwirtschaft **Schimbrig** (1423 m), die ehemalige Dependance des legendären Kurhauses Schimbergbad (s. Seite 220). Wer die Wanderung abkürzen will, kann von hier in 1¼ Std. auch wieder nach Gfellen zurückkehren (Ende der Wanderung Nr. 15). Von Schimbrig folgen wir dem gelb markierten Weg Richtung Hasle. Nach wenigen Metern erreichen wir die Schimbrig-Kapelle.

1895 ließ hier die Besitzerin des Kurhauses, Frau Schiffmann, eine erste Kapelle errichten. Als während einer Reise auf See ihr Schiff in einem Sturm in Not kam, gab sie das Gelübde ab, bei ihrer Rückkehr auf Schimbrig eine Kapelle zu errichten. Nach dem Ende des Kurbetriebes verlotterte die Kapelle und wurde 1990 durch einen Neubau ersetzt.

Nach einem kurzen Waldstück führt der Weg über ein Moor. Die ganze Talmulde der Kleinen Entlen wurde als Moorlandschaft von nationalem Interesse unter Schutz gestellt. Bei der Alpwirtschaft Neuhütte (Getränke, einfache Verpflegung) folgen wir kurz der geteerten Straße, die wir aber nach 100 Metern bereits wieder verlassen. Querfeldein über Weiden und durch Wälder geht es hinunter zur Kleinen Entlen. Immer wieder schweift der Blick zu den aufragenden Felsen der Vorderen Flue. Kurz bevor wir die Brücke über die Kleine Entlen erreichen, queren wir ein Waldstück mit Schachtelhalmen und viel Pestwurz, die mit ihren riesigen Blättern aus einer anderen Welt zu stammen scheint.

Von der Brücke folgen wir der kleinen geteerten Straße bis **Schwarzenbergchrüz** (1173 m) hinauf. Wir bleiben noch etwa 600 Meter auf der Straße, bis der beschilderte Wanderweg rechts abzweigt (100 Meter vorher bog früher der Wanderweg nach Hasle via Nachzel ab. Seit die Brücke P. 791 über den Gretenbach zerstört wurde, ist diese Verbindung jedoch gesperrt). Nach einem kurzen Wegstück durch den Wald erreichen wir über die Wiese die Höfe Vorder Schwändi und Löchli. Danach überqueren wir den Gre-

◀ Beim Abstieg vom Schimbrig eröffnet sich vor uns ein weites Panorama. Im Vordergrund die Schafmatt und der Fürstein.

16
GFELLEN-
HASLE

▼ Die giftige Pestwurz findet man in der Nähe von Bachläufen, wie hier an der Kleinen Entlen. Im Sommer sieht man nur noch die riesigen Blätter. Die bis 1 Meter hohen Blütenstengel blühen im März und April.

tenbach und gelangen, leicht aufsteigend, wieder zur Straße. Nach wenigen Metern verlassen wir die Straße nach rechts. Hinter einem Waldstück durchqueren wir das kleine Balmoos, ein Hochmoor, welches ebenfalls in das Inventar der Hochmoore von nationaler Bedeutung aufgenommen wurde. Es ist das einzige Hochmoor auf dieser Höhenlage im Entlebuch, in dem nie Torf gestochen wurde. 200 Meter nach dem Hof Unter Schlund biegen wir rechts vom Fahrweg ab und erreichen hinter Dürrenegg den Waldrand.

Dem Waldrand entlang und später für ein kurzes Stück auf der Straße erreichen wir **Hasle** (694 m). Zum Bahnhof, zur Kirche und zum Beinhaus oder zu den Gaststätten halten wir auf der Hauptstraße nach links. Ein Halt empfiehlt sich beim unscheinbaren Beinhaus unmittelbar vor der Kirche.

Die Friedhöfe waren früher viel zu klein, sodass die Gräber bereits nach wenigen Jahren wieder geöffnet werden mussten. Die nach derart kurzer Zeit noch nicht verwesten Gebeine wurden dann im Beinhaus aufgeschichtet. Von Beckenried ist bekannt, dass noch um 1910 der Totengräber den ältesten Sohn oder sonst ein Mitglied der Familie fragte, ob er den Schädel des Vaters ins Beinhaus tragen wolle. Welch ein Unterschied zu heute, wo der Tod tabuisiert und privatisiert wird! Bei den Beinhäusern mahnte der Anblick auf die Gebeine, durch eine seitliche Öffnung erleichtert, jederzeit an die Vergänglichkeit unseres Daseins. Die Bemalung des Innern des Beinhauses von Hasle verstärkt diese Wirkung noch. Acht Personen der verschiedenen Stände, darunter der Papst, der Jüngling, der Kaiser, der Wirt, werden vom personifizierten Tod abgeholt. Selbstverständlich kommen auch die in Hasle am meisten vertretenen Berufe wie der Bauer und der Älpler vor. Die Botschaft ist klar: Vor dem Tod sind wir alle gleich.

Das Beinhaus in Hasle wurde 1574, hundert Jahre nach dem Friedhof, erbaut. Der Totentanz im Innern entstand 1687. 1840 wurde der Gemäldezyklus übermalt, 1908 bei der Renovation wieder ans Licht geholt. Zu dieser Zeit wurden auch die Gebeine und die 53 gut erhaltenen Schädel im Friedhof (nochmals) beigesetzt.

Mit dem gegenüberliegenden Gasthof Engel verbindet das Beinhaus eine alte Geschichte: Im 19. Jahrhundert hatte der Wirt des Engels eine lebensfrohe und unerschrockene Magd. Eines Abends wollten einige Gäste ihre Furchtlosigkeit auf die Probe stellen und wetteten mit ihr, sie wage es nicht, um Mitternacht einen Schädel aus dem Beinhaus zu holen. Nachts um 12 Uhr – ein Gast hatte sich entfernt und im Beinhaus versteckt – ging die Magd hinüber und fasste einen Schädel. Daraufhin jammerte der versteckte Gast: »Lachne si, das isch mine.« Die Magd legte den Schädel zurück und nahm einen anderen. Da rief es wieder: »Das isch ou mine.« Die Magd antwortete ihm: »Du Löu, wirsch wou nid zwe Grinde gha ha«, ging mit dem Schädel davon und hatte die Wette gewonnen.

◀ Auch das Tal der Kleinen Entlen steht als Moorlandschaft von nationaler Bedeutung unter Schutz. Im Bild ein Moor wenige Minuten unterhalb von Schimbrig Bad. Im Hintergrund die Äbnistettenflue.

16 GFELLEN-HASLE

▼ Ein Totentanzzyklus des Luzerner Malers Jakob Fischlin ziert die Wände des Beinhauses in Hasle. Im Bild: Der Tanz des Sensemanns mit dem Älpler.

REBELLION IM ENTLEBUCH

Als der Dreißigjährige Krieg (1618–1648) in Europa wütete, erlebte die verschonte Eidgenossenschaft eine Hochkonjunktur. Die Landwirtschaft exportierte ins Ausland und erlebte hohe Umsätze. Flüchtlinge, auch reiche, kamen ins Land, kauften Häuser und Höfe, was die Preise steigen ließ. Manche Bauern kamen in dieser Zeit zu einem bescheidenen Reichtum. Doch viele verprassten das Geld, zahlten übersetzte Preise und nahmen Darlehen auf, die man leicht erhielt. Als aber im letzten Drittel des Krieges eine Krise die Lebensmittelpreise zusammenbrechen ließ, kamen viele Bauern in wirtschaftliche Not. Obwohl die Einnahmen fehlten, mussten die Schuldzinsen bezahlt werden. Der meistverhasste Mann war zu dieser Zeit der »Gislifresser«, der Schuldeneintreiber, der sich auf Kosten des Schuldners im Wirtshaus des Dorfes niederließ, bis die Schuld bezahlt war. Er aß auf Rechnung der Geiseln, und dies nicht zu schlecht. Deshalb der Name »Gislifresser«.

Da auch der Staat Luzern in Geldnot war, belastete er die Bauern immer wieder mit neuen Abgaben. So wurde nach der Steuer auf Wein 1632 auch eine Steuer auf Most eingeführt. Die Entlebucher widersetzten sich dieser Steuer zuerst, doch griff der Staat hart durch und strafte die Steuerrebellen.

Nach dem Ende des Krieges 1648 verschärfte sich die Wirtschaftskrise noch. Viele Fremde zogen weg, was auch die Güterpreise in den Keller fallen ließ. Der Staat reagierte mit weiteren Maßnahmen. Mit unbeschränkter Macht erließ er Sittenmandate, die den Lebensgenuss des Volkes einschränkten. Er erließ eine Verordnung gegen die großen Unkosten bei Kindstaufen (gegen das Lebkuchenbacken), und am 9. August 1652 verbot der Rat bei 10 Gulden Buße »alles Tabakdrinken und Schnupfen« und untersagte den Apothekern den Verkauf von Schnupf und Tabak.

Die Münzentwertung vom Dezember 1652 brachte schließlich das Fass zum Überlaufen. Die Regierung von Luzern setzte den Berner Batzen um die Hälfte, die Währungen von Solothurn und Freiburg um ein Drittel herab. Dies war für die Entlebucher ein doppelter Schaden. Erstens bot ihnen die Frist von drei Tagen nicht genügend Zeit für den Umtausch. Zweitens handelten sie aufgrund ihrer Langnauer Marktfahrten oft mit Berner Geld. Bereits wenige Tage nach der Geldentwertung versammelten sich in Schüpfheim die führenden Entlebucher Köpfe. Darunter der höchste Entlebucher, der Bannermeister Hans Emmenegger, ein reicher Großbauer aus Schüpfheim, der mit seiner äußeren Erscheinung, seiner Beredsamkeit und kraft seines Amtes im Tal den Ton angab. Es wurde beschlossen, eine Delegation nach Luzern zu schicken, um mit der Regierung zu verhandeln. Man forderte die Freigabe des Salzhandels, den vollen Wert der Freiburger und Solothurner Batzen sowie Verzinsung durch Naturalien statt Bargeld. Aus Angst, verhaftet zu werden, warteten die Delegierten die Antwort des Rates in Luzern jedoch nicht ab, sondern kehrten zurück ins Entlebuch, wo nun Aufruhrstimmung um sich griff. Die Gislifresser wurden verhöhnt und aus dem Land gejagt.

Am 26. Januar trafen sich die Entlebucher auf Heiligkreuz, um nach einem Gottesdienste alte Forderungen gegenüber der Stadt zu bekräftigen und neue aufzustellen. Zusätzlich wollten sie nun auch unabhängige Entlebucher Gerichte. Der Höhepunkt der Versammlung war der heilige Eid.

Angeführt von den drei Tellen, drei Entlebuchern, die mit Kostümen verkleidet die drei alten Eidgenossen Wilhelm Tell, Werner Stauffacher und Arnold von Melchtal darstellten, schwörten die Anwesenden auf getreuliche Befolgung der Beschlüsse, die Verteidigung der Freiheit und mannhaften Widerstand gegen alle bewaffnete Macht. Zum Schluss wurden die mitgebrachten Knüttel, mit Nägeln beschlagene Holzstöcke, von der Geistlichkeit gesegnet. Der Bezug auf die alte Schweizer Geschichte zeigt, dass der Bauernaufstand auch stark konservative Züge aufwies.

▲ Christian Schibi war der militärische Kopf der Entlebucher während des Bauernkriegs. Seine Erfahrungen holte er sich während seines rund 10-jährigen Söldnerdienstes in Italien. Nach seiner Rückkehr wirtete er in Entlebuch und Escholzmatt. Er wird als Mann mit enormen Körperkräften geschildert.

▼ Hans Emmenegger war während der Rebellion der Pannermeister (das höchste Amt, das die Entlebucher zu vergeben hatten) der Entlebucher. Der reiche Bauer führte die Entlebucher an und galt zugleich als Anstifter der Unruhen.

Es rumorte auch in den angrenzenden Gebieten im Luzerner Hinterland und im Emmental. Im Februar beschlossen alle Luzerner Ämter an einer Versammlung in Wolhusen, sich zu einem Bund zu vereinen, um ihren Forderungen gegenüber der Stadt zum Durchbruch zu verhelfen. Doch die Verhandlungen mit der Stadt blieben ergebnislos. Insbesondere waren die Luzerner nicht bereit, den Wolhusener Bund anzuerkennen. Beide Seiten rüsteten auf. Luzern wurde für kurze Zeit gar von Bauern unter Führung des Entlebuchers Christian Schibi belagert.
Ende April kam es zu einer großen Versammlung der Bauern in Sumiswald. Vertreter des Entlebuchs, der Solothurner und Basler Landschaft, der Freien Ämtern sowie Emmentaler schlossen sich zu einem Bund zusammen, der später in Huttwil an einer Landsgemeinde mit 3000 Bauern bestätigt wurde. Der Emmentaler Niklaus Leuenberger wurde zum Bundesobmann gewählt, Hans Emmenegger zum Generalobersten. Die Verhandlungen waren nun zum Scheitern verurteilt, insbesondere da die Entlebucher ihre Forderung heraufschraubten. Sie akzeptierten nun auch keinen Landvogt mehr und strebten die volle Souveränität an. Auf der anderen Seite sah sich die Tagsatzung der Eidgenossenschaft durch den neuen Bund mit einer faktischen Zweiteilung des Landes konfrontiert und ließ Truppen zum Sturz der Rebellen aufbieten.
Am 20. Mai belagerten die Berner Bauern die Stadt Bern, die am 24. Mai in einen Waffenstillstand einwilligte. Zwei Tage später besetzten die aufständischen Luzerner Bauern den Gütsch bei Luzern. Bei Überfällen auf

Schlösser fielen den Bauern Waffen in die Hände. Am 29. Mai wurde auch in Luzern ein Waffenstillstand geschlossen. Es wurde ein Schiedsgericht vereinbart, das in Stans ein Urteil zu den Forderungen fällen sollte. Hans Emmenegger vertrat dort die Anliegen der Bauern.

◀ Nach zwei Tagen der Folterung, während derer man versuchte, Schibi der Hexerei zu überführen, wurde er am 7. Juli 1653 hingerichtet.

Doch zeitgleich kam es zu weiteren Gefechten in Wohlenschwil und Gisikon, wo die Landleute empfindliche Niederlagen einstecken mussten. Wohl auch unter dem Eindruck dieser klaren Machtverhältnisse kam das Schiedsgericht von Stans zu einem klaren Urteil: Auflösung der Bünde von Wolhusen und Huttwil sowie Auslieferung der Rädelsführer durch die Bauern.

16
GFELLEN–HASLE

Die Obrigkeit unterstrich ihren Sieg mit zum Teil drakonischen Strafen, obwohl die Schiedsrichter von Stans für eine generelle Amnestie eintraten. Vier Entlebucher wurden auf die Galeeren geschickt. Vier weitere, darunter Christian Schibi und Hans Emmenegger, wurden nach langen Verhören und Folterungen hingerichtet. Vor der Hinrichtung von Emmenegger kam es noch zu Diskussionen über die Hinrichtungsart. Mit 31 zu 29

▼ Knüttel, mit Nägeln beschlagene Holzstöcke, waren die Waffen der Entlebucher.

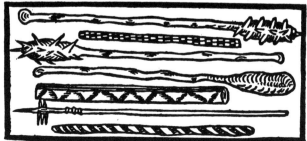

Stimmen entschieden sich die Herren von Luzern für den Tod durch den Strang, der als die entehrendere, schändlichere Strafe galt als die Köpfung mit dem Schwert. Hans Emmenegger trug das Urteil mit Mut und Ruhe. Andere Aufständische kamen weit glimpflicher davon. Sie wurden mit einem L auf der Stirn gekennzeichnet, ihr Bart wurde geschoren, oder sie mussten Wallfahrten unternehmen. Leuten, die »den Staat Luzern verleumdet hatten«, wurde die Zunge geschlitzt oder mit einem Nagel durchbohrt.

Doch der Widerstand war damit noch nicht gänzlich gebrochen, und die drei Tellen aus dem Entlebuch waren auch noch nicht gefasst. Immer wieder erklang das Tellenlied, welches den Anfang des Aufstandes bezeichnet hatte. Am 14. September 1653 wurde das Singen solcher Lieder vom Rat verboten. Am 28. September sollten am traditionellen Schwörtage die Entlebucher den neu gewählten Landvögten huldigen. Doch die Entlebucher, allen voran Jost Marbacher aus Hasle, verweigerten die Huldigung. Auf dem Rückweg wurde die Luzerner Delegation von den drei Tellen überfallen, der Zeugherr Kaspar Studer erschossen und der Schultheiß Dulliker verwundet. Die Tellen hofften mit ihrer Tat den Widerstand nochmals zu mobilisieren, erfolglos. Durch Verrat kamen Luzerner Truppen zwei der Tellen auf die Spur. Sie flüchteten auf ein Scheunendach, wo sie von den Soldaten heruntergeschossen wurden. Die Leichname wurden nach Luzern gebracht, geköpft und geviertelt. Der dritte Tell fiel erst im folgenden Jahr in die Hände der Obrigkeit und wurde ebenfalls hingerichtet. Das gleiche Los war dem letzten Aufständischen, Jost Marbacher, 1659 beschieden.

Um die Rädelsführer des Bauernkrieges entwickelte sich nach den Hinrichtungen ein eigentlicher Heroenkult, der einer Heiligenverehrung nahe kam. Die Luzerner Bauern veranstalteten immer wieder »Galgenfahrten«, Wallfahrten zu den Richtstätten ihrer Helden. 1660 verbot der Luzerner Rat auch dieses letzte Gedenken an den Aufstand der Bauern.

Nachtrag: Bei einer anderen Auseinandersetzung zwischen Regierungsmacht und Aufständischen, die ihre Ursache ebenfalls in der wirtschaftlichen Not hatte, standen die Entlebucher auf der anderen, der regierungstreuen Seite. Es war, neben anderen, ein Entlebucher Infanterieregiment, welches am 6. November 1918 zur Niederschlagung des Generalstreiks nach Zürich beordert wurde. Die jungen Männer mussten direkt vom Pflug weg einrücken, um in Zürichs Straßen mit scharfer Munition zu patrouillieren. 14 Entlebucher Soldaten sind während des zweimonatigen Dienstes an der grassierenden Spanischen Grippe gestorben.

◀ Die bedrängten »Tellen« Ulrich Dahinden und Kaspar Unternährer auf dem Scheunendach.

16
GFELLEN–HASLE

WALLFAHRT MIT AUSSICHT

SCHÜPFHEIM–HEILIGKREUZ–FIRST–FARNEREN–SCHÜPFHEIM

Auf dem alten Stationenweg wandern wir, wie vor uns Tausende von Pilgern, von Schüpfheim nach Heiligkreuz, dem traditionsreichen Wallfahrtsort. Danach geht es weiter hinauf, um auf der Farneren die Aussicht Richtung Süden zu genießen. Der zu Beginn steile Abstieg bringt uns zurück nach Schüpfheim, dem Hauptort des Entlebuchs.

17

Schüpfheim–Heiligkreuz 1¼ **Std.**
Heiligkreuz–Berghaus First **1 Std.**
Berghaus First–Farneren ½ **Std.**
Farneren–Stolen ¾ **Std.**
Stolen–Schüpfheim ¾ **Std.**

Total: **4¼ Std.**

Höhendifferenz: ↗ 910 m, ↘ 910 m

Charakter
Einfache Wanderung, mit Einkehrmöglichkeiten

Varianten
- Die Wanderung kann auch in Heiligkreuz begonnen oder beendet werden. Postauto vom Bahnhof Hasle (Strecke Bern–Luzern). Die Postautokurse verkehren nur nach telefonischer Voranmeldung spätestens 60 Min. vor Antritt der Fahrt (Tel. 079 227 51 78)

Beste Jahreszeit
Ende April bis Mitte November

Verkehrsmittel
→ ← Schüpfheim liegt an der Bahnlinie Luzern–Bern (Schnellzugshalt).

Sehenswertes
- Das Dorf Schüpfheim mit Kirche und Heimatmuseum. Das Heimatmuseum ist jeden ersten Sonntag im Monat von 14.00 Uhr bis 17.00 Uhr geöffnet. Für Gruppen und Schulen nach Vereinbarung (Tel. 041 484 22 24 oder 041 484 15 55).
- Der Seelensteg
- Der Weiler und die Wallfahrtskirche von Heiligkreuz
- Aussicht von der Farneren

17
SCHÜPFHEIM–
FARNEREN–
SCHÜPFHEIM

Übernachten, Gasthäuser
- Info: www.heiligkreuz-entlebuch.ch
Schüpfheim (www.schuepfheim.ch):
- Hotel Adler, Tel. 041 484 12 22 (DZ: Fr. 65.– p.P.), Di, Mi Ruhetag;
- Hotel Kreuz, Tel. 041 484 12 64 (DZ: Fr. 60.– p.P.), Mo Ruhetag;
- diverse Restaurants

- Hotel Kurhaus Heiligkreuz, Tel. 041 484 23 09 (DZ: Fr. 77.– p.P.), geräumige Zimmer mit schöner Aussicht.
- Restaurant First, Tel. 041 484 16 66

Karten
- 1169 Schüpfheim (1:25 000)
- 244 (T) Escholzmatt (1:50 000)
- Wanderkarte Sörenberg–Entlebuch, Kümmerly+Frey (1:60 000)

Literatur
- Heiligkreuz im Entlebuch – Beiträge zur Bedeutung von Heiligkreuz als Wallfahrtsort und Treffpunkt, Pflegschaft Heiligkreuz, 1994
- André Meyer (Hrsg.): Heiligkreuz LU – Schweizerische Kunstführer. Schweizerische Gesellschaft für Kunstgeschichte, 1979

Unsere Wanderung beginnt beim Bahnhof **Schüpfheim** (715 m). Wir durchqueren das Straßendorf in Richtung der Kirche, die das Dorfbild überragt.

Beinahe das ganze Dorf wurde am 27. Mai 1829 ein Raub der Flammen. 22 der insgesamt 34 Häuser des Dorfes brannten innert weniger Stunden nieder. 300 Bewohner wurden obdachlos. Wie durch ein Wunder blieb jedoch das Quartier bei der Kirche und die Kirche selbst vom Unglück verschont. Zum Dank dafür und damit die Ortschaft künftig von Feuer verschont bleibe, gelobte man, den 5. Februar, den Tag der heiligen Agatha, der Beschützerin in Feuersgefahr, als Feiertag zu begehen. Für 170 Jahre war der Agathatag in Schüpfheim ein lokaler Feiertag. Im Jahr 2000 waren nun die Geschäfte erstmals wieder geöffnet. Das religiöse Brauchtum soll künftig am Sonntag vor Agatha gefeiert und damit den »gewandelten gesellschaftlichen Verhältnissen Rechnung tragen«.

Rechts vom Hotel Kreuz führt die Lädergass aufs Chlosterbüel zum ehemaligen Kapuzinerkloster und zum Heimatmuseum. Im ehemaligen Kloster ist heute das »Haus der Gastfreundschaft« untergebracht, wo Menschen in schwierigen Lebenssituationen Gemeinschaft erleben oder sich für eine Weile in eine Klosterzelle zurückziehen können.

Rechts an der Kirche vorbei, über den Friedhof, kommen wir auf den Stationenweg, der nach Heiligkreuz hinaufführt. Nach wenigen Minuten lassen wir die letzten Häuser des Dorfes hinter uns und gehen über die Weide bergauf. Rechts vom Weg steht der kleine Schüpfheimer Skilift. Wie andere Lifte auf dieser Höhenlage steht er wegen Schneemangels oft still. Es gab Jahre, da war er keinen einzigen Tag in Betrieb. Wird der Skilift aber bei guten Schneeverhältnissen in Gang gesetzt, kann er innerhalb der Dorfjugend auf eine treue Kundschaft zählen. Wo erhält man heutzutage die Tageskarte noch für 10 Franken?

Der Stationenweg, der das Leiden Christi in 14 Bildern schildert, wurde vermutlich in der Mitte des 18. Jahrhunderts angelegt. Zur gleichen Zeit entstand auch der Kreuzweg von Hasle nach Heiligkreuz. Papst Klemens gab zu dieser Zeit klare Anweisungen heraus, wie die Kreuzwege zu errichten und die Andachtsübungen abzuhalten sind. Das Recht, einen Stationenweg einzusegnen, vergab er exklusiv den Franziskanern vom Ordenszweig der Observanten, welche die Kreuzwegandacht in Europa eingeführt haben. In der Schweiz, wo die Observanten nicht präsent waren, übertrugen sie dieses Privileg an die Kapuziner. Über die Biberen führte dannzumal noch eine Holzbrücke, die 1836 durch eine Steinbrücke ersetzt wurde.

Wo die ersten Häuser von Heiligkreuz sichtbar werden, biegt rechts der im Sommer 2000 eröffnete Seelensteg ab. Ein 500 Meter langer Holzsteg, angefertigt aus Tannenholz vom Sturm Lothar, führt durch den Hundsbodenwald, wo die traditionelle Holznutzung aufgegeben wurde. Der Seelensteg soll dazu einladen, die Natur in all ihren Formen auf sich einwirken zu lassen und den Wald bewusst wahrzunehmen. Die moderne Form eines Stationenweges. Für den Förster Urs Felder, einen der Initianten des Seelensteges, standen folgende Fragen im Vordergrund: Schätzen wir diese grüne Oase, die Quelle des sich dauernd erneuernden Lebens, genügend? Nehmen wir die vielseitigen Reize der Natur in ihrer Schönheit überhaupt vollständig wahr? Was genau brauchen wir Menschen zum Ausgleich in un-

▲▲ Auf dem Stationenweg von Schüpfheim nach Heiligkreuz

17
SCHÜPFHEIM-
FARNEREN-
SCHÜPFHEIM

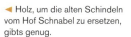

◄ Holz, um die alten Schindeln vom Hof Schnabel zu ersetzen, gibts genug.

▼ Um mehr zu sehen, stehen auf dem Seelensteg Hilfsmittel zur Verfügung, die den Blick einschränken.

serer hektischen und virtuell geprägten Welt? Haben wir überhaupt noch Zeit, uns Ruhe und Muße zu gönnen? Es ist geplant, im Rahmen des Biosphärenreservates in Heiligkreuz ein Walderlebniszentrum einzurichten. Der Seelensteg ist der erste Schritt dazu.

Fünf Minuten vom Startpunkt des Seelensteges erreichen wir **Heiligkreuz** (1127 m). Der Weiler ist seit Jahrhunderten ein Pilgerort (s. Seite 250). Die Besitzungen auf Heiligkreuz, darunter auch drei Landwirtschaftsbetriebe und zwei Alpen, gehören seit alters her den Kirchgemeinden des Amtes Entlebuch. Da durch die hohen Unterhalts- und Investitionskosten die Stiftung ein Defizit zu tragen hatte, einigte man sich in den siebziger Jahren auf den Verkauf von einzelnen Bauparzellen. Ein Entscheid, der wohl nachvollziehbar ist, aber das harmonische Ortsbild und die Abgeschiedenheit des Weilers leider beeinträchtigt. In der Kirche zeugen Votivtafeln (Exvoto) von der Dankbarkeit der Gläubigen für Gebetserhörungen. Die allermeisten Tafeln, die bis ins 17. Jahrhundert zurückreichen, danken für die Hilfe bei Krankheiten, einige auch für die Genesung von krankem Vieh. Eine besondere Votivtafel hat Jakob Renggli angebracht. Ihm wurde der Krämerladen ausgeraubt, doch auf sein Gelübde hin hat er alles zurückerhalten.

Neben der Kirche steht das Kapuzinerhospiz, wo der Wallfahrtspriester wohnt. Bereits 1753 wurde in Heiligkreuz ein großes Wirtshaus erbaut, das später zu einem Kurhaus für Luft- und Molkekuren ausgebaut wurde. Der Schüpfheimer Pfarrer Schnyder von Wartensee kritisierte 1783 das »überaus große Gasthaus«, welches »gewiss weder zur Ehre Gottes, noch zur Nothwendigkeit der Pilgramen, viel weniger einigem Nutzen des Landes« erbaut worden sei. 1985 wich das alte Wirtshaus einem gelungenen Neubau.

Der Weg zum First verläuft zu Beginn auf einem geteerten Fahrweg, der am Schwesternheim der Ingenbohler Schwestern vorbeiführt. Hier stand das 1866 erbaute obere Kurhaus. 1892 war die Geistlichkeit des üppigen Kurhausbetriebes überdrüssig und verkaufte das Gebäude den Ingenbohler Schwestern mit der Auflage, nie ein Wirtshaus zu betreiben. Es wird seither als Haus für erholungsbedürftige Schwestern benutzt. Der alte Bau wurde 1972 durch einen zweckmäßigeren Bau (mit Hallenbad) ersetzt.

Auf gutem Weg erreichen wir in einer halben Stunde den Grat. Wir folgen dem Grat nach rechts weiter aufwärts. Vor uns bäumt sich die Vordere Fluh auf, die Schafmatt und der Schimbrig, welche links davon, in der Pilatuskette, ihre Fortsetzung findet. In der Nähe des **Berghauses First** (1430 m, Selbstbedienungsrestaurant, Kinderspielplatz) befindet sich auch die Bergstation des Skiliftes Heiligkreuz-First.

Franz Röösli war der Initiant, der 1938 in Heiligkreuz die erste Beförderungsanlage nur für Skifahrer der Innerschweiz in Betrieb setzte. Mondäne Tourismusorte wie Engelberg wagten erst Jahre nach Heiligkreuz diesen Schritt. Die einfache Anlage, ein Hornschlitten, der von einem Zugseil den Hang hochgezogen und an der Bergstation von den Gästen gewendet werden musste, hatte Erfolg. Zumindest bei den Skifahrern. Weniger bei den Behörden aus Bern, welche die Konzession verweigerten. Franz Röösli machte sich deshalb mit Freunden im Frühjahr 1938 auf die Suche nach bereits bewilligten Anlagen. Im Toggenburg kopierten sie, in einer

◄ Heiligkreuz mit dem neu erbauten Kurhaus (rechts).

17
SCHÜPFHEIM–
FARNEREN–
SCHÜPFHEIM

▼ Von 1938 bis 1946 wurden die Skifahrer mit einem Funi-Schlitten von Heiligkreuz auf die Firsthöhe gefahren.

Form der Werkspionage, den Funi-Schlitten von Wildhaus und bauten die Anlage in Heiligkreuz nach. Hänsel und Gretel hießen die beiden Schlitten für je 21 Personen, welche die Skifahrer nun mühelos auf die Firsthöhe brachten. Im oberen Teil beträgt die Steigung immerhin 72 Prozent.

Der Erfolg war enorm. Aus Bern, Luzern und der näheren Umgebung kamen die Skisportler mit speziellen Sportzügen nach Hasle und Schüpfheim, liefen nach Heiligkreuz hoch und ließen sich von hier mit den Schlitten zum First hinauffahren.

Die Schlitten wurden 1946 durch ein Gurtensystem und 1970 durch die heute noch gängigen Bügel ersetzt. 1971 entstanden auch das Berghaus und der Lift auf der Südseite. Die Aktiengesellschaft, die den Familienbetrieb der Rööslis 1970 übernahm und die Investitionen ermöglichte, hatte in den neunziger Jahren mit Schneemangel und wiederkehrenden Defiziten zu kämpfen. Im Jahr 2000 musste sie in das Nachlassverfahren gehen. Dank dem Entgegenkommen vieler Gläubiger konnte eine lokal verankerte Auffanggesellschaft gebildet werden, welche die Weiterführung der Skilifte und des Bergrestaurants übernimmt.

Vom Berghaus folgen wir dem Grat bis zu seinem höchsten Punkt, der **Farneren** (1572 m, Gipfelkreuz). Die Sicht reicht von den Berner Alpen bis zum Pilatus. Durch den steilen Tannenwald führt der Weg im Zickzack hinunter. Zweimal gibt es die Möglichkeit, nach Heiligkreuz abzuzweigen. Wir gehen weiter bergab. Bei der Forsthütte Oberstolen (Tische, Grillstelle) kann man die Wasserflasche nachfüllen.

Durch ein Gebiet mit viel Heidelbeeren, später über das Stolenmoos kommen wir nach **Stolen** (1080 m). Hier steht seit 1936 ein riesiges weißes Kreuz, welches über Schüpfheim thronend weithin sichtbar ist. Vom Kreuz gehen wir etwa 20 Meter zurück und folgen danach dem Waldrand bergab. Kurz vor Schüpfheim überqueren wir den friedlich dahinplätschernden Trüebenbach, der weiter oben ein beachtliches Tobel geschaffen hat. Von hier auf einem geteerten Fahrweg nach **Schüpfheim**.

Die breite Hauptstraße, der wir zum Bahnhof folgen, soll auch in Zukunft ein belebter Treffpunkt bleiben. Doch dafür gilt es dem Lädelisterben, das durch konkurrenzierende Großverteiler außerhalb des Dorfes auch in Schüpfheim Thema ist, Einhalt zu gebieten. Eine Projektgruppe ist daran, Lösungen zu erarbeiten. Ein erster Schritt ist wohl, die bestehenden Geschäfte zu unterstützen. Zum Beispiel die Dorf-Chäsi an der Hauptstraße, in der eine Vielzahl von lokalen Käsespezialitäten angeboten wird.

◄ Über Wiesen geht es auf dem breiten Grat vom First zur Farneren.

17
SCHÜPFHEIM–
FARNEREN–
SCHÜPFHEIM

▼ Das weiße Betonkreuz bei Stolen ist weitherum sichtbar.

HEILIGKREUZ – DAS LANDESHEILIGTUM DER ENTLEBUCHER

Eine erste Gemeinschaft von Eremiten ließ sich in Witenbach, wie man damals die Geländeterrasse ob Schüpfheim noch nannte, um das Jahr 1340 nieder. Sie zogen sich in die Einöde zurück, um Gott zu dienen und das Land zu urbarisieren, und bauten eine kleine Kapelle und ein Eremitenhaus. Da freie Gemeinschaften von der Kirche nicht geduldet wurden, mussten sie sich einem Orden unterstellen. Im Falle von Witenbach war es das Zisterzienserkloster von St. Urban.

Einer der ersten Brüder, nach anderen Quellen auch der Gründer von Witenbach, war Ritter Johannes von Aarwangen, der nach einer großen Karriere im Dienste der Habsburger seine Besitzungen und seine Familie verließ und mit der erforderlichen Erlaubnis seiner Ehefrau als Laienbruder ins Zisterzienserkloster eintrat. Kurz darauf zog er sich nach Witenbach zurück. Die ersten Quellen erwähnen Witenbach, weil die Eremiten von der österreichischen Herrschaft die Erlaubnis zur Rodung des Waldes erhalten mussten. Aufgrund von Einsprachen der Talbevölkerung musste die Rodungsfläche schon bald eingeschränkt werden. Aus Angst vor Übernutzung des Gebietes wurde den Brüdern 1345 jede weitere Rodungsarbeit verboten. Aus demselben Grund wurde ihre Zahl auf maximal 7 festgelegt.

Es wird vermutet, dass seit den ersten Tagen in Witenbach eine Partikel des Heiligen Kreuzes verehrt wird. Auf welche Weise der kleine Holzsplitter, der noch heute in einer reich geschmückten Monstranz in Form eines Kreuzes in Heiligkreuz aufbewahrt wird, nach Heiligkreuz kam, konnte nicht restlos geklärt werden.

Die Legende berichtet, dass die Mutter Kaiser Konstantins, die heilige Helena, die im Jahr 326 in Jerusalem das Kreuz Christi gefunden hatte, einem verdienten Soldaten ein Stücklein davon schenkte. Auf dem Heimweg nach Frankreich wurden der Soldat und sein Begleiter von einem Drachen angegriffen. Das Ungeheuer war bereits daran, den Begleiter zu verschlingen, als der Soldat, mit dem Vertrauen auf die Kraft des Heiligen Kreuzes, den Drachen besiegen konnte. In seiner Heimatstadt Arras musste er die Echtheit der Reliquie beweisen, indem er die Holzpartikel einem wilden, frei herumlaufenden Ochsen auflegte. Falls der Ochse sein wildes Wesen verliere und die Partikel mit Sanftmut trage, solle man ihm folgen bis an den Ort, wo er es von sich lege. An diesem

Ort solle das Heiligtum verehrt werden. Der Ochse ging Tag und Nacht, ruhte kurz in Mainz und in Colmar, bis er schließlich ins Luzernbiet kam und sich in Wolhusen für 24 Stunden niederlegte. Der Soldat dachte bereits, hier sei der auserwählte Ort, doch der Ochse stand noch einmal auf, ging weiter nach Hasle und bis nach Witenbach hinauf, wo er die Partikel bei einer Tanne ablegte. Als an diesem Ort ein himmlisches Licht und Engelmusik erklang, errichtete man zu Ehren des Heiligen Kreuzes eine Kapelle. Die Legende nimmt das Tierorakel aus dem Altertum auf. Seit der Bronzezeit und den alten Ägyptern, bei den Griechen, den Kelten und Germanen galten der Stier und das Rind als Träger göttlicher Kräfte. Es gibt unzählige Legenden, wo ein Tier als Werkzeug himmlischer Kräfte den Gründungsort einer Stadt, den Standort einer Kirche, den Begräbnisplatz von Heiligen oder den Verehrungsort einer Reliquie bestimmt. Sie waren dazu bestimmt zu zeigen, dass der auserwählte Ort Gottes Wille war.

Der Kampf mit dem Drachen, ein berühmtes Erzählgut aus Volksmärchen, wird von Pater Jann 1944 als Überfall eines islamistischen Wegelagerers gedeutet. Dass die Legende vom Heiligkreuz Begebenheiten verknüpft, die Auffindung des Kreuzes in Jerusalem und die Errichtung der Kapelle in Witenbach, die tausend Jahre auseinander liegen, hat wohl die Verfasser im 17. Jahrhundert nicht gestört. Zudem war das Entlebuch im 4. Jahrhundert noch gar nicht besiedelt, geschweige denn christianisiert.

Heute geht man davon aus, das die Partikel des Heiligen Kreuzes über das Zisterzienserkloster von St. Urban nach Witenbach kam. Die Kreuzzüge waren ein besonderes Anlie-

17
SCHÜPFHEIM–FARNEREN–SCHÜPFHEIM

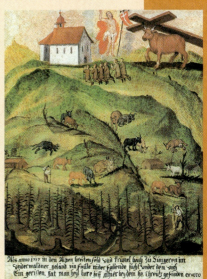

▼ Exvoto aus dem Jahr 1717 in der Wallfahrtskirche Heiligkreuz. Es zeigt die Wallfahrtskirche und den Stier mit dem Kreuz. Gedankt wird mit dem Exvoto für die Hilfe beim Kampf gegen die Rinderseuche in Unterwalden.

gen der Zisterzienser, die eine Menge Reliquien nach Europa gebracht haben. Ein anderer Spender der Reliquie könnte Johannes von Aarwangen sein. Die Ritter von Aarwangen besaßen in Aarwangen selbst eine Heiligkreuzkapelle, die nach 1250 erbaut worden sein dürfte.

Die Zahl der Brüder, die in erster Linie Viehwirtschaft betrieben, aber auch einen Handel mit dem Elsass aufbauten, schrumpfte im Verlauf der Jahre. Die letzten Eremiten verließen Witenbach 1469. Doch die Entlebucher sorgten weiterhin für die Kapelle. 10 Jahre später erteilte der Papst den Entlebuchern das Recht, auf ihrem Landesbanner das Kreuz, die Dornenkrone und die Nägel aufzunehmen. Der Name wechselte in dieser Zeit von Witenbach zu Heiligkreuz. Die Kapelle wurde 1593 durch eine spätgotische Kirche ersetzt, die 1753 »barockisiert« und erweitert wurde. Heiligkreuz war nun ein beliebter Wallfahrtsort und das Landesheiligtum der Entlebucher. Die Möglichkeit, in Heiligkreuz einen vollkommenen Ablass zu erhalten, den gänzlichen Nachlass aller zeitlichen Sündenstrafen, hat in früheren Jahrhunderten seine Attraktivität stark erhöht. Um den Ablass zu erhalten, musste man in Heiligkreuz beichten und die Kommunion feiern. 1665 wurde nur am Feste der Kreuzauffindung (3. Mai) ein vollkommener Ablass gegeben. Durch stetiges Lobbying in Rom wurden die Tage für einen vollständigen Ablass aber stetig erweitert. Nach der Bekanntgabe von neuen Ablassdaten war jeweils eine starke Zunahme der Wallfahrten zu beobachten. Im 18. Jahrhundert kamen bis zu 6000 Personen an ein Kreuzfest, sodass die Beichten im Freien oder in der Scheune abgenommen werden mussten. 1827 wurde der vollkommene Ablass an vier Tagen erteilt. An weiteren Feiertagen gab es unvollkommene Ablässe, welche die Sündenstrafen um 30, 20 oder 10 Jahre verringerten.

Die Wallfahrts-Seelsorge wurde 1753 von den Kapuzinern vom Kloster Schüpfheim übernommen und wird auch heute noch von vielen Gläubigen geschätzt. Die wichtigsten Tage im Kirchenjahr von Heiligkreuz sind heutzutage der Margarethentag (20. Juli) und der Karfreitag. Am 20. Juli im Jahre 1588 wurde das Entlebuch durch ein heftiges Unwetter heimgesucht, welches großen Schaden anrichtete. Darauf gelobten die Pfarreien des Amtes Entlebuch, jedes Jahr am Margarethentag nach Heiligkreuz zu pilgern, um für Schutz vor weiteren Katastrophen zu bitten. Dass Heiligkreuz über all die Jahrhunderte ein derart populärer Pilgerort war und noch immer ist, hängt sicher auch mit der heute noch spürbaren starken Religiosität der Entlebucher zusammen. Die großen Kirchen, unzählige Kapellen und Wegstöcklein oder die Lourdes-Grotte in Marbach zeugen davon. Von früher wird erzählt, dass alte Mütterlein jeweils nicht um Geld, sondern um Psalter gejasst haben. Und Kinder hatten einen Betknebel, in den sie in der Vorweihnachtszeit für jeden gebeteten Rosenkranz eine Kerbe einschnitten. Auf diese Weise konnten sie dem Samichlaus ganze Beweissammlungen ihrer Frömmigkeit vorweisen.

Weniger gut erging es jenen, die der Kirche keinen Respekt entgegenbrachten. So steht im Luzerner Ratsprotokoll vom 4. Mai 1640 zu lesen, dass ein Hans Wy aus Hasle in seiner Stube, im Beisein von einigen Personen, die Frage gestellt habe, wieso man die heilige Magdalena verehre, sie sei doch eine Hure. Der Rat hat in daraufhin eingekerkert. Nach drei Wochen wurde er auf Bitten seiner Frau und einer Abordnung des Landes Entlebuch freigelassen. Er musste aber eine Buße bezahlen und in der Kirche seine Aussage öffentlich widerrufen. Zudem erhielt er zwei Jahre Wirtshausverbot.

◀ Ein Gemäldezyklus in der Wallfahrtskirche schildert die Heiligkreuz-Legende. Im Bild die Kreuzerkennung durch die heilige Helena ums Jahr 326 in Jerusalem. Das »richtige« Kreuz wurde erkannt, als eine todkranke Frau, die es berührte, wieder gesund wurde.

17
SCHÜPFHEIM–
FARNEREN–
SCHÜPFHEIM

AUF EINSAMEN PFADEN ZUM FÜRSTEIN

GFELLEN–GÜRMSCH–FÜRSTEIN–STÄLDILI–FLÜHLI

Eine selten begangene, lange Route führt uns zwischen Alpenrosen und Heidelbeeren hindurch auf einem kleinen Pfad zum aussichtsreichen Fürstein. Nach dem Abstieg empfiehlt sich ein kurzer Abstecher zum Wasserfall im Chessiloch. Dem Rotbach entlang, wo früher die Glashütten standen, gelangen wir am Schluss nach Flühli.

18

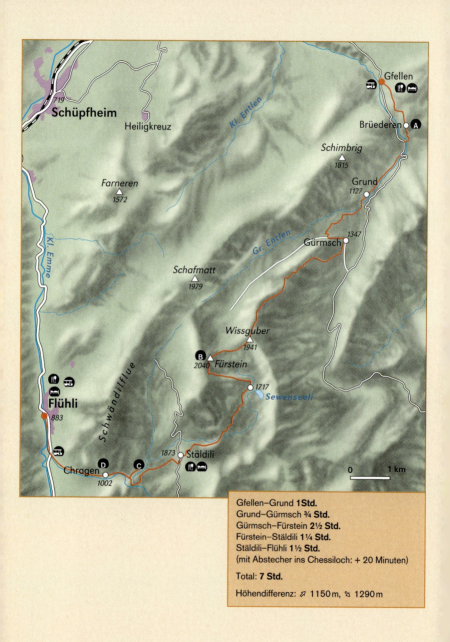

Charakter
Lange Gratwanderung auf zum Teil unmarkierten, kleinen Pfaden und mit weglosen Abschnitten. Aufgrund der Länge der Tour ist ein früher Start resp. eine Übernachtung in Gfellen zu empfehlen.

Variante
🟢 Mit einer Übernachtung in der Alpwirtschaft Stäldeli kann man die Tour auf zwei Tage verteilen.

Beste Jahreszeit
Anfang Juni bis Ende Oktober

Verkehrsmittel
➡ Von der Bahnstation Entlebuch (an der Linie Bern–Luzern) mit dem Bus nach Gfellen. Achtung: Rufbusbetrieb (das heißt, der Bus muss mindestens 60 Minuten vor der Fahrt bestellt werden. Tel. 041 480 23 30).
⬅ Mit dem Postauto von Flühli nach Schüpfheim. Danach weiter mit der Bahn.

Sehenswertes
🅐 Kapelle bei Brüderenalp
🅑 Aussicht vom Fürstein
🅒 Wasserfall im Chessiloch
🅓 Alte Gastwirtschaft im Chragen

Übernachten, Gasthäuser, Verkehrsbüro
⬤ Hotel und Restaurant Gfellen, www.a-o.ch/6162-Gfellen, Tel. 041 480 15 65; einfache DZ: Fr. 45.– p.P., auch Massenlager
⬤ Alpwirtschaft Stäldili, www.alpebeiz.ch, Tel. 041 488 11 92 (DZ: Fr. 55.– p.P., auch Massenlager);
Flühli:
⬤ Verkehrsbüro (Sörenberg), www.fluehli.ch, Tel. 041 488 11 85;
⬤ Kurhaus Flühli, www.kurhaus-fluehli.ch, Tel. 041 488 11 66 (DZ: Fr. 85.– p.P.);
⬤ Hotel Sonne, Tel. 041 488 11 10 (DZ: Fr. 60.– p.P.), Mi, Do Ruhetag

Karten
🟢 1169 Schüpfheim und 1189 Sörenberg (1:25 000)
🟢 244 (T) Escholzmatt (1:50 000)
🟢 Wanderkarte Sörenberg–Entlebuch, Kümmerly+Frey (1:60 000)

Literatur
⬤ Heinz Horat, Flühli-Glas, Verlag Paul Haupt, Bern 1986

Es lohnt sich, in Gfellen früh aufzubrechen, da die Wanderung nach Flühli doch gute 7 Stunden dauert.

In **Gfellen** (1020 m) folgen wir dem Wegweiser Richtung Brüderenalp. Kurz vor der ehemaligen Einsiedelei überqueren wir den Eibach. Sein Wasser hat die Stadt Luzern weiter oben, zusammen mit der Brüderenquelle, bereits 1897 gefasst, um es in einem 11 Kilometer langen Rohr nach Eigenthal und von dort nach Luzern zu leiten. Um die Trinkwasserqualität zu sichern, hat die Stadt Luzern auch gleich die im Einzugsgebiet liegende Dossenalp gekauft. Die Hälfte der Alp wurde eingezäunt, dem Weidegang entzogen und aufgeforstet.

Die Brüder Ackermann von der gleichnamigen Tuchfabrik in Entlebuch wollten den »Raub des Wassers« nicht schlucken und prozessierten gegen die Stadt Luzern. Sie waren wirtschaftlich betroffen, da der Wasserverlust der Entlen die Leistung der Wasserräder ihrer Produktionsanlagen in der Farb schmälerte. Im Prozess kritisierten sie aber auch den Eingriff ins Landschaftsbild, der durch die Trockenlegung des Eibaches verursacht wurde. Dazu kamen regionalpolitische Argumente: »Um gutes, kaltes Wasser zu trinken, müssen nun die Entlebucher an die Brunnen in die Stadt gehen, um dort ihr eigenes Wasser zu trinken«, schrieb Alfred Ackermann in seinen Bauernkalender. Obwohl sie in einem Rechtsgutachten darlegten, dass die Brüderenquelle zu den öffentlichen Gewässern gehörte, gab das Obergericht der Stadt Luzern Recht, den Brüdern Ackermann wurden sogar noch die ganzen Prozesskosten aufgebürdet.

Kurz hinter der ehemaligen Eremitensiedlung der Brüderenalp (s. Seite 228) verlassen wir in einer Rechtskurve das Fahrsträßchen, überqueren den Älleggbach und gleich darauf die Grosse Entlen auf einer hohen Brücke. Wir folgen der Straße bergauf und zweigen nach 300 Metern, kurz bevor die Straße nochmals die Entlen überquert, auf den markierten, leicht sumpfigen Wanderweg ab. Am Fuße des Schimbrig folgen wir der Entlen, die sich hier ein breites Bett geschaffen hat und viel Geschiebe mit sich bringt, bis nach **Grund** (1120 m).

Bis um 1930, als man die Straße von Gfellen her verlängerte, wurde das geschlagene Holz aus dieser unwegsamen Gegend auf der Entlen Richtung Entlebuch geflößt. Forstarbeiter fällten im Herbst die Bäume und rollten die Stämme ans Flussufer. Wenn im Frühling die Entlen viel Wasser führte, wurden die Stämme in den Bach geworfen. Die Flößer lenkten mit langen Flößerhaken die Fahrt, die an einem geeigneten Ort mit Hilfe eines Rechens endete. Über den Sommer ließ man das Holz trocknen und verfrachtete es im Herbst per Bahn zum Kunden.

Wir folgen dem Wegweiser Richtung Chätterech, verlassen den offiziellen Wanderweg aber bereits zehn Minuten später bei einem Wegkreuz und folgen dem Fahrsträßchen nach links, welches kurz darauf die Entlen überquert. Dem Sträßchen folgen wir noch weitere 200 Meter bis zu einer Scheune, um dann weglos über eine Wiese das Alpgebäude von Gürmschmoos anzupeilen. Weiterhin weglos gehen wir steil bergan, um dann rechts, hinter einem vorspringenden Waldstück, den Wald zu betreten. Hier ist der Weg wieder klar erkennbar. Durch den Wald und über die Weide erreichen wir das Gebäude der Schattweid und wenig oberhalb die geteerte Militärstraße, der wir nach links, leicht abwärts, folgen.

▲ ▲ Vom Wissguber ist der weitere Weg auf dem Grat bis zum Fürstein klar sichtbar.

◀ Bis Grund sind wir eine Stunde unterwegs. Der Aufstieg zum Fürstein beginnt erst danach.

18
GFELLEN–
FLÜHLI

Bei **Gürmsch** (1350 m), bei einem großen Stall, biegen wir nach rechts von der Straße ab und folgen dem Fahrweg, der sich kurz darauf verliert. Wir behalten die eingeschlagene Richtung bei und wandern auf einer Weide, Schafspuren folgend, Richtung Alp Gugel (Punkt 1496). Oberhalb des Hofes erreichen wir ein Kreuz und gehen von hier weiterhin weglos zum Grat hinauf, den wir in einer kleinen Senke erreichen. Nun beginnt der schönste Teil der Wanderung. Der Gebietsführer des Schweizerischen Alpenclubs lässt sich bei diesem Wegstück zu einer ungewohnten Lobeshymne hinreißen: »Als Pfad ein Gräbelein in einem Teppich aus Erika-, Heidelbeer- und Alpenrosengestrüpp, das sich in bezaubernden Föhrenbeständen um Bäume, seltsam geformte Steinblöcke und verwinkelte Gräben windet, über der Waldgrenze dann weite, weichtrittige Höhenzüge, vor Augen die harmonische Pyramide des Fürstein: beglückender kann die Annäherung an einen Berg wohl kaum sein!«

Den unmarkierten Weg zu finden, ist einfach. Einige Male wird ein kleiner Felsabsatz links umgangen. Ansonsten folgt man dem Grat. Oberhalb der Waldgrenze erreichen wir den Wissguber und von

◀ Die Gratwanderung führt uns aussichtsreich auf einem kleinen, wenig begangenen Pfad zum Fürstein.

18
GFELLEN–FLÜHLI

hier, zum Schluss nochmals steil ansteigend, in 40 Minuten den Gipfel des **Fürstein** (2040 m). Der Blick reicht von den Berner Hochalpen bis zum Jura und zum Glärnisch.

Vom Gipfelkreuz gehen wir Richtung Süden, bis zum Sattel zwischen Fürstein und seinem Zwillingsbruder Chli Fürstein. Weiter absteigend folgen wir einem Bachlauf (endlich können die Wasserflaschen wieder aufgefüllt werden) bis zur Sewenalp mit ihrer Kapelle (1936 eingeweiht) und ihrem Seelein. Nachdem ab 1882 Gäste in einem Alphüttli auf der Sewenalp beherbergt wurden, erbaute man 1888

ein stattliches Hotel, das bis 45 Personen aufnehmen konnte. Bevor in den 1950er-Jahren vom Glaubenberg eine Zufahrt erstellt war, wurden die Waren von Flühli, später vom Ständeli her gesäumt. Für eine Begleitung von Flühli aus, die einem das Gepäck bis 30 Pfund abnahm, bezahlte man im Jahre 1888 2 Franken, gleich viel wie für Kost und Logis. 1974 verkaufte der Besitzer die Liegenschaft dem Militär, welches das Hotel und das Alphüttli zwei Jahre später abbrach.

Durch mooriges Gebiet, später auf einem Fahrweg steigen wir vom Seelein zur Alpwirtschaft **Ständeli** (1373 m, Speisekarte mit grosser Auswahl) ab. Für müde Wanderer stehen zwei Doppelzimmer zur Verfügung. Schade, dass die sonnige Terrasse dem großen Parkplatz zugewandt ist.

Für den Abstieg nach Flühli folgen wir für wenige Meter der Straße, zweigen dann rechts in ein Sträßchen und später links in den Wanderweg ab. Zuerst über eine Ebene, später durch einen Torfmoos-Bergföhrenwald, in dem der Weg mit Holzscheiten in den nassen Waldboden gelegt wurde. In unzähligen Kehren windet sich der schmale Pfad durch den Holzhackwald hinunter. Immer wieder lässt sich vom Wegrand die tiefe Schlucht des Seebenbaches erahnen, in die weiter unten ein empfehlenswerter Abstecher abzweigt (20 Minuten), der uns bis zum Wasserfall im Chessiloch führt.

Auf dem Weg vom Chessiloch nach Flühli zweigt nach wenigen Minuten ein kleiner Weg zu einer Schwefelquelle ab. Bereits 1596 wird sie erwähnt: Das Chragenbad sei »zwar vor langer Zyt in Übung gewesen, aber [...] jetzt ein zytlang nit sunders vil besucht worden«. Zum großen Ruhm konnte es die Quelle, die man zur Heilung von Hautkrankheiten (Krätze) aufsuchte, schon wegen ihrer geringen Kapazität von bloß 1,7 Litern pro Minute nicht bringen. (Im Vergleich: Die heißen

Thermalquellen von Baden im Kanton Aargau haben eine Leistung von 700 Litern pro Minute.) Immerhin gab es zu Beginn des 17. Jahrhunderts ein Badehaus mit drei Betten, und 1782 schrieb Pfarrer Schnyder von Wartensee, dass es von Emmentalern stark besucht werde. 1902 wurde das Badehaus weggeschwemmt.

Weiter bachabwärts kommen wir zur ehemaligen Glasersiedlung Chragen. Nachdem um 1760 der Waldbestand im direkten Einzugsbereich der Glashütte Südel, zwischen Flühli und Sörenberg gelegen, stark dezimiert worden war, wurde die Produktion der bekannten Hohlgläser in den Chragen verlegt, wo eine neue Glashüttensiedlung aufgebaut wurde. Das Glaserwirtshaus und ein weiteres der ehemals sechs Häuser stehen heute noch (zur Glasindustrie im Entlebuch s. Seite 264).

Wir folgen im Talboden dem Rotbach, der trotz seines gewaltigen Bachbettes mit seinem Geschiebe in der Vergangenheit immer wieder große Schäden angerichtet hat. Aufgrund seines großen Einzugsgebietes verwandelt sich der meist kleine Bach nach großen Unwettern zum tobenden Wildbach. Um zukünftige Schäden zu vermeiden, hat man in den vergangenen Jahren unter anderem zwei weitere Sperren errichtet und das rechte Ufer um rund 2 Meter erhöht. Um die Geschiebeablagerungen in Zukunft mit Lastwagen abtransportieren zu können, wurden Zufahrtsrampen erbaut.

Bei Hüttlenen (Postauto-Haltestelle) überqueren wir die Hauptstraße und folgen der Waldemme bis ins Zentrum von **Flühli** (883 m), wo wir das Postauto Richtung Schüpfheim besteigen.

◄ Am Sewenseeli (Kanton Obwalden) stand bis 1976 ein Hotel für 45 Personen, von dem heute nichts mehr zu sehen ist.

18
GFELLEN-FLÜHLI

▼ Der Abstecher zum Wasserfall im Chessiloch lohnt sich auf alle Fälle.

DIE GLASER VON FLÜHLI

Die Anfänge der Glasmacherkunst im Entlebuch liegen im Dunkeln. Eine Urkunde von 1433 nennt eine Liegenschaft »Glashütten« zwischen Schüpfheim und Entlebuch. 1608 werden ein Urs Baret aus Solothurn und ein Jost Dürrschmid von Heinrichsgrün aus Böhmen erwähnt, die im Entlebuch eine Glashütte betrieben. Genaueres ist über diese frühen Versuche aber nicht zu erfahren.
Die erfolgreiche Periode der Glasbläser im Entlebuch wurde eingeläutet, als die Glashüttengesellschaft Siegwart 1723 ihre erste Glashütte auf der Hirsegg zwischen Flühli und Sörenberg errichtete. Die Familie Siegwart, welche die Glasmacherkunst bereits seit dem 14. Jahrhundert betrieb, kam aus Süddeutschland nach Flühli. Der anziehende Magnet waren die ungenutzten Wälder, die den Glasern einen einfachen Zugang zum Brennmaterial Holz ermöglichten. Im

Schwarzwald, wo die Siegwarts zuvor produziert hatten, waren die Holzbestände durch das blühende Glasergewerbe bereits stark gelichtet. Ein weiterer Punkt für den Standort Entlebuch war die Unterstützung des Luzerner Rates, der die Glaser von Steuern und Militär befreite. Man verstand also damals schon etwas von Wirtschaftsförderung und Standortmarketing.

Nachdem in der näheren Umgebung die Holzvorräte aufgebraucht waren, zogen die Glasbläser jeweils ein Stück weiter und bauten am neuen Ort ihren Ofen und ihre Hütten wieder auf. Von der Hirsegg zogen sie 1741 wenige hundert Meter die Waldemme hoch ins Sörenbergli, von dort, 1768, nach Egglenen, am Zusammenfluss des Rotbachs und des Seebenbachs, ebenfalls auf dem Gemeindegebiet von Flühli. Ab 1741 wurde auch im Napfgebiet, an der Grossen Fontanne (Gemeinde Romoos), eine Glashütte betrieben. Dieser Standpunkt erwies sich aber nicht als ideal, da der für die Glasbrennerei benötigte Flusssand verunreinigt war; dadurch wurde das Glas schwerflüssig und war schwieriger zu bearbeiten.

◀ Flühliglas aus dem 18. Jahrhundert. Zwei Schnapsflaschen aus weißem Opalglas, das als Porzellanersatz diente. Ein Schnapshund mit angeblasenen Beinen und Kopf. Eine Schnapsflasche mit Emailmalerei und Zinnverschluss sowie ein ebenfalls bemalter Becher.

1781 vereinigten sich die Glaser von Egglenen und Romoos und erstellten im Kragen am Rotbach (zu dieser Zeit noch Kragenbach genannt) eine neue, moderne Glashütte. Stand zu Beginn der Produktion im Entlebuch noch das Kunstgewerbe – kunstvoll bemalte Teller und Krüge aus Opalglas und verzierte Trinkgläser und Flaschen – im Vordergrund, wurden im Kragen nun auch Scheiben und Spiegelglas hergestellt.

Das Hüttenvolk, dem keine Entlebucher angehörten, sondern das eine geschlossene Gesellschaft deutscher Einwanderer war, umfasste etwa 250 Personen: die Gesellen

und ihre Frauen, das Gesinde, Holzhacker, Heizer, Schmelzer, Pfeifenschmiede, Hafner, Schleifer und Maler. Die Einheimischen fanden als Glasträger und Fuhrleute Arbeit.

Von Flühli wurde das Glas auf Saumpfaden nach Schüpfheim (der Weg nach Schüpfheim konnte erst 1843 von größeren Fuhrwerken befahren werden) oder über den Sattelpass in den Kanton Obwalden getragen, von wo es in die restliche Schweiz transportiert wurde. Die Kantone Bern, Aargau und Wallis waren die wichtigsten Abnehmer. Die Produktion florierte, und schon bald bildeten die Glaser die finanzielle Oberschicht in Flühli. Nachdem während der Helvetik zu Beginn des 19. Jahrhunderts ihre Privilegien aufgehoben wurden, gehörten sie auch zu den besten Steuerzahlern im Dorf.

Zur selben Zeit wuchsen aber im Entlebuch auch die Widerstände gegen die Glasindustrie und ihre unverantwortliche Abholzung der Wälder (s. Seite 32). 1803 erhob das Amtsgericht Schüpfheim Klage, weil die Glaser alles zur Versteigerung für das Volk gerüstete Holz wegkauften, wodurch eine Holznot entstand. Überdies hätten die Glaser die Hochwälder und die für die öffentlichen Gebäude bestimmten Wälder teilweise abgeholzt und verwüstet. Die Oberbehörde wurde dringend gebeten, gegen die »scheußliche, holzfrevelnde Glasfabrik« einzuschreiten. Das Allgemeinwohl sollte den Geschäftsinteressen vorgehen. Die Glaser reagierten 1810 mit dem Begehren, ihre Hütte vom Kragengebiet Richtung Sörenberg zu verlegen, und der Kleine Rat (Regierung) von Luzern zeigte durchaus die Bereitschaft, diesen Umzug zu bewilligen. Doch die Gemeindeverwaltungen von Schüpfheim und Escholzmatt, die Kirche und das Kloster von Schüpfheim sowie die Korporationen wehrten sich gegen den Plan. Die Eingabe von Schüpfheim wurde gar in das Gemeinderatsprotokoll aufgenommen, damit die »Nachkommen sehen mögen, dass wir diesem Übel, wenn es wider unser Verhoffen geschehen sollte, kein Vorschub geleistet, sondern mit allem Fleiß und mit allen unseren Kräften entgegen gearbeitet haben«.

Im September 1813 bewilligte der Rat dann die neue Hütte, allerdings mit vielen Einschränkungen betreffend Holzschlag und Flößen. Doch offenbar wurde gegen diese Bewilligung derart nachdrücklich protestiert, dass die Regierung beschloss, vor Ort einen Augenschein zu nehmen. Aber auch die Glaser lobbyierten in Luzern, und 80 am Glashandel beteiligte Träger, Verkäufer und Händler wiesen in einem Schreiben darauf hin, dass sie bei einer Abweisung der Bewilligung um ihren Verdienst kämen und ihre Familien dadurch in Not gerieten. Im September 1814 beschloss der Rat, den neuen Standort abzulehnen und stattdessen den Holzschlag für die Hütte im Kragen unter strengen Richtlinien weiter zu erlauben.

Die Produktion ging im Kragen weiter, doch gründete die Familie Siegwart 1818 in Hergiswil am Vierwaldstättersee eine zusätzliche Glashütte, in der nun abwechslungsweise mit Flühli produziert wurde. Das Sommerhalbjahr im Entlebuch, das Winterhalbjahr in Hergiswil. 1837 konnten die Glaser doch noch eine neue Hütte im Entlebuch erstellen, und zwar im Thorbach, unmittelbar beim Dorf Flühli.

1869 wurde der Standort Flühli definitiv aufgegeben und die gesamte Glasherstellung nach Hergiswil verlegt, wo auch heute noch produziert wird. Für den Wegzug dürften die stetig zunehmenden Probleme bei der Holzbeschaffung verantwortlich gewesen sein, aber auch der verkehrsmäßig schlechte Standort von Flühli. Auch die zunehmende Abkühlung der Beziehung zwischen den Glasern und der Gemeinde dürfte eine Rolle gespielt haben.

◀ Das alte Glaserhaus am Thorbach. Gleich daneben stand einst die letzte Glaserhütte von Flühli, in der von 1837 bis 1869 Glas hergestellt wurde.

18
GFELLEN–FLÜHLI

▼ Bemalte Flasche aus blauem Kobalt-Glas.

ENTLEBUCHER ENERGIEN

ENTLEBUCH–METTILIMOOS–WISSEN-EGG–FINSTERWALD–ENTLEBUCH

Die Wanderung im hügeligen Voralpengebiet führt uns von Entlebuch zum Mettilimoos, wo bis zum Zweiten Weltkrieg Torf gestochen wurde. An weiteren Mooren vorbei gelangen wir nach Finsterwald. Hier bohrte man in den siebziger Jahren nach Öl und fand Erdgas.

19

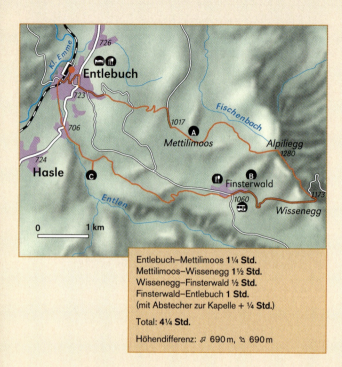

Entlebuch–Mettilimoos 1¼ **Std.**
Mettilimoos–Wissenegg 1½ **Std.**
Wissenegg–Finsterwald ½ **Std.**
Finsterwald–Entlebuch **1 Std.**
(mit Abstecher zur Kapelle + ¼ **Std.**)

Total: 4¼ **Std.**

Höhendifferenz: ↗ 690 m, ↘ 690 m

Charakter
Einfache Wanderung, geeignet für Familien

Variante
🔴 Die Wanderung kann auch bereits in Finsterwald beendet werden, von wo ein Bus zum Bahnhof Entlebuch fährt. (Achtung: Rufbusbetrieb, das heißt, der Bus muss mindestens 60 Minuten vor der Fahrt bestellt werden. Tel. 041 480 23 30)

Beste Jahreszeit
Mitte April bis Mitte November

Verkehrsmittel
→ ← Mit der Bahn nach Entlebuch an der Strecke Bern–Luzern

Sehenswertes
🅐 Das Mettilimoos
🅑 Ehemaliger Bohrplatz bei Finsterwald
🅒 Kapelle an der Stelle der ehemaligen Burg

Übernachten, Gasthäuser
Entlebuch (www.entlebuch.ch):
🛏 Hotel Drei Könige, www.3koenige-ebuch.ch, Tel. 041 480 12 27 (DZ: Fr. 70.– p.P.), Mi Ruhetag;
🛏 Hotel Meienrisli, Tel. 041 480 13 26 (DZ: Fr. 55.– p.P.), Mi, Do Ruhetag;
🛏 Hotel Port, www.hotelport.ch, Tel. 041 480 21 88 (DZ: Fr. 70.– p.P.), So und Mo Ruhetag;
🍴 diverse Restaurants
Finsterwald:
🍴 Restaurant Finsterwald, Tel. 041 480 22 66

Karten
● 1169 Schüpfheim (1:25 000)
● 244 (T) Escholzmatt (1:50 000)
● Wanderkarte Sörenberg–Entlebuch, Kümmerly+Frey (1:60 000)

19
ENTLEBUCH–
FINSTERWALD
ENTLEBUCH

Wer in Entlebuch (684 m) aus dem Zug steigt, mag verwundert sein. Nicht ein ländlich geprägtes Dorfbild, sondern der Neubau eines Geschäftshauses modernster Prägung sticht dem Besucher ins Auge. Das 100 Millionen Franken teure Versandzentrum der Firma Ackermann hat ein Bauvolumen das demjenigen von 250 Einfamilienhäusern entspricht. Im Durchschnitt werden hier täglich 15 000, an Spitzentagen bis zu 40 000 Pakete verschickt.

Auf dem Grundstück des Neubaus stand bis 1993 die Sperrholzfabrik ECO AG. Bis zum Krieg gehörte die Firma mehrheitlich dem jüdischen Geschäftsmann Josef Ettlinger-Guggenheim. Obwohl nur das Engagement des deutschen Fabrikanten die Vorgängerfirma, die unrentable AG für Holzindustrie (AGHO), retten konnte, wollte die Fremdenpolizei dem deutschen Juden weder Arbeits- noch Aufenthaltsbewilligung erteilen. Nur aufgrund von persönlichen Gesprächen auf höchster Ebene und Gesuchen des Kantons Luzern und der Gemeinde Entlebuch wurden die Bewilligungen 1934 doch noch erteilt. Der Geschäftsführer der AGHO wurde während der Verhandlungen mit Ettlinger mehrmals in der Nacht mit Telefonanrufen aus dem Bett geschreckt.»Hier ist die nationalsozialistische Partei der Schweiz. Sie stehen in Unterhandlung mit Juden. Wir warnen Sie davor. Lassen Sie davon ab, sonst werden Sie die Konsequenzen zu tragen haben.«

Das Geschäft kam trotzdem zustande, und die ECO AG entwickelte sich schnell zur größten Sperrholzfabrik der Schweiz. Geleitet wurde die Firma von einem Verwandten Ettlingers, Erich Thalheimer, dem Mitbegründer der Firma. Als sich der Kreis von Hitler-Deutschland um die Schweiz schloss und der Chef der Fremdenpolizei bekannt gab, dass Erich Thalheimers Sohn nie eine Arbeitsbewilligung erhalten werde, verkauften die Gründer die ECO AG und flohen über Genf und Lissabon nach Uruguay. Die ECO AG wurde 1991 vom Versandhaus Ackermann AG aufgekauft und 1993 liquidiert.

Die Familie Ackermann kann ihre Aktivitäten im Textilbereich bis ins 17. Jahrhundert zurückverfolgen, als Erhard Achermanns Sohn Josef (s'Ehrets Söppi, 1672–1725) durch Einheirat Besitzer einer Liegenschaft in Entlebuch wurde und mit seinen vielen Kindern zu spinnen, weben und zu schneidern begann. Ein Sohn von Josef (s'Ehrete Söppis Toni, 1716–1762) wurden ein »fast industrieller« Schneider in Entlebuch. Ein Sohn von Toni Achermann (s'Ehrete Söppis Tonis Franz, 1761–1833) lernte zusätzlich zur Schneiderei noch den Beruf des Hutmachers. Die Firma blieb auch durch das 19. Jahrhundert hindurch in den Händen der Familie, kannte jedoch viele Auf und Ab und stand Ende der 1880er-Jahre vor dem Konkurs. Das Geschäft ging weiter. 1887 wurden das Tuch und die Maßschneidereien erstmals auch per Post an Kleinkunden versandt. Als Alfred Ackermann II., als 18-Jähriger, 1925 die Firma übernahm, musste die Luzerner Regierung den Jungen zuerst noch mündig erklären. Danach ging es rasant aufwärts. 1928 verfügte die Firma über eine Kartei von 140 000 Adressen von bisherigen Kunden und versandte Muster und Werbebriefe. Die Belegschaft nahm sprunghaft zu. 1931 waren 14 Angestellte beschäftigt, 1951 114, und heute sind es, mit den Verkaufsläden überall in der Schweiz, rund 600. Alfred Ackermann II. schlug neben der geschäftlichen auch eine politische Karriere ein, war Gemeindepräsident von Entlebuch, Mitglied des Grossen Rates von Luzern und von 1953 bis 1970 auch Nationalrat. 1971 verkauften Alfred und sein Bruder Karl die Firma an ein Dreierkonsortium, welches die Firma als das größte Versandhaus der Schweiz etablierte. Seit 1991 trägt Corneliu Sfintescu die alleinige Verantwortung.

Vom Bahnhof **Entlebuch** (684 m) folgen wir den Wanderwegzeichen, die uns auf kleinen Wegen zur Hauptstraße hinaufführen. Auf der Straße lassen wir das traditionsreiche Hotel Drei Könige (gute Küche!), wo einst auch Christian Schibi, der Entlebucher Freiheitskämpfer, gewirtet hat (s. Seite 234), links liegen und halten nach rechts Richtung Schüpfheim. Bei der Kirche biegen wir nach links von der Hauptstraße ab. Am Dorfausgang, bei einer kleinen Wegkapelle, verlassen wir die Straße, überqueren auf einer Brücke den Bach, dem wir anschließend bergaufwärts folgen. Der durchgehend gelb markierte Weg führt uns über Wiesen und durch Wälder nach Schluecht.

Von hier verläuft der Wanderweg für 200 Meter auf einer asphaltierten Straße, um danach auf einen kleinen Weg in den Wald abzubiegen, dem wir bis zur Anhöhe folgen. Der Blick öffnet sich von hier zur Pilatuskette. Vor uns das Mettilimoos. Im Sommer 2001 wurden aus pri-

▲▲ Blick über das Mettilimoos Richtung Schafberg.

19 ENTLEBUCH– FINSTERWALD ENTLEBUCH

▼ Der sanfte Aufstieg von Entlebuch zum Mettilimoos führt am Hof Schluecht vorbei.

vater Initiative auf der Anhöhe Testmessungen durchgeführt, um die Installation einer Windkraftanlage zu prüfen. Geplant ist eine Anlage von 60 Meter Höhe und einer Rotorlänge von 48 Metern. Die Gemeindebehörde steht dem Projekt positiv gegenüber und kann sich im besten Fall einen Ausbau auf bis zu 5 Windkraftanlagen vorstellen. Bedenken, insbesondere aus landschaftsschützerischer Sicht, hat hingegen die Stiftung Landschaftsschutz Schweiz angemeldet. Wir folgen der Straße nach rechts und biegen bei der nächsten Kreuzung links ab (immer den Wegweisern Moorpfad folgend). Der Fahrweg führt uns mitten durchs **Mettilimoos** (1017 m).

Während der beiden Weltkriege wurde im Mettilimoos Torf gestochen, der zum Heizen gebraucht wurde. Torf, vorwiegend Torfmoose und anderes pflanzliches Material, das unvollständig zersetzt wurde, ist durch seinen geringen Heizwert als Brennmaterial eigentlich ungeeignet. Aus einem Kilogramm Torf gewinnt man nur halb so viel Energie wie aus der gleichen Menge Steinkohle. Nur aufgrund der hohen Energiepreise und Versorgungsengpässe wurde ein Abbau während der Weltkriege lohnend.

Die Firma Geistlich Wolhusen, die Gaswerke Zürich und die Firma Arnold & Cie. in Zofingen betrieben den Abbau im Mettilimoos maschinell. Neben den 30 bis 100 vorwiegend einheimischen Arbeitern waren auch bis zu 120 Internierte (entwaffnete ausländische Soldaten) beschäftigt. Auch schulpflichtige Kinder wurden

für einen Stundenlohn von 45 Rappen angestellt. Die genannten Firmen förderten während des Ersten Weltkrieges rund 6300 Tonnen Torf, was nur einem sehr geringen Anteil des gesamten Torfverbrauchs in der Schweiz entsprach.

Heute wird das geschützte Flachmoor extensiv genutzt, das heißt, die Bauern dürfen nicht düngen und das Gras erst zu einem bestimmten Zeitpunkt mähen. Der Einkommensausfall wird mit Pflegebeiträgen von Bund und Kanton entschädigt. Dennoch entbrennen um den Moorschutz immer wieder Konflikte. So zum Beispiel auch im Januar 2000, als die Bauern bei Finsterwald dagegen protestierten, dass die Loipen mit einem Fahrzeug maschinell gespurt werden, während sie selbst auf den Moorflächen keine Traktoren einsetzen dürfen.

**19
ENTLEBUCH–
FINSTERWALD
ENTLEBUCH**

Auf dem Moorpfad, den wir in seiner ganzen Länge begehen, vermitteln Hinweistafeln Hintergründe über die Moore und ihre Nutzung. Am Ende des Moores biegen wir nach links ab, folgen der geteerten Straße bis zum Wegweiser Dietenwartgräben, wo wir rechts über die Wiese bergan steigen. Bei einem Hof gehen wir auf der Straße nach links und gleich wieder nach rechts, um weiter bis zu einem Sattel aufzusteigen. Vom Grat haben wir eine weite Sicht Richtung Schafmatt und Schimbrig. Unten im Tal erkennen wir bei Finsterwald den ehemaligen Bohrplatz der Erdgasförderungsanlage. Der einzige Ort in der Schweiz, an dem je Erdgas gefördert wurde (s. Seite 278). Wir folgen dem Grat bis zur Alpiliegg, wo wir nach rechts abbiegen.

◄ Hütte im Mettilimoos.

Durch den Wald, später am Waldrand

entlang, steigen wir zur **Wissenegg** (1173 m) ab. Links der Straße nach Finsterwald liegt das Fuchserenmoos. Auch hier wurde in Kriegszeiten Torf gestochen. Dieses Moor entstand in einer flachgründigen Geländemulde, die durch die Seitenmoräne des ehemaligen Entlengletschers abgedämmt wurde. Während seiner maximalen Ausbreitung (vor rund 20 000 Jahren) floss der Entlengletscher bis nach Entlebuch, wo er sich mit dem Waldemmengletscher vereinigte. Bis auf 1300 Meter, also weit über den höchsten Punkt der beschriebenen Wanderung hinaus, war zu dieser Zeit die Landschaft mit Eis bedeckt. Das Fuchserenmoos bietet, wie manche andere Moore auch, einen wichtigen Rückzugsort für gefährdete Tier- und Pflanzenarten. Hier wurde zum Beispiel der seltene Wiesenpieper beobachtet.

Wir folgen der Straße bis nach **Finsterwald** (1060 m), wobei wir eine Kehre über die Wiese abkürzen. Wir durchqueren den kleinen Weiler, der eine eigene Kirche und auch eine eigene Postleitzahl hat, und biegen unmittelbar vor dem letzten Haus auf der linken Straßenseite links ab (kein Wegweiser). Beim Waldrand ist der Weg wieder markiert.

Dem Waldrand entlang, später durch den Wald, steigen wir sanft zum Burggraben ab. Auf einer Waldlichtung bietet ein alter Tramwagen Unterschlupf bei Regen. Dem Burggraben, der sich teilweise ein tiefes Bett geschaffen hat, folgen wir bis zu einer Brücke, wo links ein Weg in wenigen Minuten zur Burgkapelle hinaufführt.

Auf dem Geländesporn stand im 12. Jahrhundert eine Burg. Noch heute ist der runde Burggraben in Ansätzen erkennbar. Auf dem Plateau befindet sich heute eine kleine Kapelle, die errichtet wurde, weil hier im Jahre 1905 der Marie Küng-Lanzmann sowie ihrem Schwager und ihrer

Schwester die Jungfrau Maria mit dem Jesuskind erschienen war.

Zurück auf dem Weg, biegen wir bei der nächsten Abzweigung links ab (Gatter) und wandern zur Entlen hinunter. Im 19. Jahrhundert wurde hier ein kleiner Kanal errichtet, um die Wasserkraft zu nutzen. Die Sägerei, aber auch die ersten Fabrikationsgebäude der Gebrüder Ackermann bekamen die Energie vom Entlenkanal.

Wir überqueren die Entlen auf der Entlenbrücke, seit jeher die Verbindung zwischen Entlebuch und Hasle, und folgen dem Fluss abwärts. Zum Schluss nochmals das Ufer wechselnd, erreichen wir bequem den Bahnhof **Entlebuch**.

◀ Blick hinunter zur ehemaligen Erdgasförderstelle bei Finsterwald. Auf dem Bohrplatz wurde ein Kinderspielplatz eingerichtet.

19
ENTLEBUCH–
FINSTERWALD
ENTLEBUCH

▼ In einer Waldlichtung des Chilenwalds bietet ein alter Tramwagen der Luzerner Verkehrsbetriebe bei schlechtem Wetter Unterschlupf.

ERDÖLRAUSCH IM ENTLEBUCH

In Zeiten der Krise suchte man auch in der Schweiz nach Erdöl, um die Auslandabhängigkeit in Bezug auf diesen wichtigen Rohstoff zu reduzieren. Anzeichen, dass auch in der Schweiz Erdöl und Erdgas lagern, gab es seit Beginn des 20. Jahrhunderts, als es zum Beispiel beim Bau des Rickentunnels mehrmals zu starken Erdgasausbrüchen mit teils heftigen Explosionen kam. Eine erste Phase der Erdölforschung setzte in der Schweiz vor dem Ersten Weltkrieg ein, als man zum Teil noch mit Pendel und Ruten nach Ölfeldern suchte. Eine erste Bohrung fand 1912 in Chavorney (VD) statt. In der Gemeinde Entlebuch wurde erstmals 1939 ein Gesuch um Erteilung einer Konzession für das Schürf- und Ausbeutungsrecht für Erdöl, Gase und ihre Nebenprodukte eingereicht. Die privaten schweizerischen Gesuchsteller wurden jedoch nie aktiv.

In der Folge der Suezkrise von 1956, als der Ölpreis dramatisch in die Höhe schnellte, wurde 1959 die Swisspetrol gegründet, an der die Ölkonzerne Shell, Esso und Elf Aquitaine maßgeblich beteiligt waren. 1960 wurde die Swisspetrol-Tochter LEAG (Aktiengesellschaft für Luzernisches Erdöl) aus der Taufe gehoben. Die LEAG konzentrierte sich zuerst auf Bohrungen in Pfaffnau, wo aber fünf Bohrungen zwischen 1963 und 1967 erfolglos blieben.

1977 untersuchte man das Gebiet von Finsterwald (Gemeinde Entlebuch) mit einem riesigen Vibrator. Wenn das Gerät zur Erzeugung von Schwingungen in Betrieb genommen wurde, bebte die ganze Gegend. Mit der Schwingungsreflexion konnten Aussagen über die unterhalb lagernden Gesteinsschichten gemacht werden. Die besten Werte fand man auf der Alpiliegg oberhalb von Finsterwald. Weil der Standort aber für einen Bohrturm nicht geeignet war, wählte man den nahe gelegenen Nesslenbrunnenboden zur Errichtung des Bohrturms. Die gleiche Parzelle war zur selben Zeit auch für ein Erholungszentrum vorgesehen, das aus finanziellen Gründen aber nie verwirklicht wurde. Die Besucher kamen trotzdem nach Finsterwald. Während der Bohrzeit, die am 28. September 1979 begann und 476 Tage dauerte, pilgerten unzählige Besucher, mit Feldstechern und Fotoapparaten ausgerüstet, nach Finsterwald. An schönen Wochenenden wand sich eine Autoschlange vom Dorf bis zum Bohrplatz. Die Bohrung wurde bis in eine Tiefe von 5289 Metern vorangetrieben, wo sie aufgrund von technischen Problemen eingestellt wurde. Eine letzte Gewissheit, dass an dieser Stelle keine Ölvorkommen lagern, hat man damit nicht erlangt, doch wird dies vermutet.

In 4370 Meter Tiefe stieß man jedoch auf ein Erdgasvorkommen. Da man das Vorkommen auf 70 bis 150 Millionen Kubikmeter schätzte, entschloss sich die LEAG, die Ausbeutung an die Hand zu nehmen. 1983 erhielt sie vom Gemeinderat Entlebuch die Konzession, und am 1. April 1985 begann die Förderung des Erdgases, welches in die Transitgasleitung (s. Seite 60) eingespeist wurde. Es war dies die erste und bisher einzige kommerzielle Erdgasförderung in der Schweiz. Zu Beginn konnten pro Stunde 4000 Kubikmeter Erdgas gefördert werden. Zwei Arbeitskräfte waren mit der Betreuung der Anlage beschäftigt. Doch der Druck nahm

19
ENTLEBUCH–FINSTERWALD
ENTLEBUCH

▼ Die Bohrung hätte laut Plan 6000 Meter tief vorangetrieben werden müssen. Aufgrund von technischen Problemen wurde sie bei 5289 Metern abgebrochen.

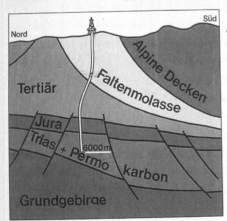

immer mehr ab, und die Stillstandzeiten wurden immer länger.

Am 8. Juli 1994 wurde die Förderung eingestellt und ein Stück Schweizer Industriegeschichte beendet. In den neun Jahren wurden 75 Millionen Kubikmeter Erdgas aus dem Erdreich geholt, ein Fünfundzwanzigstel des schweizerischen Jahresverbrauches zu dieser Zeit. Das Bohrloch wurde wieder aufgefüllt und der Bohrplatz in eine Freizeitanlage mit Kletterturm, Kinderspiel- und Picknickplatz umfunktioniert. Reich wurde die LEAG mit dem Erdgas nicht. Ausgaben für Bohrung und Förderung von 50 Millionen Franken standen Einnahmen von 16,5 Millionen gegenüber. Einziger Gewinner war der Kanton Luzern, der etwas mehr als 190 000 Franken an Konzessionsgebühren kassierte, dafür aber auf die geschuldeten Steuern verzichtete.

Anfang 1994 wurde auch die Swisspetrol liquidiert. Eine Tochtergesellschaft, die SEAG (Aktiengesellschaft für schweizerisches Erdöl), wurde jedoch am Leben erhalten und mit allen Daten der Exploration in der Schweiz ausgestattet. Gut möglich, dass sie an einem anderen Ort in der Schweiz, mit moderneren Explorationsmethoden, nochmals einen Versuch starten wird.

◀ Die Abfackelung des Erdgases während der Testphase im März 1981 war ein Schauspiel, das viele Schaulustige anzog.

19
ENTLEBUCH–FINSTERWALD ENTLEBUCH

ORTSREGISTER

Ällgäulücke 68
Arnihaggen 73
Beatenberg 94f.
Beichlen 179
Bleikenchopf 204
Bramboden 165f.
Briefenhorn 70
Brienzer Rothorn 72
Bumbach 98
Doppleschwand 164
Entlebuch 149, 272f., 277
Escholzmatt 168f., 181f.
Farneren 248
Finsterwald 276, 278f.
First 247
Flühli 195, 216, 263, 264f.
Fürstein 260
Gemmenalphorn 96
Gfellen 31, 219, 228, 258
Giswilerstock 56
Glaubenbielenpass 56
Habkern 82
Hagleren 202f.
Hasle 150, 232f.
Hengst 192
Heiligkreuz 245f., 250f.
Hirsegg 188
Hohgant 82
Innereriz 97
Jänzi 46
Kemmeriboden Bad 83f.
Langis 44
Lushütte 120
Marbach 99, 111, 112f.
Marbachegg 99
Mettilimoos 274
Miesenstock 44
Mittaggüpfi 30
Napf 121f., 126f.
Niederhorn 95

Nünalpstock 42
Oberried 68
Pilatus 26f.
Ramersberg 47
Rämisgumenhoger 110
Rengg 134
Risetenstock 31, 35
Romoos 125
Rotmoos 97
Sarnen 47
Sattelpass 43
Schachen 132
Schafnase 56
Schibengütsch 191
Schimbrig 230
Schimbrig Bad 219ff.
Schönenboden 73
Schrattenfluh 188f., 194f.
Schüpfheim 151, 157f., 178, 244, 249
Schwändeliflue 216
Schwarzenberg Chrüz 231
Schwendi Kaltbad 45
Sichle 96
Sörenbärgli 205
Sörenberg 40, 60f., 87ff., 202, 205
Städeli 262
Strick 194
Tannhorn 69
Tomlishorn 27
Trub 118
Trubschachen 108
Turner 167
Wachthubel 110
Wasserfallenegg 216f.
Werthenstein 137
Werthenstein (Kloster) 136f.
Widderfeld 27
Wolhusen 146
Wolhusen Markt 146

FOTO- UND BILDNACHWEIS

Wo nicht anders erwähnt, stammen die Fotos von Marion Nitsch.
3–4: François Meienberg
11: Biosphärenreservat Entlebuch
13: Historisches Museum Luzern (aus: Geschichte des Entlebuchs, Verlag Druckerei Schüpfheim)
15: Theo Frey; Reportagen aus der Schweiz, Diopter Verlag für Kunst und Fotografie. Copyright Pro Litteris, 2002, 8033 Zürich
21: François Meienberg
23 ff. oben rechts: François Meienberg
32: Josef Aregger
35 oben: Josef Isenegger
35 unten: Documenta Natura, Bern
40: Zentralbibliothek Luzern (aus: Flühli-Sörenberg 1836–1986)
45: Josef Reinhard, Katastrophen-Sepp, Edition Magma/Verlag Brunner AG
49: aus: Geschichte des Entlebuchs, Verlag Druckerei Schüpfheim
50: aus: Fragmente über Entlebuch, F. J. Stalder; Orell, Gessner, Füssli und Comp. 1798
51: Plakatsammlung des Kunstgewerbemuseums Zürich
61: Rotpunktverlag
62: François Meienberg
75–77: Theo Frey; Reportagen aus der Schweiz, Diopter Verlag für Kunst und Fotografie. Copyright Pro Litteris, 2002, 8033 Zürich
87: aus: Bossart, Pirmin: Die touristische Erschliessung von Sörenberg (LU)
88: aus: »Menschen wie Du und ich« von Otto Wicki
101: Zentralbibliothek Luzern
113 oben und unten: aus Tages-Anzeiger vom 15. Juni 1942
114–125: François Meienberg
127: Staatsarchiv Luzern
134: François Meienberg
139: Graphische Sammlung der Zentralbibliothek Luzern
140: aus: Die Schweiz in Bildern nach Natur gezeichnet (um 1860)
140–151: François Meienberg
153: aus: »Das waren noch Zeiten…« von Otto Wicki
155–157: aus: »Der siegreiche Kampf der Eidgenossen gegen Jesuitismus und Sonderbund«, 1848
158: Lithografie aus der Sammlung von Otto Wicki
172: Ernst Brunner; Photographien 1937–1962, Hrsg. Peter Pfrunder, Offizin Verlag
173: Skizze von Paul Duss, Romoos
183: aus: »Menschen wie Du und ich« von Otto Wicki
198–204: François Meienberg
208: aus: Grünig, Vetterli, Wildi; »Hoch- und Übergangsmoore der Schweiz«; WSL Birmensdorf
221: aus: »Menschen wie Du und ich« von Otto Wicki
222: Blätter für Heimatkunde aus dem Entlebuch 1984/85
235 oben: Schweizerische Landesbibliothek Bern (aus: der Rebell von Eggiwil; Zytglogge Verlag)
235 unten: Zentralbibliothek Luzern (aus: Geschichte des Entlebuchs, Verlag Druckerei Schüpfheim)
236: Tableaux de l'histoire Suisse 1867–1879 (aus: Geschichte des Entlebuchs, Verlag Druckerei Schüpfheim)
234 (Waffen): Schweizerische Landesbibliothek Bern (aus: der Rebell von Eggiwil; Zytglogge Verlag)
236: Schweizer Bilderkalender 1840 (aus: Geschichte des Entlebuchs, Verlag Druckerei Schüpfheim)
245: François Meienberg
251: Druckerei Schüpfheim
252: aus: »Heiligkreuz im Entlebuch«, Pflegschaft Heiligkreuz
264: aus: »Menschen wie Du und ich« von Otto Wicki
265: aus: Die Glaserei in Flühli (Broschüre)
275 aus: Moore im Entlebuch (Broschüre)
279: Willy Huber, Entlebuch
280: Willy Huber, Entlebuch
Umschlaginnenseite unten: Merly Knörle

Reihe Naturpunkt

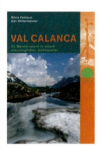

Silvia Fantacci
Ueli Hintermeister
Val Calanca
25 Wanderungen
in einem ursprünglichen
Südalpental.

288 Seiten, Broschur
Zürich 2002
Fr. 42.–/Euro 24,–
ISBN 3-85869-238-7

Philipp Bachmann
Jurawandern
Vom Wasserschloss
bei Brugg zur Rhoneklus
bei Genf

288 Seiten, Broschur
2. Aufl. Zürich 2002
Fr. 42.–/Euro 24,–
ISBN 3-85869-219-0

Dominik Siegrist
Winterspuren
Mit Tourenski, Snowboard
und zu Fuß unterwegs in
bedrohter Landschaft.

288 Seiten, Broschur
Zürich 1999
Fr. 42.–/Euro 23,–
ISBN 3-85869-186-0

Margrit und
Jürgen Wiegand
Querungen
Dreimal zu Fuß
durch die Schweiz.

256 Seiten, Broschur
Zürich 2000
Fr. 42.–/Euro 23,–
ISBN 3-85869-203-4

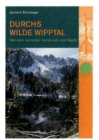

Gerhard Stürzlinger
Durchs wilde Wipptal
Wandern zwischen
Innsbruck und Mauls.

240 Seiten, Broschur
Zürich 2001
Fr. 38.–/Euro 20,–

François Meienberg
Glarner Überschreitungen
18 Wanderungen zu
Geschichte und Gegenwart
eines engen Tals.

288 Seiten, Broschur
2. Auflage, Zürich 2002
Fr. 42.–/Euro 23,–
ISBN 3-85869-204-2

Lesewanderbücher

Ursula Bauer und
Jürg Frischknecht
Antipasti und alte Wege
Valle Maira – Wandern
im andern Piemont.

304 Seiten, Broschur
2. Auflage, Zürich 2000
Fr. 38.–/Euro 20,–
ISBN 3-85869-175-5

Ursula Bauer und
Jürg Frischknecht
Veltliner Fussreisen
Zwischen Bündner Pässen
und Bergamasker Alpen.

416 Seiten, Broschur
3., vollständig überarbeitete Auflage, Zürich 2000
Fr. 45.–/Euro 23,–
ISBN 3-85869-136-4

Ursula Bauer und
Jürg Frischknecht
Grenzschlängeln
Zu Fuß vom Inn an den
Genfersee. Routen, Pässe
und Geschichten.

432 Seiten, Broschur
4., vollständig überarbeitete Auflage, Zürich 2000
Fr. 45.–/Euro 23,–
ISBN 3-85869-123-2

Dominique Strebel/
Patrik Wülser (Hrsg.)
Mordsspaziergänge
Kriminalliterarische
Wanderungen
im Kanton Bern

224 Seiten, Broschur
Beigelegte CD mit
Tondokumenten
Fr. 42.–/Euro 22,50
ISBN: 3-85869-229-8

Beat Hächler (Hrsg.)
Das Klappern der Zoccoli
Literarische Wanderungen
im Tessin.

528 Seiten, Broschur
3. Auflage, Zürich 2001
Fr. 42.–/Euro 23,–
ISBN 3-85869-196-8

Silvia Müller/
Sabine Reichen
Der andere Hotelführer
Umweltfreundlich Logieren
in der Schweiz.

324 Seiten, Broschur
2. Auflage, Zürich 2001
Fr. 38.–/Euro 20,–
ISBN 3-85869-195-x

Ursula Bauer,
Jürg Frischknecht
Bäderfahrten
Wandern und baden,
ruhen und sich laben

432 Seiten, Broschur,
mit Fotos und Serviceteil
Zürich 2002
Fr. 45.–/Euro 26,90
ISBN 3-85869-236-0

Baden, wandern, genießen

Die Schweiz, das »Wasserschloss Europas«, ist auch ein Paradies der erholsamen Bäder und der heilenden Wasser.

»Bäderfahrten« ist ein Buch für Wanderlustige, die besondere Ideen für lange Wochenenden oder Wanderwochen suchen – und dies zu allen Jahreszeiten. Ein Buch auch für Leute, die es spannend und lustvoll finden, verblichene oder wieder entdeckte Schweizer Kur- und Bädertradition neu zu entdecken.

Nach »Antipasti und alte Wege«, »Veltliner Fußreisen« und »Grenzschlängeln« ist »Bäderfahrten« das vierte Lesewanderbuch der Genusswanderer (»Tages-Anzeiger«) Ursula Bauer und Jürg Frischknecht.

Rotpunktverlag.
www.rotpunktverlag.ch